Dr. Frank Kinslow
Suche nichts – finde alles!

Reihe *Quantum Entrainment*®

Bücher:
- Dr. Frank Kinslow: *Quantenheilung*
- Dr. Frank Kinslow: *Quantenheilung erleben*
- Dr. Frank Kinslow: *Suche nichts – finde alles!*
- Dr. Frank Kinslow: *Quantenheilung-Taschenkalender 2011*

Audio-CDs:
- Dr. Frank Kinslow: *Quantenheilung – Das Hörbuch*
- Dr. Frank Kinslow: *Quantenheilung – Meditationen und Übungen*
- Dr. Frank Kinslow: *Quantenheilung im Alltag 1:*
  Übungen für Gesundheit, Freizeit und Beruf
- Dr. Frank Kinslow: *Quantenheilung im Alltag 2:*
  Übungen für Partnerschaft, Familie und Kommunikation

Dr. Frank Kinslow

Suche nichts – finde alles!

Wie Ihre tiefste Sehnsucht sich erfüllt

VAK Verlags GmbH
Kirchzarten bei Freiburg

Titel der amerikanischen Originalausgabe:
Beyond Happiness. How You Can Fulfill Your Deepest Desire
© Frank Kinslow, 2005; überarbeitete Version: 2010
Erschienen mit ISBN 978-0-6152267-9-8 bei
Lucid Sea, LLC, Sarasota (Florida)

Quantum Entrainment® ist als Wortmarke international registriert.

Bibliografische Information der Deutschen Nationalbibliothek

Die Deutsche Nationalbibliothek verzeichnet diese Publikation in der Deutschen
Nationalbibliografie; detaillierte bibliografische Daten sind im Internet über
http://dnb.d-nb.de abrufbar.

VAK Verlags GmbH
Eschbachstraße 5
79199 Kirchzarten
Deutschland
www.vakverlag.de

2. Auflage: 2010
© VAK Verlags GmbH, Kirchzarten bei Freiburg 2010
Übersetzung: Isolde Seidel
Lektorat: Norbert Gehlen
Layout: Karl-Heinz Mundinger, VAK
Umschlagfoto: i-works/amanaimages
Umschlagdesign: Sabine Fuchs, Fuchs_Design München
Gesamtherstellung: CPI books GmbH, Leck
Printed in Germany
ISBN: 978-3-86731-073-4

Inhalt

Einführung	8
1. Wer bin ich?	18
Erfahrung 1 – Die Gedanken anhalten	40
2. Mit neuen Augen sehen	47
3. Wie der Verstand funktioniert	61
4. Was es mit der Zeit auf sich hat	66
5. Selbst-Gewahrsein	73
Erfahrung 2 – Grenzenlosen Raum wahrnehmen	81
6. Sorgen um die Zukunft?	91
Erfahrung 3 – Angst und Sorgen auflösen	93
7. Ihre Probleme sind nicht das Problem	98
8. Das Streben nach Glück überwinden	108
9. Die Erinnerung ist nicht intelligent	130
10. Wie Sie Ihren Verstand „reparieren"	145
11. Wie Sie psychischen Kummer und Schmerz zum Verschwinden bringen	163
Erfahrung 4 – Die Tor-Technik	165
Erfahrung 5 – Negative Emotionen auflösen	169
12. Wie Sie körperlichen Schmerz zum Verschwinden bringen	190
Erfahrung 6 – Ihren feinstofflichen Körper wahrnehmen	197
Erfahrung 7 – Körperlichen Schmerz auflösen	206
13. Die „perfekte" Beziehung	211
14. Wie Sie zum Nicht-Wissen gelangen	232
Erfahrung 8 – Das Nicht-Wissen erlangen	258

15. Wenn Sie erwachen 261

Begriffserklärungen 289

Literaturverzeichnis 295

Über den Autor 298

Vorbemerkungen des Verlags

Suche nichts – finde alles! ist das erste Buch von Dr. Frank Kinslow; es erschien in den USA erstmals im Jahre 2005, unter dem Titel *Beyond Happiness*. Ziel dieses Grundlagenwerks von Frank Kinslow ist es, Ihnen tieferen Einblick in die Philosophie von *Quantum Entrainment®* zu ermöglichen. Die hier beschriebenen Vorgehensweisen hat Frank Kinslow in der Zwischenzeit verfeinert und differenziert weiterentwickelt, sodass sie leicht erlernbar und im Alltag anwendbar werden. Diese praxisbezogenen Anwendungen finden Sie in den ebenfalls bei VAK erschienenen Büchern *Quantenheilung* und *Quantenheilung erleben*.

Jedes seiner Bücher ist eigenständig und kann ohne Kenntnis der anderen gelesen und verstanden werden. Sie haben unterschiedliche Schwerpunkte, kreisen aber alle um die gleiche Thematik. Leserinnen und Lesern der anderen Bücher wird im vorliegenden Buch daher neben vielem Neuen einiges bereits Bekannte begegnen, weil die grundsätzlichen Ideen und Aussagen des Autors zu *Quantum Entrainment®* in jedem seiner Bücher zum Ausdruck kommen sollen.

Das vorliegende Buch ist eine *aktualisierte* Fassung der im Jahre 2005 erschienenen ersten Ausgabe von *Beyond Happiness*. Es dient der Information über die von Frank Kinslow vertretene Lebenseinstellung, die auch einen Ansatz der Bewusstseinserweiterung oder der Persönlichkeitsentwicklung in neuer Dimension darstellt. Wer sie für sich anwendet, tut dies in eigener Verantwortung. Autor und Verlag beabsichtigen nicht, Diagnosen zu stellen oder Therapieempfehlungen zu geben. Die hier vorgestellten Selbsterfahrungsübungen sind nicht als Ersatz für professionelle Behandlung bei ernsthaften Beschwerden zu verstehen.

Die Übersetzung der Zitate stammt – soweit nicht anders vermerkt – von Isolde Seidel. Der Begriff *Quantum Entrainment®* ist als Wortmarke international registriert.

Norbert Gehlen, Lektorat VAK, August 2010

Für Martina,
den Inbegriff von Unbefangenheit,
Mitgefühl und Liebe

Einführung

Es gibt ein Problem, das derzeit diese Welt zerstört und bisher vor Ihnen geheim gehalten wurde. Unsere Eltern und Lehrer haben dieses Geheimnis unabsichtlich gewahrt und damit verbreitet – aus Unwissenheit, nicht aus Bosheit. Durch eine Art „Magie" und Irreführung hält es sich schon seit Generationen. Falls dieses Problem weiterhin einfach hingenommen wird, ist es gut möglich, dass die Menschheit innerhalb weniger Generationen von der Erde verschwindet.

Selbst die größten Egozentriker unter uns können den Wahnsinn wahrnehmen, der sich wie ein unterschwelliges Pulsieren durch unser Alltagsleben zieht. Wir brauchen nicht einmal bis zu den Regenwäldern oder den Ozeanen zu schauen – schädliche Umwelteinflüsse wirken schon in unserer Küche und in unserem Badezimmer. Die Umwelt ist eine ernste Angelegenheit, doch sie ist nicht das Problem. Rund um den Erdball misstrauen Nationen sich gegenseitig, viele stehen einander offen feindselig gegenüber. Innerhalb dieser Länder sind die Bürger ruhelos und unzufrieden. Doch Spannungen zwischen den Nationen und innerhalb derselben sind nicht das Problem. Die Gesellschaftsstrukturen sind unnatürlich und unpersönlich geworden. Obwohl wir uns verzweifelt bemühen, die Familienbande zu stärken, lösen sich diese weiter auf. Die Belastung durch diese krisengeschüttelte und Not leidende Welt trifft uns als Einzelne und beschert uns immer mehr und immer neue körperliche und psychische Erkrankungen. Und doch haben wir als Spezies das Grundproblem, die Ursache unseres Unbehagens, noch nicht aufgedeckt. Das ist die schlechte Nachricht.

Die gute Nachricht lautet: Eine kleine Anzahl von Menschen ohne bestimmten kulturellen, bildungsmäßigen und ökonomischen Hintergrund und ohne außergewöhnlichen philosophischen oder religiösen Einfluss hat den Übeltäter enttarnt. Diese Menschen verbindet allein die folgende Eigenschaft: Sie haben gelernt, Probleme „auszuschalten", indem sie die „Ursache" all unserer Probleme beseitigt haben. Und dies ist die *besonders* gute Nachricht: Ihr Leben ist heute ein natürlicher und dynamischer Ausdruck dessen, was Menschsein ausmacht. Sie sind energiegeladen, schöpferisch und liebevoll. Selbst unter schwierigsten Umständen empfinden sie inneren Frieden. Ja, Gelassenheit, Friede und Freude sind notwendige Ausdrucksformen derjenigen, die ein Leben jenseits von Problemen führen.

Probleme sind nicht das Problem

Es ist, als würden wir noch schlafen. Unser Schlaf ist tief, unsere Träume sind süß. Doch Träume sind Illusionen. Wenn wir aufwachen, erwartet uns ein Leben voller Wunder und unvorstellbarer Fülle. Aber noch schlafen wir. In diesem Schlummerzustand können wir unser Leben nicht leben. Die Gelegenheit, unser wahres menschliches Erbe in Anspruch zu nehmen, entgleitet uns rasch. Einige sind schon erwacht und versuchen die Übrigen aufzuwecken. Falls *Sie* schlafen, falls Sie also *Probleme* haben, lade ich Sie ein, in Ihre ganze Größe hinein zu erwachen. Können Sie sich eine dringendere oder erfüllendere Aufgabe vorstellen?

Eine gängige Definition von „Wahnsinn" scheint hier besonders gut zu passen. Sie lautet ungefähr so: „Wahnsinnig (oder verrückt, dumm) ist, wer immer wieder *das Gleiche tut* und trotzdem *andere Ergebnisse* erwartet." Warum aber erzielen wir immer noch die gleichen Resultate, nämlich *mehr* Probleme, wenn wir versuchen, die Dinge anders zu machen? Während wir lernen, unsere Schwierigkeiten zu überwinden, treten nur noch größere an ihre Stelle. Unsere Probleme vervielfachen sich nicht nur, sie verschlimmern sich auch. Weltumspannende Kriege sowie Erderwärmung und „Supererreger", verursacht durch übermäßigen Einsatz von Antibiotika, bedrohen unsere nackte Existenz. *Unsere* Form von Wahnsinn nimmt mit jedem Problem zu, das wir lösen.

Warum ist das so? Warum ruft mehr Wissen nach immer noch mehr Wissen? Und warum haben wir immer weniger das Gefühl, die Kontrolle zu haben? *Mehr* Wissen über unser Denken oder unseren Verstand, unseren Körper und unsere Beziehungen hat bisher nicht funktioniert. Wir haben eine Informationsexplosion. Aus allen Ecken der Welt und darüber hinaus strömen Informationen mit Lichtgeschwindigkeit auf uns ein. Unser Wissen vermehrt sich exponentiell; damit einhergehend werden unsere Probleme vielfältiger und ernster.

Wie die meisten Menschen habe ich den größten Teil meines Lebens damit zugebracht, Brände zu löschen, also Probleme anzugehen, indem ich meine Umwelt manipulierte. Ich habe viele nützliche Systeme und Philosophien gelernt, um das alltägliche Dilemma zu überwinden. Lernen bedeutet natürlich: Der Verstand „verleibt sich etwas ein". Meiner hieß alle Ideen willkommen. Wie eine Fliege, die sich im Netz meiner mentalen Matrix verfangen hatte, spritzte ich jeder Idee das Gift meines Ego ein, das dieses Netz gewoben hatte. Es war ein subtiles Gift, das schwächte, aber nicht tötete. Einmal infiziert, erschienen meine Ideen recht vernünftig. Sie hätten Probleme aus der Welt schaffen sollen, doch sie erzeugten nur weitere. Deshalb lernte ich *mehr* Problemlösungstechniken. Ich verdiente mehr Geld, ging neue Beziehungen ein, wurde „spirituell". Und trotzdem war mein Leben geprägt von unangenehmen Ereignissen und Notsituationen aller Art, von Schwierigkeiten, Rückschlägen und Katastrophen. Wie Wellen, die sich am Strand brechen, rollten die Probleme nacheinander heran.

Da erkannte ich, dass das Sammeln von Informationen meine Probleme nicht beseitigt hatte und nicht beseitigen *konnte*. An diesem Punkt überkam mich eine ganz eigenartige Ruhe. Ich erkannte, dass harte Arbeit, akribisches Planen und gute Absichten nicht der Schlüssel zu innerer Ruhe sind. Ja, eben diese Erkenntnis brachte mir mehr inneren Frieden als lebenslanges Arbeiten und Planen. Dabei hatte ich das Gefühl gehabt, *nicht* verrückt zu sein, weil ich die Dinge immer etwas anders machte. Als ich jedoch einen Schritt zurücktrat und mein Leben betrachtete, fiel mir als Beschreibung nur das Wort „verrückt" ein. Mein Leben war durchzogen von langen Phasen einer gleichsam unterschwelligen „stillen Verzweiflung". Wenn mir diese Verzweiflung bewusst wurde, wurde mein Verhalten hektisch und chaotisch. Ich hatte das Gefühl, nicht genügend Zeit zu haben, um meine Ziele zu erreichen und daraufhin endlich glücklich zu sein . Hin und wieder stattete das Glücksgefühl mir einen Besuch ab. Diese Glücksmomente hingen zusammen mit Ereignissen wie dem Kauf eines neuen Autos oder einer zusätzlichen Geldeinnahme. Wenn das Glücksgefühl tatsächlich vorbeischaute, blieb es nie lange. Ich war dann vielleicht einige Stunden oder ein paar Tage lang glücklich – und dann dauerte es oft Wochen oder Monate, bis es wieder einmal auftauchte. Das ging so weit, dass ich das Glück nicht einmal mehr genießen konnte, wenn es da war, weil ich mir ständig Sorgen machte, es könne wieder vergehen. Mein Leben spiegelte einfach die gebrochene Verrücktheit wider, die wir heutzutage als normales Leben hinnehmen.

Die weiter oben erwähnte Definition von Verrücktheit warnt uns davor, immer wieder das Gleiche zu tun und trotzdem ein anderes (besseres) Ergebnis zu erwarten. Wenn wir *mehr* Informationen sammeln und nutzen, um neue Probleme zu lösen, handeln wir, wie es scheint, „anders". Das kann also nicht letztlich die Ursache unserer Probleme sein. Was aber *ist* das Grundproblem? Um die Antwort hierauf zu finden, müssen wir uns fragen: „Welcher Aspekt des Problemlösungsprozesses ist immer gleich geblieben?"

In diesem Prozess ist nur *ein* Aspekt immer der gleiche: der Verstand. Jedes Problem muss zuerst den Filter des Verstandes passieren. Das Grundproblem, das für alle anderen Probleme verantwortlich ist, ist der Verstand! Oder, genauer gesagt: die Art, wie unser Verstand arbeitet, wenn wir ihn ohne Kontrolle gewähren lassen. Der Verstand ist ein Werkzeug, das der Führung bedarf. Sie können sich nicht darauf verlassen, dass er seine Angelegenheiten selbst regelt. Sie *sind* nicht Ihr Verstand. Sie haben die Kontrolle über Ihren Verstand – zumindest *sollten* Sie sie haben. Wie Hal, der außer Kontrolle geratene Computer in dem Film *2001: Odyssee im Weltraum*, hat unser Verstand das Zepter übernommen, während wir schliefen.

In diesem „Wach-Schlaf" läuft der Verstand auf Autopilot. Er wird reflexartig und reaktiv. Im Wesentlichen macht er das, was er „immer schon so gemacht" hat – weil Sie nicht bewusst dabei sind, um ihn zu führen. Sehen Sie das Dilemma? Wenn der Verstand reflexartig und aus der Erinnerung heraus reagiert, wie kann er dann ein Problem lösen, das sich *jetzt* stellt? Wenn Sie jemand bittet, eine Rechenaufgabe zu lösen, und Sie erfahren, es handle sich um eine Addition, während es in Wirklichkeit eine Subtraktionsaufgabe ist, dann ist Ihre Antwort falsch. Sie mögen mathematisch korrekt vorgehen, doch Ihre Antwort ist falsch. Wir scheinen an unseren Lebensproblemen ganz gut zu arbeiten, doch die Resultate ergeben keinen Sinn, zumindest nicht auf Dauer. Sobald wir uns wundern, warum die Dinge nicht funktionieren, überprüfen wir unsere Arbeit. Solange wir die Aufgabe für eine Addition halten, hoffen wir vergeblich, sie zu lösen. Wir machen alles richtig, doch das Ergebnis ist verkehrt.

Im Leben *addieren* wir sozusagen in einer Welt, in der wir *subtrahieren* müssten. Ganz egal, wie sehr wir uns bemühen, die Probleme in unserem Leben zu lösen – wir können immer nur noch mehr erschaffen: mehr Leiden, mehr Schmerz und mehr Zerstörung. Wir blicken uns um und sehen, dass alle anderen das Gleiche tun – also müssen wir wohl richtigliegen. Daraus können wir nur schlussfolgern: Die Menschen sind dazu bestimmt, zu leiden. „Menschen haben immer gelitten und werden immer leiden", sagen wir uns selbst, in dem Bemühen, unsere tief besorgten Seelen zu beruhigen. Doch das erklärt nicht die Ausnahmepersönlichkeiten, die sich über das Leiden erheben und uns mitteilen, wir könnten und müssten das ebenfalls tun. Ja, unsere Eltern, Lehrer und Führer haben uns ebenso angelogen, wie sie von den ihrigen belogen wurden. Doch diese Lüge lässt sich im Puls-schlag einer Generation heilen.

Eine einzige grundlegende Wahrheit fehlt noch. Es ist eine einfache Wahrheit, die unser Verstand leicht übersieht. Ich habe sie erst nach mehr als 40 Jahren des Suchens gefunden und dann nur durch Negie-ren, durch Subtraktion, wenn Sie so wollen. Es handelt sich um eine einfache Wahrheit, die ich Ihnen in diesem Buch mitteilen will. Ich betrachte mich auf diesem Gebiet nicht als Autorität oder als beson-ders gebildet. Genauso wenig habe ich irgendwelche besonderen Talente oder Gaben, aufgrund derer ich erfolgreicher sein kann, als Sie es sein werden. Innerer Friede, die Freiheit von Problemen, ist unser aller Geburtsrecht. Ich teile Ihnen einfach mit, was ich gelernt habe. Ich habe nicht das Gefühl, das Wunder meines Lebens habe sich schon ganz entfaltet. Vielmehr hat das Schreiben dieses Buches mich dafür geöffnet, die Glückseligkeit und Liebe, die mein Selbst ist, tiefer und umfassender auszudrücken. Beim Schreiben haben die Stunden und Wochen mich wie ein tiefer und stiller Ozean überflutet. In erster Linie habe ich dieses Buch für mich geschrieben. Doch ich hatte *Sie* die ganze Zeit im Sinn.

Worum es in diesem Buch geht

Dies hier ist eine prägnante und praktische Anleitung für inneren Frieden jedes Einzelnen. In diesem Buch wird genau bestimmt, was Friede ist, warum er so selten erlebt wird, warum er für unsere weite-re Existenz so entscheidend ist und wie wir ihn verwirklichen können, ohne unseren Lebensstil zu verändern. Dieses Buch ist unter den zahl-losen spirituell ausgerichteten Selbsthilfebüchern einzigartig, denn es verbindet drei wesentliche Lehrmethoden in einer einzigen, einfachen Darstellung; dadurch erhöhen sich Anziehungskraft und Wirkung. Eine Alleinerziehende kann genauso gut wie ein Firmenchef, ein „Hei-liger" kann genauso gut wie ein „Sünder" zu einem Exemplar dieses Buches greifen und schon während der Lektüre innerhalb weniger Minuten inneren Frieden erleben.

Wir werden oft daran erinnert, dass man Glücksgefühle nicht mit Geld kaufen könne. Meiner Erfahrung nach kann man das Glücksgefühl sehr wohl mit Geld kaufen; genauso gut kann man es sich mit Sex, mit Religion oder mit einer besseren Position erkaufen. Dieses Glücksgefühl ist dann jedoch von äußeren Bedingungen abhängig. Diese jeweiligen Bedingungen legt jeder selbst fest. An *einem* Tag hundert Dollar zu verdienen, das würde einen Armen glücklich machen und einen Reichen zum Weinen bringen. Was uns heute glücklich macht, mag uns morgen Sorgen bereiten. Befördert zu werden kann Belastungen mit sich bringen, die schwerer wiegen als die Gehaltserhöhung und der Status. Einmal erlangt verschwinden die Glücksgefühle nur allzu schnell im Nebel der Erinnerung und zwingen uns so, in der Vergangenheit zu leben.

Friede ist nicht an Bedingungen geknüpft. Er ist überall, immer. Frieden kann man mit Geld nicht kaufen. Ebenso wenig kann man ihn durch harte Arbeit, einen starken Willen oder viele Stunden spiritueller Entsagung erfahren. Wir sitzen da einem heimtückischen Missverständnis auf: Der Friede, nicht das Glücksgefühl, erstickt das Feuer der Wünsche und des Verlangens und macht das Herz wirklich zufrieden. Friede ist die wahre Essenz von Emotionen und Gedanken und wird doch von beiden nie erreicht.

Anhaltender innerer Friede ist selten. Vielen ist sogar ein ganz flüchtiger Eindruck fremd. Fast weltweit herrscht Verwirrung darüber, was dieser innere Friede ist und ob er irgendeinen praktischen Wert hat. Nur wenige erkennen, dass innerer Friede ein Anzeichen dafür ist, wie wir unser Selbst wahrnehmen. Das Selbst ist die Basis, der alle Gedanken, Gefühle und Handlungen entspringen. Das grenzenlose, unveränderliche Selbst ist der Vorläufer des Friedens. Das ist das Geheimnis, das letztendliche Mysterium.

Wie dieses Buch vorgeht

Das vorliegende Buch enthüllt dieses Geheimnis auf einzigartige Weise. Es tastet sich an die Besonderheit des Selbst aus vielen verschiedenen Richtungen heran, greift dabei auf Ihre Erfahrungen zurück und weckt so Ihr Interesse. Das Paradoxe an dem Bemühen, inneren Frieden zu lehren, ist, dass er nicht gelehrt werden kann. Doch dieser scheinbare Widerspruch lässt sich umgehen:

- Jeder meiner Leitgedanken, die Sie zu innerem Frieden führen sollen, spricht Intellekt *und* Herz an. Diese Methode geht sowohl auf die Leser ein, die stärker „linkshirnig" sind, als auch auf die „rechtshirnigen". Herkömmliche spirituelle Lehren werden entmystifiziert und in einfache, logische Sprache übersetzt.
- Anekdoten, Analogien, Humor und herzerwärmende Geschichten wollen Sie tiefer in den Stoff dieses Buches hineinziehen und gleichzeitig die Verbindung mit ihm anregen.
- Sozusagen die dritte Zacke des Dreizacks ist das unmittelbare Erfahren des Friedens durch Übungen zum Mitmachen.

Selbst-Bewusstheit lässt sich nicht lehren, doch mithilfe der einzigartigen Methode des Nicht-Wissens wird Ihr Gewahrsein sanft und ständig zum Selbst zurückgeführt. [Erläuterungen zu den zentralen und Ihnen nicht geläufigen Begriffen dieses Buches finden Sie im Kapitel „Begriffserklärungen" im Anhang. Anm. d. Verlags] Hierbei unterstützen Sie acht innere „Erfahrungen". Dieser dreifache Prozess, der Herz, Verstand und Erfahrung entwickelt, läuft still im Hintergrund ab. Im Vordergrund macht er Spaß, Sie können sich fröhlich erforschen und mit einer stillen Begeisterung tiefere Ausdrucksformen Ihres Selbst enthüllen.

Wie aber lösen wir das Paradox, dass Friede nicht gelehrt werden kann? Eine Technik ist eine Brücke, die man hinter sich lässt, wenn man das Hindernis überquert hat. Der Glaube an eine Technik macht uns von der Technik abhängig und hält uns in dieser Abhängigkeit; und innerer Friede muss frei von Abhängigkeit erblühen. An der Technik festzuhalten wäre so, als würde man immer wieder die Brücke überqueren, wenn man sich inneren Frieden wünscht. Dauerhafter Friede wird so unmöglich. Bei Ihrer Lektüre sind Sie aufgefordert, sich immer weniger auf die Technik zu verlassen. Sie ist sowohl in den Text wie auch in die Übungen eingebettet. Wenn Sie dieses Buch zu Ende gelesen haben, werden Sie inneren Frieden erleben, *ohne* von einer Technik oder von einem Lehrer abhängig zu sein.

Das Sichlösen von Techniken führt schließlich auch rasch zu dem, was ich „Momentum" nenne. Momentum ist gekennzeichnet durch ein intuitives Wiedererlangen des Friedens, wenn er verloren ist. Wer nach innerem Frieden strebt, macht die Erfahrung, dass gerade das *Bemühen* darum den Frieden immer weiter vertreibt. In traumatischen Zeiten ist er vollständig dahin, überdeckt und verdunkelt von einem Strudel scheußlicher Emotionen und hartnäckiger Gedanken. Wenn Momentum [Eigendynamik, Schwungkraft, Impuls. Anm. d. Verlags] sich zu entwickeln beginnt, stellt sich der innere Friede automatisch wieder ein, ohne Mühe oder Vorsorge. Von da an können die dornigen Probleme des Lebens nicht mehr an Ihnen haften bleiben, Ihr Leben wird freier und reibungsloser.

Dieses Buch ist in einfacher Sprache verfasst. Es ist sozusagen ein Arbeitsbuch, in dem Sie nichts arbeiten müssen. Diese pragmatische Herangehensweise an traditionellerweise „tiefsinnige" Prinzipien hält Ihren Geist in Schwung, während die Übungen das „Gerümpel im Kopf" beseitigen und die mentale Klarheit erhöhen. Ich bemühe mich ganz bewusst, Schlüsselbegriffe, die verwirren könnten, zu definieren. Schlagen Sie immer wieder im Kapitel „Begriffserklärungen" nach; Sie werden es als große Hilfe empfinden und es wird Ihre Übergangsphase zum Momentum sehr erleichtern.

Ich erwarte nicht von Ihnen, dass Sie meine Worte für bare Münze nehmen. Vielmehr ermuntere ich Sie, auf Ihre eigenen Erfahrungen zurückzugreifen und die jeweiligen Ideen selbst zu testen, indem Sie die dazugehörigen Übungen aus diesem Buch durchführen. Nur dann werden Sie das Geheimnis des Selbst in „mundgerechte", „leicht verdauliche" Häppchen zerlegen können. Ich führe also einen „Doppelschlag" aus: Ich vermittle Ihnen ein eindeutiges Verständnis und vertiefe es mit einer einschlägigen und bedeutsamen Erfahrung; so können Sie Ihr Selbst lebendig und unmittelbar erfahren.

Bitte nehmen Sie meine Einladung an, dieses Buch zu lesen und seine Botschaft mit anderen zu teilen. Es ist eine Einladung, das Leben gemeinsam zu feiern. Es ist ein Angebot von Herz zu Herz, von Selbst zu Selbst.

Frank Kinslow

1. Wer bin ich?

„Ich pin wassich pin.“

Popeye, der Seemann

Ich habe mich nie ganz auf das Erwachsensein eingelassen. Ich erinnere mich, wie selig ich mit einem Stock auf der Erde malte oder den schneeweißen Wolken zuschaute, die bedächtig am tiefblauen Himmel entlangzogen; oder wie ich staunend verfolgte, wie ein Trautropfen mit jedem einfühlsamen Windstoß darum rang, sich aus einem Spinnennetz zu befreien. Kinder schauen wie Heilige.

Kindheit und Erwachsenenalter sollten nicht miteinander auf Kriegsfuß stehen, das habe ich schon immer so empfunden. Das war mein Gefühl als Kind, als ich mich auf das Erwachsensein vorbereitete. Die meisten von uns kapitulieren bekanntlich. Und dann vergessen wir. Wir lassen uns von dem Zuwachs an Macht verführen, der mit dem Erwachsenwerden verbunden ist.

Ich bin aus dem Spiel ausgestiegen

Meine Kindheit verbrachte ich nach dem Zweiten Weltkrieg in Japan. Mit zehn Jahren erkannte ich erstmals den Widerstreit zwischen der Unbefangenheit des Seins und der Berechenbarkeit des Kontrollierens. Die Situation war folgende:

Ich hatte mit der Sportart Judo angefangen. Jeden Abend brach ich gleich nach dem Abendessen zum Dojo auf; meinen zusammengeroll-

ten Judoanzug trug ich am braunen Gürtel über der Schulter. Ich ging
an kleinen, schwach beleuchteten Häusern vorbei, die in den schma-
len, gewundenen Straßen von Yokohama eng an eng standen, wie
Nachbarn, die über den hinteren Gartenzaun den letzten Klatsch auf-
schnappten, bevor die Dunkelheit Stille gemahnte. Aus Hibachi-Öfen,
in denen Holz verbrannt wurde, durchzogen dünne, graue Rauch-
schwaden wie Geisterschlangen die ruhige Luft. Erst regten sie sich
nicht, dann atmeten sie in der Dunkelheit und verschwanden langsam
durch die Holzschindeldächer. Bald darauf pflegte der Soba-Mann zu
kommen. Wie ein im ruhigen Wasser ausgeworfenes Fischernetz
drang der gefühlvolle Ruf des Nudelverkäufers („Sooobaaaa") in die
Häuser und zog dadurch die Gedanken der Bewohner auf sich wie das
Fischernetz silberne Fische.

Ich bog dann von der Straße ab in einen der zahlreichen verschlungenen Fußwege, die die Häuser voneinander trennten. Nur noch
wenige Schritte und ich stieß auf einen Hof mit Gärtchen und auf das
Haus, in dem ich bei meinem Meister Judo lernte.

Der Meister war damals weltweit einer von nur vier Trägern des
Schwarzgurtes 10. Dan, der höchsten Auszeichnung in dieser Sportart.
Ich spürte es zwar, erfuhr aber erst später, dass er auch von Frieden
beseelt war. Er redete nicht viel, doch wenn er etwas sagte, drang sein
Friede tiefer ein als seine Gedanken.

Mein Friede hingegen war im Schwinden begriffen. Ich bereitete
mich ja auf das Erwachsensein vor. Als Amerikaner war ich körperlich
größer als die meisten meiner japanischen Trainingspartner. Statt
durch Technik bezwang ich meine Gegner lieber mit Gewalt. Eines
Abends stellte der Meister mich buchstäblich groß heraus, als den
Stärksten in diesem Kurs, er jubelte mich geradezu hoch. An diesem
Tag sollte ich gegen einen Jungen antreten, der mir gerade mal bis zum
Nabel ging. Erfüllt vom jüngsten Lob des Meisters, war ich mir des
Ausgangs gewiss. Ich erinnere mich noch heute an meine Vision, wie
ich diesen Kampf gewinnen würde: Ich plante, eine komplizierte und
recht exotische Bewegung auszuführen und diese halbe Portion durch

das Fenster aus Papier in den Hof zu befördern. Doch zu meinem Glück kam es ganz anders, als ich geplant hatte. Das ist eine schmerzliche Geschichte, deshalb fasse ich mich kurz:

Mein wendiger kleiner Gegner weigerte sich immer wieder, den Kurs vorzeitig durch das Seitenfenster zu verlassen – ja, er machte ein „Gegenangebot", das ich nicht „abschlagen" konnte. Ich erinnere mich, an diesem Abend einige Male die Decke angeschaut zu haben. Das hatte ich ursprünglich zwar keineswegs im Sinn, doch irgendwie gewöhnte ich mich an die Vorstellung. Ich glaube, die Vertreter der Verhaltenstherapie nennen so etwas „Neukonditionierung". Mein Rücken und die Matte, die sich bisher recht fremd waren, wurden gute Freunde. Obwohl der Kampf wahrscheinlich nur zehn Minuten dauerte, kamen mir diese wie zehn Stunden vor. Alle Anwesenden im Dojo verkniffen sich taktvoll ein Lächeln, während der Tsunami-Teufel – wie ich ihn nannte – und ich uns verbeugten und so den Kampf beendeten. Um Salz in meine frischen Wunden zu streuen, teilte mir einer der anderen Schüler mit, der Junge sei erst sechs Jahre alt. Ich habe ihn nie vorher und nie mehr nachher im Dojo gesehen. Meiner Meinung nach war er ein unter Vortäuschung geringen Könnens eingeschleuster Judoka, sozusagen *inkognito* in einen Wettkampf eingeschmuggelt. Ich bin sicher, seine einzige Aufgabe bestand darin, die Runde durch verschiedene Dojos zu machen und aufgeblähte Egos im Judoanzug zurechtzustutzen.

Am nächsten Abend – ich hatte schon erwogen, gar nicht ins Dojo zu gehen – zeigte uns der Meister das *Belly Water System*. Das ist eine „Geist-ist-stärker-als-Materie"-Technik, die die Körperkraft erhöht, indem sie den Geist beruhigt. Als ich die Technik praktizierte, flossen Wut und Demütigung, die ich seit dem Abend zuvor in mir getragen hatte, aus mir heraus wie Wasser aus einem zerbrochenen Gefäß. Ich war leer. An ihre Stelle trat eine ruhige Präsenz oder Gegenwärtigkeit, die mein Tun nur zu beobachten schien. Ich hatte mich wieder mit meinem Selbst vereinigt. In dieser Gegenwärtigkeit war ich sicher, vollkommen. Ich empfand eine Art unerschütterlichen Friedens, der nirgendwo anders herkommt. Wegen des Kontrastes erinnere ich mich so deutlich daran. Erst war ich wütend und frustriert und dann war ich von einer ruhigen, inneren Stärke umgeben – innerhalb weniger Sekunden. Rückblickend bin ich sicher: Der Meister hatte das alles geplant.

Dieser Friede hob sich noch aus einem anderen Grund in meinem Geist deutlich ab. Bis dahin hatte ich ihn noch nicht oft erlebt. Das Wunder des Lebens begann in meinen Augen zu verblassen. Ich war schon dabei, dem Versprechen nachzugeben, wonach Macht durch schiere Kraft und Gewalt zu erreichen sei. Meine Eltern, meine Lehrer, ja sogar meine gleichaltrigen Kameraden brachten mir bei: Wenn ich erreichen will, was ich mir wünsche oder was sie sich für mich wünschen, dann muss ich sehr selbstdiszipliniert sein, viel Willenskraft aufbringen und hart arbeiten. Das Haar in der Suppe war, dass ich gerade erst die friedliche Kraft der Kindheit wiederentdeckt hatte und dass sie mir gefiel. Einerseits zwickte mich eine spielerische Gegenwärtigkeit in die Fersen. Andererseits wurde mir immer wieder versichert, ich würde mehr Erfolg haben, als ich mir in meinen kühnsten Träumen ausmalen könne, wenn ich nur lernte, mich selbst und mein Umfeld zu steuern und zu kontrollieren.

Ein halbes Jahrhundert ist vergangen, seit ich damals in diesem Dojo in Yokohama den Frieden wiederentdeckte. Ich habe gelernt, meine Umgebung zu kontrollieren, doch nicht so, wie mich meine Lehrer ermuntert hatten. Jetzt lasse ich das mein Selbst für mich machen. Ich bin aus dem Spiel ausgestiegen.

Erwachen

Friede ist, wie ich entdeckt habe, eine Begleiterscheinung. Er resultiert weder aus einer Erkenntnis noch aus einer Anstrengung. Meist kommt er insgesamt zu selten und immer unvorhergesehen, also wenn man nicht nach ihm sucht – das heißt: wenn man nicht weiß, wie man danach suchen soll. Das Geheimnis, wie man inneren Frieden findet, werden wir in diesem Buch lüften. Der Suche nach diesem

Frieden habe ich mein Erwachsenenleben gewidmet. Ich verbrachte viele Jahre in stiller Meditation; ich zog mich buchstäblich auf Berggipfel in exotischen fernen Ländern zurück. Mehrere Stunden eines „normalen" Tages brachte ich damit zu, zu meditieren und den Frieden zu finden und aufrechtzuerhalten. Nach 35 Jahren hingebungsvoller „spiritueller" Arbeit war ich dem anhaltenden inneren Frieden keinen Schritt näher als zu Beginn meines Weges. Mutlos und frustriert gab ich die Sache auf. Ich gab alles auf, was mein Leben ausgemacht hatte, und fand an seiner Stelle nur Öde. Auch dort war kein Friede zu finden. Einen letzten winzigen Hoffnungsschimmer hatte ich noch.

Als ich eines Tages in Flint (Michigan) im Café einer Buchhandlung saß und in einen Styroporbecher mit Grüntee starrte, erlosch auch dieser. Danach bewegte sich nichts. Das Universum hatte aufgehört, zu atmen. In dieser Stille war, kaum wahrnehmbar, ein winziger Punkt des Friedens. Als dieser mein Gewahrsein auf sich zog, fühlte ich mich wie Alice, die in den Kaninchenbau fiel. Im Fallen wurde ich kleiner, wie ein Kieselstein, den man von einer hohen Brücke wirft. Unmittelbar vor meinem Ende gab es eine Explosion, die sich anfühlte wie der Urknall, außer dass statt Feuer und Steinen Friede da war. Die Wucht der Explosion erfüllte mein Universum mit einem unerschütterlichen Frieden. Eine *Quantum-Entrainment*-Erfahrung.

Während ich so am Tisch saß, brach die Sonne durch die Wolken hindurch und wärmte meinen Rücken; die Gespräche der Gäste erfüllten das Café und es lief eine Jazz-CD. Ich saß still da, meine Tasse lauwarmen Tees mit den Händen umfassend. Alles war genau wie vorher, nur war der Raum jetzt von einem klaren und strahlenden Licht erfüllt, dem Gesicht des Friedens. Wie sich das gesamte Universum in dieses kleine Café hinein ergossen hatte, in dem schon Menschen und Bücher zuhauf waren, kann ich nicht sagen. Doch es war da und niemand bemerkte es. Galaxien und der Stoff der Schöpfung durchdrangen mühelos unsere Körper, auch das nahm niemand wahr. Mein Atem rührte sich nicht, aber Tränen liefen mir das Gesicht hinunter und tropften links und rechts neben der Tasse auf den Tisch. Kurz begegnete vom Nachbartisch her eine junge Studentin meinem Blick, dann wandte sie sich rasch ab.

Wie auf einen unsichtbaren Hinweis hin schrumpfte mein Bewusstsein zu einer winzigen Vertiefung in einer schimmernden Energieexplosion und wurde kleiner als das kleinste subatomare Teilchen. Ich sah zu, wie Wolken reiner Energie erstarrten und sich anderen Wolken annäherten. Aus diesen formlosen Nebeln tauchten die lebenden Seelen von Bäumen und Meeren und der fruchtbaren Erde auf, nur um sich wieder in formlose Energie aufzulösen. Ich war überall, größer als das Größte und kleiner als das Kleinste.

Als diese wirbelnden Energien der Schöpfung wieder schwächer wurden, fand ich mich in der alltäglichen Gegenwart wieder, die wir selbstsicher die „reale Welt" nennen. Augenblicklich kehrte der Geruch von Kaffee und getoasteten Bagels in mein Gewahrsein zurück. Der war alles andere als alltäglich und profan. Meine Tränen trockneten, ich sah wieder klarer. Alles erschien frisch und sauber und von innen her zu leuchten. Auch hier war jede Form Energie. Doch tief in den zartesten Energieformen war noch etwas versteckt. Es war nicht erkennbar, doch ich war mir seiner bewusst. Es war intelligent und gewahr. Vor allem aber war es mitfühlend – nein, „Es" war Mitgefühl. Und irgendwie war ich „Es".

Momentum

Der intensive Zustand von innerem Frieden und Glückseligkeit hielt ungefähr fünf Wochen an. Wenn ich meinen Alltagspflichten nachging, stellte ich fest, dass sich eine Art von Mühelosigkeit in meine gewohnten Abläufe eingeschlichen hatte. Ab und zu fühlte ich mich von den Dingen getrennt, als ob der innere Friede mich über das Getöse hinausgehoben hätte, und dennoch war ich so sehr Teil von allem Erschaffenen, dass ich eins damit war. Ich glaube nicht, dass diese Transformation für meine Familienangehörigen oder Freunde wahrnehmbar war. Sie war ebenso subtil wie tiefgreifend. Auch denke ich nicht, dass die Intensität stark nachließ, vielmehr integrierte ich die Erfahrung. Ich gewöhnte mich daran und alles erschien mir normal, wie vorher – außer einem Punkt: Da war etwas so wunderbar Feines, Delikates, Erquickliches und gleichzeitig völlig Normales, dass ich dieses Buch schrieb, um Ihnen davon zu berichten.

Seit diesem Tag brauche ich nicht mehr nach innerem Frieden zu *suchen*. Sicher, gelegentlich „verliere" ich ihn, manchmal auch für einen großen Teil des Tages, mitunter noch länger. Doch er kommt immer wieder zurück – und zwar, ohne dass ich mich anzustrengen brauche. Der innere Friede findet zu mir zurück, wie ein Kind zu seiner Mutter läuft, wenn es zu lange von ihr weg war. Wir umarmen einander wie Eltern und Kind und machen gemeinsam weiter und kümmern uns dabei nicht sonderlich um die Härten des Lebens.

Ich bezeichne es als „Momentum" [Eigendynamik, Kraftimpuls], wenn der Friede sich spontan wieder einstellt. Momentum besagt: Kampf und Frustration, Sorge und Unzufriedenheit lassen nach und haben Sie weniger fest im Griff. Negative Kräfte werden zu harmlosen Gespenstern, denn sie hungern nach chaotischen Emotionen, die sie aufrechterhalten. Wenn wir aufgebracht, verstimmt oder durcheinander sind, können wir tage- oder monatelang, ja sogar jahrelang in diesem Zustand bleiben. Dann kreist der Verstand nur noch um das Problem, käut das verletzende Ereignis wieder und probt Szenarien an Ihrem mentalen Gerichtshof. Ihr Geist wird vollständig von Gedanken vereinnahmt; die Zartheit, die jeder Moment mit sich bringt, entgeht ihm völlig. Im Grunde braucht das unkontrollierte Denken gar kein plötzliches Ereignis, um den Geist von diesem Moment wegzulocken: Sind Sie schon einmal an Ihren Arbeitsplatz gefahren und haben sich nachher an fast nichts mehr erinnert, was Sie auf der Fahrt gesehen haben? Ihr Verstand war anderweitig beschäftigt, während Ihr Körper und Ihr Auto ihn zur Arbeit fuhren. Sie mögen einwenden, auf Ihrem Weg zur Arbeit gebe es ohnehin nichts Bemerkenswertes – doch darum geht es nicht. Außerdem lägen Sie damit falsch. Dieses übliche Bewusstsein ist ein Problem. Genauer gesagt ist es ein Anzeichen dafür, dass auf einer tieferen Ebene etwas nicht stimmt.

Deshalb habe ich dieses Buch geschrieben:

- Erstens wollte ich Ihr Interesse daran wecken, den inneren Frieden in Ihnen selbst zu finden. Sie stehen vor einer einfachen Wahl: Frieden oder Probleme. Letztlich ist das Ihre einzige Wahl.
- Zweitens würde ich Sie gern wissen lassen, wie einfach es ist, im Frieden zu sein. Sie brauchen nicht Ihr Leben darauf zu verwenden, ihn zu finden (wie ich es getan habe). Im Grunde würden Sie damit hundertprozentig sicherstellen, dass Sie *keinen* Frieden finden. Ich würde Sie gern am eigenen Leib erleben lassen, wie innerer Friede Probleme beseitigt, weil er Ihnen gestattet, die Fülle und Schönheit zu genießen, die Ihr Leben ausmachen.
- Und drittens möchte ich, dass Sie „Momentum" erreichen. Wenn in Ihrem Leben dauerhaft und mühelos Friede herrscht, ist meine Arbeit vollbracht.

Bevor wir tatsächlich Frieden *erleben*, wollen wir uns zwei Fragen anschauen, die es zu beantworten gilt:

Was wollen oder wünschen Sie?

Auf den ersten Blick kommt die Frage „Was wollen Sie?" ganz arglos daher. Sich etwas zu wünschen, etwas zu wollen, das passiert automatisch. Es erscheint wirklich recht einfach. Ein Wunsch taucht auf und Sie *wollen* den Gegenstand dieses Verlangens, dieses Wunsches. Wenn Sie Hunger haben, wollen Sie etwas zu essen. Wenn Sie sich einsam fühlen, wünschen Sie sich Gesellschaft. Doch woher kommen diese Wünsche? Manche rühren von körperlichen oder psychischen Bedürfnissen her, etwa Durst oder Liebe. Andere scheinen an kein besonderes Bedürfnis geknüpft zu sein. Sie wünschen sich beispielsweise das rote Sportcabriolet statt der praktischeren Familienlimousine. Oder wie sieht es aus mit dem Wunsch nach einem knackigen Po, während Ihr derzeitiger doch völlig „funktionstüchtig" ist? Was löst dieses Verlangen aus, sich etwas zu wünschen, ohne es zu brauchen, das einen so aus dem Gleichgewicht bringen kann und das letztlich so zerstörerisch ist?

Falls Sie sich die Zeit nehmen, diese einfache Frage mit mir zu beantworten, verspreche ich Ihnen: Ihr Leben wird sich nicht nur ein wenig verändern, sondern wahrhaftig tiefgreifend. Unmittelbar hinter Ihren Gedanken werden Sie eine verborgene Welt entdecken. Das ist keine Schattenwelt oder eine Widerspiegelung anderer Reiche, die Sie bereits kennen. Die Welt unter der Frage ist tief, umfassend und rein. Es ist die Welt, aus der Ihr derzeitiges Leben Atem holt, die letztendliche Antwort auf die Frage: „Was wollen Sie?"

Dieses Buch kann Ihnen viele faszinierende Türen öffnen, doch letzten Endes gibt es nur eine Tür, durch die Sie hindurchgehen müssen. Es ist nicht notwendig, über diese einzige Erkenntnis hinauszublicken. Vielleicht brauchen Sie eine gewisse Vorbereitung, bevor Sie diese Tür durchschreiten können, doch da lässt sich leicht Abhilfe schaffen. Hier wartet eine Menge Arbeit auf Sie und noch mehr Spaß. Sie sind dabei, eine Reise anzutreten, nicht von hier nach dort, sondern sozusagen „vom Hier zum Hören" [engl.: *from here to hear*]. Sie werden erkennen, dass Sie nirgendwo hinzugehen brauchen, um vollkommen zu sein. Ebenso wenig brauchen Sie etwas dafür zu *tun*! Treffender stellt man sich diese Reise als ein Erweitern vor, als ein Öffnen der Wahrnehmung, das mit der Erkenntnis endet, dass das Leben bereits vollkommen ist.

Falls Ihnen diese Aussage abstrus oder unglaublich erscheint, dann bereiten Sie sich auf eine wilde Fahrt vor. Kommen Sie mit mir und Sie werden selbst das bemerkenswerte Leben kennenlernen, das Ihnen bisher entgangen ist. Sie entdecken die Wissenschaft des Sehens und die Kunst des Seins. In der Natur gibt es keine Probleme. Wenn ein Mensch seine wahre Natur, sein wahres Wesen erkennt, dann lösen Probleme sich auf, so, wie die Sonne in ein ruhiges Meer zu versinken scheint.

Zu Anfang lade ich Sie ein, genau so zu lernen, wie Sie schon Ihr ganzes Leben lang gelernt haben: linear und zielorientiert. Im

Allgemeinen neigen wir dazu, die Dinge zu manipulieren; damit kontrollieren wir unsere Umgebung in gewissem Maß. Das ist normal, aber nicht natürlich – und es birgt Gefahren. Es gibt noch eine umfassendere Art und Weise zu leben, die das zielorientierte Verhalten mit einschließt, es aber in seinen Möglichkeiten weit übersteigt. Sie kommt nicht vom Verstand, sondern von jenseits davon und ist zwar schwer zu erklären, doch leicht zu erfahren, sobald man die richtigen Regeln anwendet. Die Kunst des „Seins" wird automatisch aufblühen, während Sie in diesem Buch weiterlesen. Das werden Sie an der Leichtigkeit und der Freude merken, die nach und nach Ihren Alltag durchdringen. Die Zeit vergeht wie von selbst und die Probleme lockern ihren Griff. Sie werden sogar die alltäglichsten Erfahrungen bisweilen so sehr wertschätzen, dass Dankbarkeit und Freude Sie erfüllen, ja überwältigen. Wie ein Kind, das in die Welt verliebt ist, werden Sie die Welt mit den Augen der Unbefangenheit und Unschuld betrachten.

Ihre Erfahrung wird immer mit Ihrem Erkennen Schritt halten; dadurch wird Ihre Kenntnis vollständig. Ein Beispiel: Wenn ich Ihnen den Gedanken vorstelle, dass der innere Friede *zwischen* Ihren Gedanken zu finden ist, dann ist es nur recht und billig, dass ich Ihnen auch zeige, wie Sie diesen inneren Frieden selbst erleben können. Sie brauchen keine meiner Aussagen einfach zu glauben. Wenn Sie die Übungen durchführen, können Sie mir aufgrund Ihrer eigenen Erfahrung zustimmen oder widersprechen. Da wir schon bei dem Thema dieser vorgesehenen Übungen sind, die ich „Erfahrungen" nenne [im Sinne von Selbsterfahrung, Anm. d. Verlags], mag es nützen, schon einmal im Voraus zu betrachten, was Sie da im Verlauf des Buches so erwartet.

In der *ersten Erfahrung* lernen Sie, Ihr Denken anzuhalten. Diese Erfahrung will veranschaulichen, dass *Sie* nicht Ihre Gedanken *sind*. Sie existieren auch dann, wenn Ihr Verstand ruhig ist. Diese Erfahrung soll zwar diesen einen Punkt demonstrieren, doch sie erfüllt auch noch einen anderen Zweck. Falls Sie nur diese erste Übung praktizieren (– machen Sie sich keine Sorgen, wenn Sie bereits versucht haben, Ihren Verstand von Gedanken zu befreien, und es nicht geschafft haben;

diesmal wird es Ihnen keine Mühe bereiten ...), dann werden Sie energievoller und gesünder sein und mehr Vertrautheit mit Ihrer Familie und Ihren Freunden genießen. Und das ist nur die erste Selbsterfahrungsübung. Es folgen sieben weitere, die Ihnen zeigen, wie Sie Ihr Immunsystem stärken, stressbedingte Beschwerden wie Verdauungsprobleme und Bluthochdruck verringern oder Ihr Energieniveau und Ihre geistige Klarheit steigern können. Noch wichtiger aber ist: Sie lernen, körperliche und emotionale Schmerzen sowie die Angst vor dem Tod zu überwinden; und Sie lernen, Probleme endlich auszuräumen.

Wenn diese Nachricht Sie begeistert, dann halten Sie Ihren Hut, Ihre Kappe gut fest. Schmerzen zu überwinden und Probleme auszuräumen ist nur Zeitvertreib. Täuschen Sie sich nicht: Diese Erfahrungen sind von unschätzbarem Wert, um spezifische Ergebnisse zu erzielen. Wenn Sie aber die Meisterschaft des Lebens anstreben, dann müssen Sie vom *Tun* Abstand nehmen und das *Sein* lernen. Und genau das will ich Ihnen sagen. Das ist der Grundtenor dieses Buches: *Sein* ist wirkungsvoller als *Tun*. Wenn Sie die höchste Freude und den tiefsten Frieden erlangen wollen, die dieses Leben zu bieten hat, dann können Sie nichts *tun*, um sie zu erlangen. Die Ganzheit des Lebens liegt jenseits seiner Teile. Ganz egal, wie viel Geld, Macht oder Freunde wir haben – wir können nie genug bekommen, um ganz und gar glücklich zu sein. Dafür brauchen wir inneren Frieden. Wenn wir neue Fertigkeiten erlernen oder neue Beziehungen eingehen, dann tun wir das in der Vorstellung, unsere Umgebung stärker zu kontrollieren. In unserem Denken setzen wir *mehr Kontrolle* mit einem *größeren Glücksgefühl* gleich. Irgendwo tief im Inneren hoffen wir, dauerhaft glücklich zu sein, wenn wir unsere Welt nur ausreichend kontrollieren können. Dieser Irrglaube ist gefährlich und in diesem Buch geht es großenteils darum, diese Illusion aufzulösen. Es hat noch nie funktioniert, einzelne Teile zu kontrollieren in dem Bemühen, das Ganze zu kontrollieren. Kennen Sie jemanden, der *immer* glücklich ist? – Nein? Damit ist wohl (fast) alles gesagt ...

1. Wer bin ich?

Was bedeutet das überhaupt, glücklich sein? Streben wir wirklich danach, glücklich zu sein, oder ist auch das eine Täuschung? Darauf gehe ich später noch genauer ein; für den Moment ist wichtig zu wissen, dass das Glücksgefühl nicht das ist, was wir letztendlich wollen. Es ist nicht unser tiefster Wunsch. Glücksempfinden ist Teil des Problems, nicht das Heilmittel. Glücksempfinden ist – wie jener rote Sportwagen – etwas, was Sie *begehren*, aber es ist nicht das, wessen Sie wirklich *bedürfen*. Sie werden noch sehen: Egal, wie gut es Ihnen gelingt, Glück zu finden – es wird Ihnen nicht das bescheren, was Sie wirklich brauchen. Glück hängt von äußeren Umständen ab. Wenn sich die Umstände an Ihrer Glücksdefinition orientieren, dann sind Sie glücklich. Wenn sie das nicht vollständig tun, sind Sie weniger glücklich. Und Sie sind unglücklich, wenn die Dinge so gar nicht nach Ihrem Kopf gehen. Ist Ihnen schon einmal aufgefallen, dass Sie umso weniger glücklich sind, je mehr Sie sich am Glück festklammern? Warum ist das so? Warum sind Glücksgefühle so flüchtig?

Wir sind glücklich, wenn die Dinge gut laufen. Doch wie oft entsprechen die Ereignisse unseren Erwartungen? Wenn wir auf unser ganzes Leben zurückblicken, erkennen wir leicht, dass die Zeiten, in denen wir wirklich glücklich waren, nur kurzfristige Höhepunkte darstellten. Diese kurzen Glücksgipfel sind eingebettet in die monotonen Tiefebenen des gewöhnlichen Lebens. Freilich hegen wir das zarte Gefühl, etwas erreicht zu haben, wenn wir ein Glücksempfinden erhaschen können, wie kurz es auch sein mag. Es wird zu einer Art Zusicherung, dass mit uns im Grunde alles in Ordnung ist und dass die Dinge sogar noch besser werden. Doch über dieses unsichere Gefühl von Zufriedenheit blicken wir fast nie hinaus, weil wir uns vor den unbekannten Kräften fürchten, die sich tiefer in unserem Geist zusammenbrauen, gleich hinter dem Licht. Wenn wir das täten, würden wir diese fragile Illusion ins Wanken bringen, die wir so angestrengt aufrechterhalten. Glücklicherweise brauchen wir nicht immer in diesen trüben Gewässern zu schwimmen.

29

In seiner Unbeständigkeit ist das Glück ein hervorragender Lehrmeister. Ich fürchte jedoch, wir waren bisher schlechte Schüler. Wir sind im Unterricht eingeschlafen. Diese einzelne Stunde wird ständig wiederholt. Noch immer verschlafen wir selig unser Leben, während sich etwas Speichel in unseren Mundwinkeln sammelt. Wachen wir allerdings auf, dann erkennen wir, dass es nur folgende Lektion zu lernen gilt:

> *Sein bedeutet Freiheit. Tun, ohne zuerst zu sein, bedeutet Unfreiheit.* Sein ist der einfache Akt des Nicht-Handelns. Nicht-Handeln bedeutet: Wir werden erst der reinen Bewusstheit gewahr und beobachten dann, wie unsere Welt durch das Selbst erschaffen wird. Das Selbst zu kennen löst ganz mühelos Probleme auf und das Leiden, das sie mit sich bringen. Die Ergebnisse sind ein innerer Friede und ein Wohlstand, die unsere Träume weit übersteigen.

Innerer Friede stellt sich immer dann ein, wenn wir der reinen Bewusstheit gewahr sind. Sie mögen einwenden: „Ich bin schon gewahr." Das stimmt auch. Sie sind gewahr, dass Sie dieses denken und jenes tun. Aber sind Sie der reinen Bewusstheit gewahr? Alles Erschaffene kommt aus dem reinen Gewahrsein. Das erste erschaffene Ding, das erste Schimmern der Individualität, das aus dem reinen Gewahrsein geboren wird, ist das Selbst. Sind Sie Ihres Selbst gewahr? „Natürlich", antworten Sie entrüstet, „ich bin gewahr, dass ich dieses Buch lese. Ich bin auch meines Körpers gewahr und dass ich einen Job und eine Familie habe." Diese Dinge machen das aus, was ich das „Ich" nenne. Es sind die Besonderheiten Ihres persönlichen Lebens. Aber Ihr Selbst ist keineswegs das Gleiche. Wie Sie sehen werden, ist Ihr Selbst unbeschreiblich und unzerstörbar. Ihres Selbst gewahr zu sein, das bringt ein Element der Unzerstörbarkeit in Ihre Existenz. Wenn Sie unzerstörbar sind, verschwindet jeglicher Anlass zur Sorge und innerer Friede breitet sich aus. So einfach ist das. Wenn Sie Ihres

Selbst gewahr werden, muss das zu innerem Frieden führen. Innerer Friede ist eine Begleiterscheinung eines Lebens frei von Problemen – aber er ist noch viel, viel mehr.

Bei Ihrer weiteren Lektüre dieses Buches wird eine erstaunliche Veränderung in Ihnen stattfinden. Zunächst wollen Sie vielleicht lernen, wie Sie insbesondere störende Emotionen oder Ihre Angst vor dem Tod lindern können. Das unterstütze ich, zumindest anfangs. Diese Art des Lernens entspricht dem Führen eines Kampfes. Der Angriffsplan lautet: das Problem mit *Wissen* und einer *Technik* in den Griff bekommen. Es ist nichts verkehrt daran, eine bestimmte Methode anzuwenden, um eine Art von Herausforderung auszuräumen, doch glauben Sie nicht, Sie könnten je genug wissen oder tun, um frei von Problemen oder in Frieden frei zu sein. Vielleicht *verstehen* Sie inneren Frieden nicht umfassend genug oder er liegt Ihnen nicht am Herzen, falls Sie ihn verstehen. Wie dem auch sei, das spielt keine Rolle. Diese Reise ist sehr persönlich, nur Sie können sie unternehmen. Ich habe keine Pläne für Sie. Ich habe eine Art *Lebensstil* entdeckt, der das „normale" Leben mit einschließt, es aber unglaublich bereichert. Meine Absicht ist es, mich mit Ihnen dort zu treffen, wo Sie sich wohlfühlen. Es gibt zwar nur *eine* Tür, doch zu ihr führen viele Wege. Ich nähere mich dieser einzigen Lektion aus verschiedenen Richtungen an; so können Sie entscheiden, welche Ihnen am meisten zusagt. Eine leichte Verlagerung der Wahrnehmung kann, wie ich Ihnen zeigen werde, Ihre „Kampfneigung" reduzieren und durch eine Geschmeidigkeit ersetzen, die das Leben *annimmt*, statt mit ihm zu kollidieren. Nur Angst und Leiden bleiben dabei auf der Strecke. Es ist ein reines Leben, das alle führen können, sofern sie sich dafür entscheiden. Ja, Ihr tiefster Wunsch, aus dem alle anderen hervorgehen, ist der Wunsch: „Erkenne dein Selbst!" Er ist Ausgangspunkt und letztendliches Ziel. Während Sie ein Kapitel nach dem anderen lesen, werde ich Sie immer wieder daran erinnern. Er ist nicht nur das bestimmende Motiv dieses Buches, sondern auch sozusagen die „Strömung", die unser ganzes Leben durchzieht, die Unterströmung unseres Lebens.

Bisher habe ich viele Fragen gestellt und nur wenige Antworten angedeutet. Die Antworten folgen noch. Erst müssen wir auf einige Punkte näher eingehen, doch in Kürze werde ich Ihnen die erste „Erfahrung" Ihres Selbst anbieten. Achten Sie darauf, diese Übungen gewissenhaft durchzuführen, damit Sie von den Erfahrungen profitieren. Ich wünsche mir, dass diese Worte für Sie lebendig werden, und das kann nur geschehen, wenn Sie auch die „Musik" hören, für die dieser Text geschrieben wurde.

Inwiefern unterscheiden sich reines Gewahrsein, Selbst und „ICH" vom „Ich"?

Wörter beeinflussen uns stärker, als wir ihnen gewöhnlich zutrauen. Ich möchte ganz klar darlegen, was ein Wort bedeutet und wie es verwendet wird. Viele Menschen haben die unbefriedigende und letztlich destruktive Gewohnheit, zu einem Thema Stellung zu beziehen, ohne die verwendeten Schlüsselbegriffe eindeutig zu definieren. Ein Beispiel: Eine Frau fragt ihren Mann, ob er sie liebe. Er antwortet: „Ja, sehr." Und schon tänzeln sie die Straße der Glückseligkeit entlang, wobei beide glauben, Liebe bedeute für sie das Gleiche. Wenn diese Seligkeit Ahnungslosigkeit bedeutet, wird ihre Glückseligkeit nicht lange währen. Ihre Partnerschaft wird sie zwingen, genauer zu untersuchen, was Lieben bedeutet; andernfalls wird die Liebe langsam von innen heraus schwinden.

Bezweifeln auch Sie, dass viele Menschen bei „wackeligen" Wörtern einen festen Standpunkt haben? Bitten Sie einen Freund, Ihnen die Begriffe „Freund" oder „Terrorist" ausführlich zu erklären oder den Geschmack einer Banane zu beschreiben. Diese Übung kann Ihnen die Augen öffnen. Die Beschreibung unterscheidet sich garantiert, vielleicht sogar signifikant von Ihrer eigenen Definition. Wir denken gern, andere sähen die Dinge genauso, wie wir sie wahrnehmen, doch das ist praktisch nie der Fall. Über die Menschen lässt sich nur das Eine mit Gewissheit sagen:

1. Wer bin ich?

> Jede und jeder ist anders. Unsere Sicht der Welt ist völlig einzigartig, niemand sieht sie so wie wir. Wir sind relative Wesen – zumindest leben wir so. Wir leben, als gäbe es keine Grundlage, keinen gemeinsamen Bezugspunkt, der für alle Menschen gilt. Wir ähneln Stäubchen, die ziellos in einem schwach beleuchteten Raum umherschweben.

Falls es einen universellen Bezugspunkt gäbe, welcher wäre das Ihrer Vermutung nach? Wäre er im äußeren Raum oder im inneren Raum, innerhalb des Geistes oder außerhalb davon? Nun, zufällig gibt es diesen einzigen Bezugspunkt, den die ganze Menschheit teilt. Nicht nur die Menschen teilen ihn, sondern alles Leben, die ganze Schöpfung. Es ist der Stoff der Weisen. Es ist das Selbst. (Anmerkung: Die Begriffe Selbst, „ICH" [engl.: „I"] und „ICH BIN" [engl.: „I Am"] sind in ihrer Bedeutung austauschbar und ermöglichen uns, dieses einzigartige Konzept des Selbst aus verschiedenen erhellenden Blickwinkeln zu betrachten.)

Unsere grundlegende Natur, das Selbst, ist die erste Schöpfung der reinen Bewusstheit. Reine Bewusstheit ist unmöglich mit unseren Sinnen zu erfahren. Wir können sie nicht sehen, schmecken oder riechen. Die Quantenphysik bezeichnet die reine Bewusstheit als implizite Ordnung; es ist die Nicht-Form, aus der Energie und Form erschaffen sind. Der Verstand kann *über* dieses reine Gewahrsein nachdenken, doch wir sind hilflos, wenn es darum geht, *es zu denken*. Das sind Denkprozesse und reine Bewusstheit entzieht sich den suchenden Fingern des Verstandes. Reine Bewusstheit hat keine Form, nichts, was diese mentalen Finger greifen könnten.

Alle Gedanken und alle Dinge kommen aus dem reinen Gewahrsein und doch ist dieses substanzlos, hat nichts, was die Sinne wahrnehmen oder der Verstand erfassen könnten. – Wird es Ihnen jetzt etwas zu abstrakt? Bleiben Sie da. Diese Zeit wird sich für Sie lohnen.

33

Ihrem Verstand fällt es nur gerade schwer, etwas zu untersuchen, was sich nicht untersuchen lässt. Aber es lässt sich erfahren. Oder genauer gesagt: Das bewusste Wahrnehmen der reinen Bewusstheit erfährt Ihr Verstand als nichts, als völliges Fehlen einer Erfahrung. Und genau das steht an.

Obwohl reine Bewusstheit grenzenlos und formlos ist, bringt sie einen ersten Vorläufer hervor, aus dem alle Energie und Form hervorgeht. Die Quantenphysik bezeichnet dieses erste, formlose Feld als Nullpunkt oder Vakuumzustand. Ich nenne es Selbst. Das tue ich, weil die Sprache der Quantenphysik nur auf seine unpersönliche Seite Wert legt. Das Selbst ist sowohl unpersönlich als auch unendlich vertraut. Das Selbst ist einzigartig in der ganzen Schöpfung. Es steht in zwei Welten: im unveränderlichen, alles durchdringenden reinen Gewahrsein und in seiner dynamischen Schöpfung, dem Feld von Geburt und Tod.

Das Selbst erhält und schützt unaufhörlich das, was Sie „Ich" nennen, den Teil von Ihnen, der einen Körper hat, einen Verstand, eine Geschichte und eine Zukunft, Hoffnungen und Ängste. Das Selbst gleicht einem warmen Wintermantel. Auch wenn Sie sich gerade eifrig dem Leben widmen und vergessen haben, dass Sie einen Mantel anhaben, wärmt dieser Sie. Es spielt keine Rolle, ob Sie die Begriffe des reinen Gewahrseins und des Selbst völlig erfassen. Über beide lässt sich schwerer reden, als man sie erfahren kann. Ja, sowohl das reine Gewahrsein als auch das Selbst können Sie erfahren, auch wenn Sie von beiden nie etwas gehört haben.

Das Selbst zu erfahren ist äußerst subtil und großartig. Wahrscheinlich haben Sie Ihr Selbst bereits erfahren und wissen es nicht einmal. Das ist ein Problem. Falls Sie Ihr Selbst nicht kennen, können Sie Ihren tiefsten Wunsch nicht kennen. Auf den nächsten Seiten werde ich Ihnen die Schlüssel in die Hand drücken, die Ihnen das Tor zum Selbst öffnen. Voraussetzung dafür ist nur, dass Sie ein Mensch sind und dass Sie bewusst sind. Mehr braucht es nicht. Die Entdeckung Ihres Selbst ist Ihr Geburtsrecht.

Warum ist es so wichtig, Ihres Selbst gewahr zu sein? – Es ist mehr als wichtig, es ist lebensnotwendig, grundlegend, unverzichtbar. Das Selbst zu kennen bedeutet, frei zu werden von Hoffnungen und Ängsten. Sobald Sie Ihr Selbst erkennen (wozu uns ja schon vor langer Zeit *Sokrates* aufforderte), wird Ihre Sicherheit unerschütterlich. Dann fühlen Sie intensiv und positiv und Sie denken klar und eindeutig. Zudem werden Ihre Sinne (Hören, Sehen, Schmecken ...) schärfer und lebendiger. Und Ihr Körper altert langsamer. Er wird entspannter, lässiger und viel widerstandsfähiger gegenüber Stress und Krankheiten. Keine schlechte Ausbeute für eine so einfache Entdeckung.

Nehmen Sie sich einen Moment Zeit und denken Sie an Ihre Kindheit zurück und dann an Ihre Jugend. Erinnern Sie sich jetzt an eine Zeit in Ihren Zwanzigern, Dreißigern... und so fort, bis zu Ihrem heutigen Alter. Denken Sie an das, was Sie jetzt gerade tun. Im Laufe Ihres Lebens haben Ihre Interessen und Ihre Gefühle sich gewandelt, Ihr Körper ist gewachsen und gealtert, Ihre Familienmitglieder sind reifer geworden, Freunde sind gekommen und gegangen. Doch da war ein Teil von Ihnen, den es schon immer gab, solange Sie zurückdenken können, und der heute immer noch da ist. Er hat sich nicht verändert.

Als Sie damals sagten: „Ich möchte zu meiner Mama", oder später: „Ich verabscheue Sportunterricht" oder „Ich werde dich immer lieben" oder „Ich mag keine laute Musik", identifizierten Sie sich mit Dingen, Ereignissen und Gefühlen, die Ihrem „Ich" widerfuhren, aber nicht Ihrem „Selbst" oder „ICH". Die Dinge oder Gefühle Ihres Lebens (also sich nach Ihrer Mutter zu sehnen, die Sportstunden zu verabscheuen ...), all das hat sich verändert und „ruht" nun in dem Teil Ihrer Vergangenheit, der als Erinnerung bezeichnet wird. Dinge haben sich gewandelt, nicht aber das ICH.

Wenn Sie sagen: „Ich bin hungrig", dann identifizieren Sie sich mit beiden Seiten Ihrer Existenz, mit dem unveränderlichen „ICH" und dem veränderlichen „Ich". Sie sagen, dass der Teil „ICH" den Teil „Ich" beobachte, der Hunger habe. Das „ICH" ist wie ein stiller Zeuge oder Beobachter, der die Landschaft Ihres Lebens nur genießt. „Ich" ist die

Landschaft. „ICH", das unzerstörbare und grenzenlose Selbst, war immer da. Es ist nicht gealtert und hat sich in keiner Weise verändert. Alfred Lord Tennyson schrieb zu diesem Mysterium der anhaltenden Unveränderlichkeit in seinem Gedicht *The Brook* sinngemäß: „Menschen kommen, Menschen gehen, ich aber gehe ewig weiter." Ebenso könnten wir, allerdings weit weniger elegant, formulieren: Meine Sicherheit, meine Gefühle, Gedanken, mein Körper und meine Umwelt kommen und gehen, doch „ICH" bleibe immer. Dieser Satz berührt die Seele vielleicht nicht so stark, doch er bringt die Botschaft klarer „rüber".

Die Sinne und der Körper sind wie Pferde, die einen Wagen durchs Leben ziehen. Der Wagenlenker ist Ihr Geist, Ihr Verstand. Ihr Selbst, das „ICH", ist der Fahrgast, der Zeuge oder Beobachter von allem, was kommt und geht während Ihres Lebens und in der Zeit des „Ich". Das Selbst bleibt unberührt und frei von den Kräften unserer Welt. Es ist das stille Zentrum des Friedens. Falls wir uns mit der umtriebigen Natur unseres Verstandes identifizieren, kommen wir nie zur Ruhe. Wenn wir das Leben von der Warte des Selbst aus wahrnehmen, bleiben wir von der offensichtlichen Mühe und dem Kampf unberührt, die uns auf der Straße des Lebens begegnen.

Das „Ich" verändert sich ständig, das „ICH" verändert sich nie. Wenn der Verstand auch zu wissen scheint, wohin er geht, so ist er doch verloren ohne die zarte Unterstützung des „ICH". Das „ICH" gleicht dem GPS-Satelliten, der die Position bestimmt: Es *tut* nichts, doch ohne das „ICH" hat der Verstand keinen Bezugspunkt. Solange wir des „ICH" nicht gewahr sind, werden wir vom Verstand, vom Körper und den Sinnen, also von den Bestandteilen des „Ich", hinweggefegt. Pferd und Wagen gehen mit dem Fahrgast durch.

Bei den seltenen Gelegenheiten, da wir einen kostbaren Moment lang die chaotische Welt in Schach halten können, ertappen wir uns vielleicht bei der Frage: „Was soll das alles?" oder „Was ist mein Lebenssinn?" Und wenn vom „Ich" keine Antwort kommt, dann flüchten wir uns in Überarbeitung, Fernsehen, Drogen, Sex,

Geldverdienen, Geldausgeben oder alles andere, was den Verstand von diesen unbehaglichen, ruhigen Momenten ablenkt. Die Antwort ist einfach. Sobald wir des „ICH" gewahr werden, überkommt uns eine Art Stille. Das „ICH", das Selbst, wird zuerst als zarter Friede empfunden. Wenn sich dieser Friede im Laufe der Zeit vertieft, treten Freude und ein Gefühl von Ehrfurcht in unser Gewahrsein. Das fühlt sich so an, als beobachteten wir einen wundervollen Sonnenuntergang, brauchten aber keine Sonne dazu. Wir brauchen nichts. Friede und Freude treten dann immer wieder bei den seltsamsten Gelegenheiten und an den seltsamsten Orten auf. Eines Tages werden Sie erstaunt feststellen, dass Sie inneren Frieden während eines traumatischen Ereignisses empfinden oder in einer brenzligen Situation am Arbeitsplatz. Friede, das Ergebnis von Selbst-Bewusstheit, beginnt sich mit Nicht-Frieden zu vermischen. Genau dieses Verschmelzen von „ICH" und „Ich" vertieft die Lebenserfahrung und erweitert unsere Sicht der Welt.

Wenn wir unseres Selbst gewahr werden, dann werden wir wie ein Meer. Der Meeresgrund ist unbewegt und ruhig. An der Oberfläche finden wir Schaumkronen, Blasen und Wellen. Die unvorhersagbare, sich stets wandelnde Oberfläche entspricht dem „Ich". Das „ICH" aber gleicht der ruhigen Tiefe. Doch auch die größte Welle besteht aus Wasser. Das stille Wasser in der Tiefe nennen wir „ICH" und das tosende Wasser an der Oberfläche „Ich". Letztlich ist alles Wasser. Das „Ich" ist lediglich ein aktiver Ausdruck des „ICH". Wenn wir an der Meeresoberfläche leben, identifizieren wir uns mit der Turbulenz und dem Wandel. Wir erheben uns und fallen mit unseren Hoffnungen und Ängsten, nur um an die Felsenküste der Illusion geschleudert zu werden. Indem wir einfach der Tiefen des „ICH" gewahr werden, genießen wir mühelos Halt und Gelassenheit. Die Stürme an der Oberfläche gehen weiter, doch vom Blickwinkel des „ICH" aus bleiben wir unberührt.

Ein anderer Ausdruck für „ICH" ist „ICH BIN". Mit dieser Bezeichnung weisen wir darauf hin, dass das „ICH" nichts *tut*, es *ist* nur. „ICH BIN" bedeutet, dass nur das „ICH" existiert, sonst nichts. Ich verwende gern dieses „ICH BIN", denn es *vertieft* das Gefühl von „ICH". René Descartes, der französische Philosoph des 17. Jahrhunderts, ist berühmt für seinen Ausspruch: „Ich denke, also bin ich." Seltsamerweise hat er den Satz umgedreht. (Sehen Sie mir nach, wenn ich mich hier zu einem Wortspiel mit seinem Namen verleiten lasse: Er ist sozusagen aus dem Wagen gestiegen [*de-cart*], bevor er vom Pferd abstieg [*de-horse*] ... In diesem Sinne meine ich das mit der Umkehrung.) Er hätte besser sagen sollen: „ICH BIN, deshalb denke ich." Wenn wir Descartes' Argumentation folgten, dann würde er aufhören zu existieren, sobald er zu denken aufhörte. Das stimmt einfach nicht. Diese Schlussfolgerung würde zwar für jemanden Sinn ergeben, der ständig denkt und nur an der Meeresoberfläche des Selbst vor sich hinlebt. Was würde passieren, wenn Ihre Gedanken einfach aufhörten? Würden Sie dann wirklich nicht mehr existieren? Wären Sie dann einfach abgeschaltet, als ob ein schicksalhafter Finger Ihren Lichtschalter ausgeknipst hätte? Da sage ich: „Keineswegs!" Und ich werde es Ihnen im nächsten Abschnitt beweisen.

*

Wenn Sie sagen: „Ich bin hungrig", dann erkennen Sie damit den unveränderlichen wie den veränderlichen Aspekt Ihres Seins an. „ICH BIN + hungrig" = „ICH" + „Ich". Normalerweise richten wir unsere ganze Aufmerksamkeit auf das hungrige „Ich" und ignorieren den Wohlgeschmack des „ICH". Wenn Sie nur den körperlichen Hunger stillen, dann werden Sie vom Tisch aufstehen und immer noch nach der Fülle des „ICH" hungern. Beide Seiten der Gleichung müssen im Gleichgewicht sein. Ihre Probleme werden nicht verschwinden und der Friede wird nicht aufblühen, solange Sie nicht Ihres Selbst gewahr werden.

Gleich werden Sie feststellen, dass der Verstand zu existieren aufhört, sobald Sie aufhören zu denken, doch das „ICH" besteht ewig fort. Sowie der Gedanke an den Hunger schwindet, bleibt nur noch das „ICH BIN". Oder wenn die Wut verschwindet, ist nur das „ICH BIN" da. Alle weltlichen Wirren lösen sich auf in der grenzenlosen

Umarmung des „ICH", der Ganzheit des Selbst. Und wenn Verstand und Körper als Welle des „Ich" wieder auftauchen, dann stützen sie sich auf das Meer des „ICH".

Die gute Nachricht

Solange Ihre Identität auf Veränderung beruht, kommen Sie nie völlig zur Ruhe und kennen Ihr wahres Wesen nicht wirklich. Ihr Selbst ist der Teil von Ihnen, der sich niemals verändert. Lassen Sie mich das wiederholen: Ihr Selbst ist *unveränderlich*. Denken Sie darüber einen Moment nach. Das ist weder eine Philosophie noch Wunschdenken. Das ist konkreter, greifbarer als ein Stein. Ihr Selbst altert nicht, ermüdet nicht und erleidet nie Angst oder Schmerzen. Sobald Sie Ihr Selbst vollständig kennenlernen, werden Sie nicht mehr leiden oder von anderen verletzt werden. – Wie kann das geschehen? Alles, was man dazu braucht, ist eine Veränderung oder Verlagerung, ein Wechsel oder ein „Umschalten" in der Wahrnehmung. Diese Veränderung ist rasch, leicht und mühelos vorzunehmen. Nicht durch alles Reden der Welt werden wir dieser Erfahrung auch nur einen Zentimeter näher kommen. Der Schlüssel dazu, das Herz des Erwachsenen zu öffnen und die kindliche Unbefangenheit ans Licht kommen zu lassen und zum Ausdruck zu bringen, besteht darin, dass man lernt, seine Aufmerksamkeit dem zu widmen, was man gerade JETZT tut! Sie haben schon alles, was Sie brauchen; also, fangen wir an.

Das „ICH BIN" zu erfahren ist das Einfachste vom Einfachen, doch vielleicht brauchen Sie einige Versuche, um den Dreh herauszubekommen. Und zwar nicht, weil Sie es nicht können, sondern weil Sie zuerst nach etwas anderem suchen. Machen Sie sich keine Gedanken, diese Erfahrung gehört zu den normalen Erfahrungen des Menschen, jede und jeder ist dazu imstande. Gehen Sie es locker an, halten Sie sich an die einfachen Anweisungen und schon bald werden Sie Ihrem Selbst die Hand schütteln.

Verschiedene bedeutende Lehrer des 20. Jahrhunderts haben diese Technik genutzt, um das Denken anzuhalten. Sie ist eine direkte

Herangehensweise, die keines Nachdenkens und keiner Meditation bedarf, und sie geht so:

Erfahrung 1: Die Gedanken anhalten

Setzen Sie sich bequem hin und schließen Sie Ihre Augen. Folgen Sie Ihren Gedanken, wohin sie Sie auch führen. Lenken und bewerten Sie sie nicht. Beobachten Sie einfach, wie sie kommen und gehen. Wenn Sie Ihre Gedanken fünf bis zehn Sekunden lang beobachtet haben, stellen Sie sich folgende Frage: „Woher kommt mein nächster Gedanke?" Beobachten Sie dann sehr aufmerksam, was passiert. Warten Sie einfach und beobachten Sie.

Was ist passiert? Gab es eine kurze Unterbrechung in Ihrem Denken, während Sie auf den nächsten Gedanken gewartet haben? Haben Sie einen Freiraum, eine Art Lücke bemerkt zwischen der Frage und dem nächsten Gedanken? – Lesen Sie die Anleitung noch einmal und führen Sie die Übung erneut durch. Ich warte ...

Da ..., ist Ihnen ein kurzes Zögern in Ihrem Denken aufgefallen, eine Pause ... zwischen den Gedanken? Falls Sie nach der Frage „Woher kommt mein nächster Gedanke?" ganz aufmerksam waren, werden Sie bemerkt haben, dass Ihr Verstand darauf gewartet hat, dass etwas passiert. Die kurzzeitige Pause in Ihrem Denken rührt daher, dass der Verstand zu „entscheiden" versucht, woran er als Nächstes denken soll. Eckhart Tolle sagt, das sei etwa so wie bei einer Katze, die ein Mauseloch beobachte: Sie waren hellwach, warteten, aber in dieser Lücke waren keine Gedanken da. Bitte führen Sie diese Übung noch einige Male durch und achten Sie auf die Lücke, den Raum *zwischen* den Gedanken. Diese Lücke mag sehr kurz sein, aber sie ist da. In dem Maße, wie Sie dieser „Denk-Pause" gewahr werden, wird sie sich erweitern, vertiefen, verlängern.

Sie haben diese Lücke vorher schon oft erlebt, aber ich wette, Sie haben nie sonderlich darauf geachtet. Wenn Ihr Verstand das „Ich" ist, interessiert er sich nicht für Stille. In bestimmter Hinsicht betrachtet er Stille als kontraproduktiv. Der Verstand verabscheut ein Vakuum. Bestenfalls erachtet er die Lücke als Ärgernis oder Störung, als etwas, was es zu füllen gilt.

Ist es den meisten von uns nicht ein wenig peinlich oder sind wir nicht verunsichert, wenn uns etwas, was wir sagen wollten, nicht mehr einfällt? Das Wort oder der Gedanke liegen uns auf der Zunge, doch so sehr wir uns auch bemühen, wir bekommen die Antwort nicht heraus. Je mehr wir uns anstrengen, desto stärker sind wir blockiert ... Wann kommt die Antwort? Sie fällt uns dann ein, wenn wir unsere Gedanken nicht mehr wie verrückt voranpeitschen, sondern sie zur Ruhe kommen lassen. Sobald wir von unserem Bemühen ablassen und ruhig werden oder an etwas anderes denken, strömen uns die Worte aus dem Mund – sozusagen wie aus der Pistole geschossen. Diese „widerspenstigen" Worte kommen nicht aus dem aktiven Verstand, sie kommen aus den Tiefen des stillen Selbst.

Damit meine ich Folgendes: Wenn jemand Sie nach Ihrem Namen fragt, antworten Sie, ohne zu zögern. Die Antwort kommt sicher und automatisch. Werden Sie aber im Laufe des Tages nach Ihrem Frühstück gefragt, kommt es zu einer kleinen Lücke in Ihrem Denken, während Ihr Verstand die Antwort sucht. Ist die Frage schwieriger, dann braucht der Verstand länger für die Antwort. Das heißt, der Verstand wartet auf die Antwort, die aus dieser Stille heraus Form annimmt. Der Verstand selbst bringt also *nicht* die Antworten hervor. Er bringt gar nichts hervor. Er gibt nur wieder, was im Selbst erschaffen wird. Für den Verstand ist das eine bittere Pille, die er da zu schlucken hat, denn er ist in die Illusion verliebt, er sei der Schöpfer.

Unser Verstand – immer bestrebt, die Antwort parat zu haben – wird ungeduldig bei dem, was ihm als Zeitverschwendung erscheint. Unsere ständige Denkaktivität ist wie eine Nebelwand, die die Tatsache zu vertuschen sucht, dass Schöpfung, der schöpferische, kreative

Akt oder Moment, aus der Stille kommt und nicht aus der Aktivität. Der Verstand will nach der Antwort greifen und damit noch stärker dirigieren und kontrollieren. Der in diesem Sinne unachtsame Verstand ist unnütz und richtet eher Schaden an.

Wenn Sie Ihren Verstand fragen: „Woher kommt mein nächster Gedanke?", ist er gezwungen, innezuhalten und achtsam zu sein. Von seinem Wesen her neigt er dazu, sich den ersten auftauchenden Gedanken zu schnappen und damit davonzusausen. Doch falls Sie dieser Neigung, „produktiv" zu sein, widerstehen und genau hinschauen, woher Ihr nächster Gedanke wirklich kommt, werden Sie mit einem kurzen Blick auf Ihr Selbst belohnt, mit einer erfrischenden Pause. Sie haben dann die Antwort gefunden auf die Frage: „Was wollen Sie?" Es ist die Antwort auf Ihre Ausgangsfrage: „Was ist mein tiefster Wunsch?" Die Keimzelle aller anderen Wünsche und gleichzeitig die Pein des ewig rastlosen Verstandes ist diese tiefe Sehnsucht, das eigene Selbst zu kennen.

Da Sie nun wissen, woher die Gedanken kommen, empfehle ich Ihnen, diese einfache Erfahrung einmal pro Stunde jeweils eine Minute lang durchzuführen. Nehmen Sie sich einmal stündlich irgendwann eine Minute Zeit und halten Sie Ihr Denken an. (Falls Ihnen das nicht möglich ist, machen Sie die Übung nur dann, wenn Sie können, und dafür länger: etwa fünf oder zehn oder sogar zwanzig Minuten lang. Allerdings sind kürzere und häufigere „Besuche" bei Ihrem Selbst für unseren Zweck günstiger.)

Kämpfen Sie nicht dagegen an, wenn sich andere Gedanken aufdrängen. Die werden immer auftauchen, weil es nun einmal das Wesen des Verstandes ist, zu denken. Stellen Sie einfach mit *vollständigem Gewahrsein* immer wieder die besagte Frage, bis die Zeit um ist. Bleiben Sie dran, Sie werden es nicht bereuen. Anfangs werden Sie wahrscheinlich Ihre Augen schließen müssen, doch recht schnell werden Sie die Frage mit offenen Augen stellen können. Und schon bald werden Sie diese Erfahrung machen können, während Sie Auto fahren, sich mit einer Nachbarin unterhalten oder sich am Arbeitsplatz einem dringenden Projekt widmen. Es wird nicht lange dauern, bis Sie feststellen, wie sehr diese harmlose Erfahrung Ihr Leben verändern kann. Sie brauchen nicht *mehr* zu tun, als regelmäßig die Lücke zwischen Ihren Gedanken zu beobachten; für den Rest ist gesorgt. Sie werden entspannter, kreativer, energiegeladener und freundlicher sein. Nach wenigen Tagen werden Sie ein Gefühl tieferen Friedens wahrnehmen. Nach einigen weiteren Tagen wird die Erfahrung sich mühelos einstellen. Sobald das der Fall ist, ist es wichtig, die eine Minute pro Stunde beizubehalten und die spontanen Besuche Ihres Selbst als Segen zu betrachten. Nach einer gewissen Zeit werden Sie *Momentum* erreichen, also an den Punkt kommen, dass der Friede von selbst wieder eintritt, wenn er weg war. Nun brauchen Sie sich nur noch zurückzulehnen und die Reise zu genießen.

Rückblickend fasse ich kurz zusammen:

Wenn wir das Selbst vergessen, vergessen wir, dass die Gedanken aus dem „ICH BIN" erschaffen werden. Sobald das geschieht, identifizieren wir uns mit unseren Gedanken und Gefühlen. In der Aussage „Ich bin wütend" identifizieren wir uns mit der Wut. Dann sind wir dem verhaftet, was die Wut mit sich bringt: Verletzung, Frustration, Rache ... Von hier ist es nur ein kleiner Schritt in einen massiven Ringkampf mit unseren Gedanken und Gefühlen. Diesen Kampf können wir nicht gewinnen. Das Problem ist, dass wir glauben, unser Verstand zu *sein*; damit kommen wir in große Schwierigkeiten.

Das Selbst bringt den Verstand hervor, nicht umgekehrt. Ihr Selbst hat die Intelligenz. Ihr Verstand ist nur ein Werkzeug, das Sie nutzen, um Dinge auszuführen. Solange das Selbst den Verstand nicht anleitet und überwacht, funktioniert der Verstand „auf Autopilot". Er meint zu wissen, was er tut, doch das ist nur eine Illusion.

„ICH BIN" – der universelle Heiler

Ich habe einige provokative Behauptungen aufgestellt. Die wohl leidenschaftlichste davon war, dass die Menschen nur deshalb leiden, weil sie ihres Selbst nicht gewahr sind. Und Selbst-Gewahrsein beendet das Leiden. Lassen Sie uns nun einmal schauen, ob wir diese Worte untermauern und unser Gewahrsein auf unser Selbst richten können.

Führen Sie die *Erfahrung 1* noch einige Male durch! Ihre Aufmerksamkeit sollte mit einem klareren, wenn nicht sogar längeren Blick auf die Lücke zwischen Ihren Gedanken belohnt werden ... – Diese Lücke mag nur eine oder zwei Sekunden gedauert haben, doch sie war da. Ja, sie war da, doch was *ist* sie? Diese Lücke ist reines Gewahrsein; Gewahrsein des Nichts. Als Sie dieser Lücke gewahr wurden, konnten Sie sagen: „Ich nehme *nichts* wahr" oder „Ich bin des *Nichts* gewahr". Das Nichts ist reines Gewahrsein und das „ICH BIN" ist das Selbst. Der Wagen, die Pferde und der Kutscher waren alle verschwunden und hatten den Fahrgast in diesem Augenblick mit sich selbst, dem Selbst, allein gelassen.

Hier kommt nun die große Preisfrage: Als Sie mit Ihrem Selbst allein waren, zwischen den Gedanken, waren da irgendwelche aufwühlenden Gefühle? Erinnern Sie sich an irgendeine Art von Unbehagen? – Nichts dergleichen, nicht wahr? Und falls Sie die Lücke wirklich genau beobachtet haben, könnten Sie festgestellt haben, dass Sie sich ein wenig friedlicher fühlten. Nur zu, probieren Sie es noch einmal! Es funktioniert jedes Mal. Es ist unmöglich, wütend, traurig, besorgt, schuldbewusst oder irgendwie negativ zu sein und gleichzeitig des inneren Selbst ganz gewahr zu sein. Unmöglich!

Das ist nicht einfach eine Irreführung. Sobald Sie mehr „Nicht-Denken" erleben, empfinden Sie weniger disharmonische Gedanken und Gefühle. Weniger disharmonische Gedanken und Gefühle bedeuten klareres, eher wohlwollendes Denken und bessere Problemlösungsfähigkeit. Menschen, die Ihrem Selbst regelmäßig Zeit widmen, leben länger, friedlicher und dynamischer, als wenn sie das nicht täten. Und sie verursachen uns Übrigen weniger Probleme.

Nun mögen Sie fragen: „Wie kann ich durchs Leben gehen, ohne zu denken? Werde ich da nicht nur ziellos umhertappen und gegen Dinge stoßen?"

1. Wer bin ich?

Machen Sie sich bereit für das Unglaubliche: Sie können *beides* – Sie können Ihres Selbst gewahr sein, *während* Sie gleichzeitig denken und fühlen und Kinder aufziehen. Ja, Sie werden sogar bei den profansten Haushaltspflichten mehr Freude empfinden, wenn Sie dabei des „unsinkbaren" Selbst gewahr sind.

> Ihres Selbst gewahr zu sein, während Sie Ihren Tätigkeiten nachgehen, das ist die Erfüllung Ihres tiefsten Wunsches.

Sie sehen, Sie können auf zwei Hochzeiten tanzen. Doch bevor wir diese Idee, dieses Konzept besser in den Griff bekommen, müssen wir noch ein wenig an den Grundlagen arbeiten. Ich bitte Sie, weiterhin ungefähr eine Minute pro Stunde Ihr Denken anzuhalten. Achten Sie darauf, wie das regelmäßige Erfahren des Selbst Ihr Leben verändert. Falls Sie irgendwann eine Form von Negativität erleben, erinnern Sie sich einfach daran, *Erfahrung 1* häufig durchzuführen. Wenden Sie die Übung nicht an, um die Negativität zu *bekämpfen*. Das wird nicht klappen. Machen Sie einfach die Erfahrung und achten Sie auf alle Veränderungen. Verhindern Sie die Erfahrung nicht, *beobachten* Sie sie. Von Ihrem Üben werden Sie doppelt profitieren, weil dadurch auch der Inhalt der nächsten Kapitel für Sie mehr Sinn ergibt. Danach sind Sie bereit für weitere Erfahrungen.

Kerngedanken von Kapitel 1

- Glücksgefühle sind *Teil* des Problems, nicht das Heilmittel.
- Innerer Friede ist nicht durch Anstrengung zu erreichen.
- Es gibt nur *eine* Lektion zu lernen: Werden Sie Ihres Selbst gewahr!
- Probleme lösen sich mühelos auf, wenn man des Selbst gewahr wird.
- Innerer Friede ist eine *Begleiterscheinung*, ein Anzeichen von Selbst-Gewahrsein.

- Der erste Ausdruck des reinen Gewahrseins ist das grenzenlose Selbst.
- Das Selbst ist jenseits der Sinne und jenseits der Gedanken, es lässt sich aber leicht als Nicht-Erfahrung erfahren.
- Das „Ich" ist die individuelle Persönlichkeit, die sich im Laufe Ihres Lebens verändert (hat).
- Selbst-Gewahrsein ist die Erfüllung Ihres tiefsten Wunsches.

2. Mit neuen Augen sehen

„Angesichts der Ideen und Konzepte, die sich inzwischen als fundamental für unser Verständnis der Natur erweisen, gleicht das Universum allmählich eher einem großen Gedanken als einer großen Maschine."

Sir James Jeans

Die Art und Weise, wie wir derzeit unser Leben führen, uns verwirklichen und zum Ausdruck bringen, funktioniert nicht. Innerer Friede ist zum Gespenst geworden, zum Stoff für Märchen und Mythen. Warnzeichen finden wir rundum. Doch wir entscheiden uns dafür, Schlafwandlern gleich an ihnen vorüberzugehen, unseren Blick in die Zukunft gerichtet. Wir sind überzeugt: Wenn wir hart arbeiten, unsere Familie lieben und unsere Steuern bezahlen, dann werden wir mit den Dingen belohnt, die wir uns wünschen, die wir begehren. Diese Form des Schlafwandelns erreicht epidemische Ausmaße. Ein kurzer Blick auf unseren eigenen Zustand und den der übrigen Welt sollte uns rasch aus diesem Albtraum reißen. Das bloße Hinschauen sollte uns schon deutlich vor Augen führen, dass unsere vertraute Lebensweise nicht funktioniert.

Warum ist das so? Ganz einfach, wir leben eine Lüge. Wir glauben, wenn wir nur weiterhin an unseren Problemen herumpickten, würden wir eines wunderbaren Tages aufwachen und alle unsere Probleme wären auf magische Weise gelöst. Ist das bisher Ihre Erfahrung?

Kennen Sie jemanden, die oder der frei von Problemen ist? Haben Geld, eine gute Gesundheit, Wohltätigkeit oder irgendeine andere Bemühung jemals auch nur *einen* Menschen in den erhabenen Zustand der „Problemfreiheit" versetzt? Keineswegs. Trotz erdrückender Gegenbeweise handeln wir weiterhin so, als wären wir eines Tages frei von Problemen.

Das Erbe Newtons

Haben Sie schon einmal den Spruch gehört: „Je mehr man weiß, desto sicherer weiß man, dass man nichts weiß."? Oder wie steht es mit diesem: „Wenn ich *ein* Problem löse, treten zwei andere an seine Stelle."? In diesen Aussagen verbirgt sich die Erkenntnis, dass wir unsere Welt nicht mit der Brachialgewalt des Intellekts bezwingen können. Der Einfluss der newtonschen Physik spornt uns an, *mehr* Informationen zu sammeln und auf das jeweilige Problem anzuwenden. Die Idee dahinter besagt: Wenn wir endlich genug Informationen zusammengetragen haben, werden wir unser Schicksal meistern. Das wird das Ende des Leidens bedeuten ... Diese Herangehensweise funktioniert gut bei eng umrissenen Herausforderungen, etwa bei einem Leck in einem Rohr, bei einer quietschenden Schaukel im Garten, bei einem noch nicht perfekten Golfschlag, bei übermäßigem Essen oder beim Erlernen der japanischen Sprache. Dieser Ansatz kann aber nicht die schwerwiegenden Konflikte lösen, die unser Leben ausmachen.

Und zwar deshalb nicht, weil unser Leben in seiner Komplexität unser Verständnis übersteigt. Wir *können* gar nicht alles wissen, was wir wissen *müssten*. Schon für die einfache Tätigkeit, dieses Buch zu halten und seinen Inhalt zu lesen, müssen Billionen von Nervenimpulsen pro Sekunde an den Synapsen feuern. Und dabei geht es nur um den *physischen* Vorgang des Lesens. Können Sie sich vorstellen, welcher ordnenden Kraft es bedarf, um diese elektrischen Impulse in Verständnis, in anwendbares Wissen umzuwandeln? Ich nicht. Das übersteigt mein geistiges Verständnis, weil es über meinen Verstand geht. Und jetzt kommen wir zum Kern des Problems.

Die klassische Physik, die großenteils auf den Erkenntnissen von Sir Isaac Newton basiert, ist seit mehr als 200 Jahren der „Plan", nach dem wir leben. Sie geht an die uns bekannte Welt mit den Sinnen heran, die Welt mit ihren Bäumen, dem Himmel, den Autos und Gebäuden, den Arbeitsplätzen und Familien. Doch in unserem Leben gibt es noch viel mehr als das, was wir sehen, schmecken oder hören. Da gibt es das ganz Große und das ganz Kleine, die Galaxien im Kosmos und die tanzenden Energien im Inneren der Atome. Diese Welten beeinflussen uns ebenso stark wie oder stärker als unsere Arbeit und unsere Familie. Solange wir glauben, sie wirkten sich nicht in nennenswerter Weise auf unsere Lebensweise aus, stecken wir sozusagen den Kopf in den Sand.

Wenn im Wald ein Baum umfällt ...

Die Quantenphysik erforscht das „Leben" jenseits unserer Sinne. Bedeutende Erkenntnisse der letzten paar Jahre sind so erstaunlich, dass sie schon fast mystisch sind. Eine solche Erkenntnis hilft uns, unser Problem mit den Problemen zu verstehen:

Die Quantenmechanik zeigt uns, dass wir, wenn wir einen Vorgang *beobachten,* das Ergebnis dieses Vorgangs tatsächlich *beeinflussen.* In meinem ersten Studienjahr hatte ich einen Englisch-Grundkurs, der dreimal in der Woche morgens um acht Uhr stattfand. Ich liebte Englisch und hasste die frühe Zeit. An einem feucht-kalten Novembermorgen hingen die Wolken wie graue Baumwolle knapp über den Bäumen. Im Unterrichtsraum war es heiß und genauso trostlos wie das Wetter. Ich war schon bei meiner zweiten Tasse Kaffee und setzte mich an einen Tisch in der letzten Reihe. In seiner Begeisterung über seinen ersten Lehrauftrag war der junge Dozent weit enthusiastischer, als ein Englischlehrer das eigentlich sein durfte. War ihm denn nicht klar, welche Tageszeit es war? Ohne irgendeine Einleitung lächelte er uns an, als wollte er mit seinem Lächeln sagen: „Damit werde ich Sie aufwecken", und fragte uns: „Wenn im Wald ein Baum umfällt und niemand es beobachtet, ertönt dann ein Geräusch?"

Mein erster Gedanke war: Selbstverständlich macht ein umstürzender Baum ein Geräusch, wenn niemand da ist. Was für eine absurde Frage! Und dann drängte sich aus der hintersten Ecke meines Geistes ein anderer Gedanke nach vorn. „Und was wäre, wenn er *kein* Geräusch machte?" Wie könnten wir das herausbekommen? Wir könnten eins der modernen Tonaufzeichnungsgeräte aufstellen, das würde die Frage ein für alle Mal beantworten. Doch wenn eine Intelligenz, sagen wir, dieselbe Kraft, die den Wald erschaffen hätte, das Vorhandensein eines von Menschen gebauten Gerätes wahrnehmen könnte? Was wäre, wenn diese Kraft genau *die* Ergebnisse hervorbringen könnte, die die Menschen, die den Rekorder aufstellten, *erwarten*? Auch das erschien absurd. Wie könnte die schwerfällige, alte Mutter Natur den Menschen austricksen? Ist es schließlich nicht nur eine Frage der Zeit, bis wir unsere Umwelt völlig beherrschen? Wir bauen Straßen und fahren mit Autos, wir errichten Einkaufszentren und geben Geld aus, wir bauen Häuser und regeln das Klima darin. Darin sind wir recht gut. Im Laufe der Zeit werden wir sogar immer besser. Oder haben die Naturkräfte und die Wirkkräfte des Universums andere Pläne für uns?

Diese Ausgangsfrage, die mein Dozent so beiläufig einfließen ließ, entwickelte ein Eigenleben. Er hat damit sicherlich noch einen „Hinweis" auf unseren Englischkurs verbunden, doch ich erinnere mich an gar nichts mehr, was er nach dieser täuschend verzwickten Frage sagte. Ich vermute, er hat mich tatsächlich aufgeweckt – aber anders, als er es beabsichtigt hatte. Ich erinnere mich kaum, wie ich den Kurs verließ und nach draußen ging. Die frische Morgenluft schlug mir ins Gesicht und ich blickte hinauf in einen wolkenlosen, blauen Himmel.

Vor fast vierzig Jahren hörte ich diese Frage also zum ersten Mal. Damals glaubte ich, wir *hätten* bereits die meisten Antworten und unsere wissenschaftliche Methode würde bald alles entdecken, was wir brauchten, um unser Schicksal zu meistern. Und als Meister unseres Schicksals würden wir glücklich und endlich im Frieden sein. Inzwischen sehen wir die Dinge anders.

Das klassische Doppelspaltexperiment der Quantenmechanik belegt, dass der Vorgang des *Beobachtens* den Ausgang eines Ereignisses verändert. Dem Geist nach hat die neue Wissenschaft die Frage beantwortet, die mein Englischlehrer vor so langer Zeit stellte. Wir wissen jetzt mit absoluter Gewissheit: Wenn im Wald ein Baum umfällt und jemand *da* ist, der das beobachtet, dann läuft das Ereignis *anders* ab. Und nun halten Sie Ihren Hut, Ihre Kappe fest: Die neuesten Untersuchungen legen nahe, dass jedes Ereignis nur *eine Möglichkeit* ist [engl.: *potential*]. Das heißt aber, es gibt unendlich viele Möglichkeiten, wie sich die Dinge entwickeln können. Eine Situation bleibt gleichsam in Saatform und entwickelt sich erst dann, *wenn sie beobachtet wird!*

Bleiben Sie ganz ruhig! Sie brauchen hier keine Grundkenntnisse der Quantenphysik. Glücklicherweise setzt Ihr innerer Friede kein intellektuelles Verständnis dafür voraus. Ich erwähne es nur, um Ihnen eine andere Sichtweise auf Ihre Welt vorzustellen. Denn wie Sie bald erkennen werden, ist eine Änderung der Sichtweise der erste Schritt hin zu einem sinnvollen Leben, das frei von Leiden ist und in dem sich Ihr tiefster Wunsch erfüllt.

Zwei einfache Regeln

Ein „Umschalten" Ihrer Wahrnehmung kann viel Verwirrung aus Ihrem Leben beseitigen. Ich möchte Ihnen zwei einfache Regeln vorstellen; sie erleichtern Ihrem Verstand diesen Wechsel der Sichtweise, der selbst erzeugte Leiden massiv lindern kann. Mein ganzes Erwachsenenleben hindurch habe ich mich von diesen beiden einfachen Einsichten leiten lassen. Sie haben mir Trost gespendet und eine Richtung gewiesen:

- Die erste Einsicht lautet: „Das Leben ist Harmonie." Das heißt, es herrscht immer eine Ordnung im Universum, auch wenn es nicht so erscheint.

- Das zweite Diktum lautet: „Die Welt ist nicht so, wie ich sie wahrnehme." Mir ist es unmöglich, in jeder sich mir bietenden

Situation *alles* zu wissen, zu fühlen oder wahrzunehmen – deshalb ist mein Verständnis zwangsläufig lückenhaft.

Diese schlichten Sentenzen haben meine persönliche Entwicklung tiefgehend beeinflusst. Wenn die Welt nicht in Harmonie wäre, könnte ich Leiden oder eine Einschränkung als natürlich akzeptieren. Wenn ich den Eindruck hätte, meine Sicht der Welt sei vollständig, dann könnte ich meine Einstellung als die „korrekte" empfinden. Wann immer ich ins Stocken geriet oder mich in eingefahrenen Geleisen bewegte, rief ich mir selbst ins Gedächtnis, dass das Leben im Grunde genommen freudvoll sei und dass meine Wahrnehmung diese Fülle nicht widerspiegele.

Schon bald schaute ich hinter die Kulissen. Allmählich brachten die beiden einfachen Regeln mich dazu, meinen Griff zu lockern und das Leben wie eine dahinplätschernde Melodie an mir vorüberziehen zu lassen. Das ist übrigens eine recht gute Analogie. Wir genießen Musik dann am intensivsten, wenn wir die Melodie wie einen Fluss durch unser Bewusstsein strömen lassen. Falls wir auch nur an einer einzigen Note festhalten, entgeht uns die Gesamtwirkung der Komposition. Unser Leben sollte, genau wie Musik, frei dahinfließen können. Indem wir an Menschen, Vorstellungen und Dingen *festhalten*, unterbrechen wir den Fluss und machen die Melodie zunichte.

Sie und ich, wir sind *gleich* und wir sind völlig *verschieden*. Wir verbinden uns miteinander über unsere Gleichheit. Unsere Unterschiede verleihen unserer Gleichheit Süße. Wenn diese beiden Gegensätze ins Gleichgewicht kommen, profitiert davon alles. Das war immer schon das Rezept für ein erfülltes und erfolgreiches Leben. Ich teile Ihnen dies hier nicht deshalb mit, weil ich glaubte, Sie wüssten es nicht, sondern weil Sie es vergessen haben könnten.

Nach diesen beiden genannten Prinzipien also lebe ich, nicht aufgrund einer umständlichen Philosophie, sondern weil sie aus meinem früheren Leben als Kind zu mir kamen. Sie waren die Leitsterne der Kindheit, bevor ich die Zeit lernte und der Raum angefüllt wurde mit „notwendigen" und „praktischen" Werkzeugen für ein erfolgreiches

Leben. Falls Sie die Gültigkeit dieser beiden einfachen Regeln überprüfen wollen, dann fangen Sie nicht an, sich an Vergessenes zu erinnern. Beginnen Sie da, wo Sie jetzt gerade sind, sodass nicht Ihre Hoffnungen oder Erinnerungen die Regie über Ihr Denken und Handeln gewinnen.

Sie bekommen, was Sie erwarten

Subtil und tiefgreifend wirken wir selbst auf alles und auf jeden um uns herum ein. Alles ist sozusagen unter Kontrolle – nur nicht unsere Art zu denken. Wir bewirken, dass Dinge geschehen, aber nicht durch unser Handeln. Veränderung vollzieht sich durch einfaches Beobachten. Und wer behauptet, Wissenschaft sei langweilig? Bis zur Entdeckung dieses Phänomens glaubten wir, wir könnten das Leben beobachten, *ohne* es zu verändern. Die klassischen Wissenschaftler lehrten uns, „objektive Beobachter" zu sein. So etwas gibt es gar nicht, wie sich inzwischen herausgestellt hat. Wir können gar nicht existieren, ohne jedes andere Ding in der Schöpfung zu beeinflussen. Diese Entdeckung hat sehr tiefgreifende Konsequenzen. Was wir für offensichtliche Kontrolle über einen Gegenstand oder ein Ereignis halten, ist in Wirklichkeit eine illusionäre Kontrolle.

Und zwar aus folgendem Grund: Bevor etwas geschaffen wird oder zustande kommt, ist es gemäß der Quantenphysik eine Wolke von Energie, die darauf wartet, dass ihr jemand (ein Beobachter) eine Richtung weist. Diese Energie nimmt um unsere Erwartungen herum Form an. Wenn wir ein Problem angehen, betrachten wir es zuerst. Sobald wir das Problem betrachten, beginnt der Same der Veränderung bereits zu sprießen. Schon der Beobachtungsvorgang setzt die Lösung in Gang – in die von uns erwartete Richtung. Nun ja, zugegeben, es ist etwas verzwickter, als hier beschrieben, sodass wir nicht immer das bekommen, was wir erwarten. Dennoch ist diese Entdeckung von beachtlicher Bedeutung. Sie besagt nämlich, dass sich Ereignisse in die von uns erwartete Richtung bewegen. Das verleiht unseren Erwartungen meiner Ansicht nach eine ziemliche Bedeutung.

Interessant ist, dass die meisten von uns *Probleme* erwarten. Warum auch nicht? Unsere Eltern und deren Eltern taten das ja auch. Ja, das ganze Kollektivbewusstsein der Menschheit scheint mit Leiden und Kampf gerechnet zu haben, und zwar weit über die Erinnerung hinaus. Der Kreislauf ist ungebrochen, mal abgesehen von einigen wenigen Koryphäen und liebenswürdigen Gemütern in jeder Generation.

Außergewöhnliche Menschen

Es gibt Menschen, die andere Erwartungen hegen als die meisten von uns. Diese Menschen haben das Erwachsenenalter erreicht und dabei die Arglosigkeit, Freude und Kraft der Kindheit nicht verloren. Sie sind selten, aber vielleicht haben Sie das Glück, einen von ihnen persönlich zu kennen. Diese bemerkenswerten Menschen sind zufrieden, wie sie sind und wo sie sind, und sie sprechen stark auf Schönheit an. Sie werden weniger von egozentrischen Bedürfnissen angetrieben; dafür sind sie anderen gegenüber hilfsbereiter und für deren Bedürfnisse empfänglicher. Angst kennen sie weniger. Sie sind kreativ, erfinderisch und spielerisch. Sie sind liebenswert, schelmisch und humorvoll. Vielleicht fühlen Sie sich zu ihnen hingezogen, weil Ihnen der Gedanke durch den Kopf geht: „Das ist ein wunderbarer Mensch. Wenn wir alle so wären wie sie oder er, dann wäre unsere Welt ein sicherer und wunderschöner Ort."

Abraham Maslow nennt diese Menschen „Transzendierende" [engl.: *transcenders*], also Menschen, die Transzendenz vollziehen oder realisieren. Sie machen nur einen kleinen Prozentsatz der gesamten Menschheit aus, vielleicht nur ein halbes Prozent. Doch es gibt sie und sie sind real. Die Frage lautet: „Können auch wir erlangen, was *sie* haben?"

Die Antwort lautet: „Ja!" Wir können unser Leben mit Frieden, Freude und Liebe erfüllen. Wir können Angst, Schuldgefühle, Frustration ebenso ausräumen wie dieses unterschwellige Unbehagen, das immer im Hintergrund ist wie das Summen einer lauten Klimaanlage in einem heißen Sommer.

2. Mit neuen Augen sehen

Wir sind Menschen und wir sind nicht „fertig". Wir schlüpfen gerade aus unserem Kokon heraus. Transzendierende sind die Schmetterlinge unserer Spezies. Sie zeigen uns, was wir alle werden können. Das inspiriert; doch damit ist es noch nicht getan.

Zu wissen, dass wir nicht vollkommen sind, ist der erste Schritt auf dem Weg zum Ganzwerden. Wir spüren es von tief innen aufsteigen, wenn wir ganz ruhig sind. Es ist ein Gefühl der Unvollständigkeit, als ob etwas fehlte. Dieses Unbehagen versuchen wir beispielsweise oft dadurch zu übertönen, dass wir uns unermüdlich beschäftigen. Je vehementer dieses Gefühl der Leere seinen aufdringlichen Kopf in unsere bewussten Angelegenheiten stecken will, desto mehr arbeiten wir, um es mit den beiden Füßen „Arbeit" und „Sorgen" niederzutrampeln. „Ich bin ein Arbeitstier", verkündet ein Geschäftsmann stolz. „Ich muss immer etwas tun. Nur herumzusitzen ist Zeitverschwendung", sagt eine Frau über ihr Leben allgemein. Das sind eindeutige Anzeichen von Leere. Wir sind von einer hinterhältigen Seuche infiziert, der viele erlegen sind. Eckhart Tolle, ein Visionär von heute, stellte fest, dass Unzufriedenheit, Missmut und Angst sich schneller ausbreiteten als ein Virus.

Das Wissen um ein Problem ist der erste Schritt zu seiner Lösung. Zu wissen, dass andere die gleichen Probleme bereits überwunden haben, vor denen wir selbst stehen, ermutigt uns. Es macht Mut und ist eine Falle. Denn jeder von uns befindet sich auf seiner eigenen Reise. Bücher, Organisationen und Menschen sind nur Wegweiser. Sie können nur in die Richtung weisen, die sie für sich selbst als die beste empfinden. *Ihr* Weg zur Ganzheit führt Sie eine Straße entlang, die nur Sie gehen können. Vor meinem geistigen Auge sehe ich einen riesigen Schwarm schneller, silberner Fische, die in vollkommener Harmonie schwimmen. Wenn der „Anführer" die Richtung wechselt, drehen sich alle Fische mit ihm um. Was für ein wunderbares Beispiel von Einheit! Doch wenn der Anführer sich verirrt hat? Wenn er geradewegs auf das Maul eines Raubfischs zuschwimmt?

55

Eine „gespiegelte" Sicht der Dinge

Worin unterscheiden sich die Menschen, die Maslow Transzendierende nennt, von uns? Dass sie die Welt anders wahrnehmen als die übrige Menschheit, das liegt auf der Hand. Die Wahrnehmung bestimmt die Erwartung. Stoßen sie irgendwie in die Welt der Quantenmechanik vor? Sind sie imstande, die subtilen Mechanismen der Schöpfung zu sehen, und erkennen sie, dass das Leben, wie es sich unseren Sinnen darbietet, nur ein kleiner Ausschnitt der Herrlichkeit und Ganzheit der Schöpfung ist? Die Antwort ist sonnenklar. [Wörtlich: „Die Antwort ist so unbezweifelbar wie die Nase in Ihrem Gesicht." Anm. der Übers.]

Aber wie klar und unzweifelhaft ist die Nase in meinem Gesicht wirklich? Lassen Sie uns das kurz betrachten. Von dem Punkt aus, von dem ich in die Welt hinausschaue, ist meine Nase nicht gerade besonders deutlich zu erkennen. Ich habe eine ganz eigene Sicht auf sie, wohin ich auch gehe: Ich kann mein rechtes Auge schließen und verschwommen meinen linken Nasenflügel sehen und das Gleiche kann ich mit dem linken Auge machen, doch damit sind meine Möglichkeiten so ziemlich erschöpft.

Nehme ich jedoch einen Spiegel zu Hilfe, so eröffnet sich mir eine ganz neue Welt. Sobald ich mir einen Spiegel vors Gesicht halte, sehe ich meine Nase ganz deutlich. Wenn ich den Spiegel bewege, sehe ich beide Nasenflügel und die Nasenwurzel ganz klar. Ich kann sogar in meine Nase hineinschauen, wenn ich den Spiegel darunterhalte. Stellen Sie sich mal vor, welche Möglichkeiten eine solche Sichtweise eröffnet ...

Meinem Gefühl nach können Transzendierende sich diese „gespiegelte" Sicht der Dinge zu eigen machen. Sie können das Leben aus mehr als einem Blickwinkel betrachten. Ja, die Anzahl der verschiedenen Blickwinkel, mit denen sie die Möglichkeiten, das Potenzial jedes einzelnen Ereignisses anschauen, ist grenzenlos. Dank dieser Fähigkeit sind sie imstande, einen sehr neugierigen und beneidenswerten Standpunkt einzunehmen. Sie sind zu zahllosen Sichtweisen fähig.

Das heißt, sie hegen praktisch keine Erwartungen. Sie nehmen die Welt wahr und interagieren mit ihr so, wie sie ist, und nicht so, wie sie sie haben wollen. Der individuelle Geist des Transzendierenden ist eins mit dem kosmischen Geist. Diese Menschen haben ihr Gefühl von Individualität aufgegeben zugunsten eines Gefühls von Universalität.

Für Transzendierende ist das Leben ein Abenteuer. Weil sie wissen, dass das Potenzial jeder Situation grenzenlos ist, versuchen sie nicht, sich in das Ergebnis einzumischen. Sie versuchen nicht, ihren Willen zu ihrem eigenen Vorteil „durchzudrücken", wie wir übrigen es gelernt haben. Transzendierende sind damit zufrieden, zuzusehen, wie sich die Schönheit der Schöpfung vor ihnen entfaltet. Die einende Kraft des Universums übersteigt das Verständnis des menschlichen Geistes. Unser Verstand kann einfach nicht alle möglichen Kombinationen kennen, die einem einzelnen Ereignis innewohnen. Kräfte aller Art, aus allen Richtungen und allen Ebenen kommen bei jedem einzelnen Ereignis zum Tragen, und zwar in jedem Moment, zu jeder Stunde, jeden Tag, jedes Jahr, jedes Jahrtausend bis in alle Ewigkeit. Mir persönlich fällt es schon schwer, mir die Zahlenkombination für mein Postschließfach zu merken. Ich habe daher nicht die Absicht, mich an der Faktorenkombination, am Schlüssel für das Verständnis der Schöpfung zu versuchen.

Beobachten – ein Vollzeitjob

Das brauche ich auch nicht. Die Schöpfung sorgt für sich selbst. Es scheint, als sei meine *einzige* Aufgabe, zu beobachten, wie sich dieser Prozess entfaltet. Heißt das, dass ich den ganzen Tag halb benommen herumsitze, während die Welt an meinem Fenster vorüberzieht? Nein. Maslow hat festgestellt, dass Transzendierende dynamische, kreative und produktive Menschen sind. Beobachten ist eine Form von Loslassen. Es ist das Bewusstsein, dass sich jede einzelne Situation unendlich vielfältig entwickeln kann. Das Beobachten ermöglicht der Welt, sich ungestört zu entfalten. Wenn ich die Schöpfung für sich selbst sorgen lasse, ist die Welt immer neu. Ein sicheres Anzeichen dafür, dass Sie versuchen, die Dinge zu Ihrem persönlichen Vorteil zu kontrollieren, ist Langeweile. Ja, Langeweile empfinden Sie, wenn die Dinge nicht so laufen, wie Sie es erzwingen wollen. Das Leben verliert seine Frische, wird schal und uninteressant und Ihnen wird langweilig. Ein Kind langweilt sich erst, wenn es lernt, sich Ziele zu setzen und sich aufzuregen, falls es diese nicht erreicht. Bis dahin werden ein Topf und ein Löffel das Kind stundenlang inspirieren.

Während ich beobachte, *handle* ich auch. Aber beachten Sie die Reihenfolge: Beobachten Sie das Selbst und handeln Sie dann. Merke: Erst sein, dann tun. Das Tun resultiert ganz natürlich aus dem Beobachten, nicht aber aus dem Planen. Ebenso wenig kommen Gedanken aus anderen Gedanken. Sie kommen aus dem Selbst. Nichts schadet der Lebensenergie mehr, als einen Plan einzuhalten, der sich selbst entgegenwirkt. Falls Sie sehen wollen, wie zerstörerisch diese Angewohnheit mittlerweile ist, dann denken Sie einen Moment darüber nach, wie wir Menschen die Erde umbringen. Das ist kein wirklich kluger Schachzug. Wir wurden schon einmal mit einer Krebserkrankung im Gesicht von Mutter Erde verglichen. Wenn sie ihren letzten Atemzug macht, werden wir mit ihr zugrunde gehen. Transzendierenden ist es unmöglich, sich selbst, andere oder ihre Umwelt zu zerstören. Und zwar deshalb, weil sie unablässig beobachten, was ist, und dann das Notwendige tun.

Tod ist Leben

Im Universum gibt es eine Ordnung, eine Art intelligente Energie, die zu wissen scheint, was überall gleichzeitig vor sich geht. Die Quantenmechanik kennt viele Namen für diese universelle Ordnung, etwa: die implizite Ordnung, das Unmanifeste, das Submanifeste oder der Vakuumzustand. Wenn diese Energie oder Ordnung sich an die Arbeit macht, dann brauchen wir nur aus dem Weg zu gehen und zuzuschauen. In meiner Ausbildung zum Chiropraktiker lernte ich, die Kraft, die den Körper erschaffen habe, heile ihn auch wieder. Als

Chiropraktiker lernten wir auch die Maxime: Finde es (das Problem), bring es in Ordnung und dann lass es in Ruhe! [Engl.: *Find it, fix it and leave it alone!*] Dieses philosophische Prinzip bietet eine tiefe Einsicht, wie die universelle Ordnung sich manifestiert und wie Beobachten wirkt.

Wie schwer ist es, den Schnitt heilen zu lassen, wenn Sie sich in den Finger geschnitten haben? Müssen Sie dem Schnitt gut zureden, ihn ermuntern, für ihn beten oder ihn bestechen, damit er heilt? – Sie brauchen nichts zu tun. Die Kraft oder Macht, die den Körper schuf, heilt ihn auch. Vielleicht sollten Sie etwas tun, um die Heilung zu *unterstützen*, etwa die Wunde säubern und ein Pflaster daraufkleben. Doch die Heilung vollzieht sich, weil die universelle Energie oder Ordnung sich als Leben in Ihrem Körper ausdrückt. Zum Vergleich: Reinigen Sie eine Wunde an einem Leichnam, kleben Sie ein Pflaster darauf und beobachten Sie, ob da ebenfalls Heilung stattfindet ...

Im Prozess des Sterbens sehen wir eine andere Energie bzw. Ordnung am Werk, die Ordnung des Abbauens, des Zerstörens. Auch sie ist ein Ausdruck der universellen Ordnung. Sie ist nicht schlecht, nur anders.

Ohne diese Zerstörung, den Abbauprozess wären wir ganz schön in der Bredouille. Der Tod ist ein natürlicher Teil des Lebens und muss zugelassen werden, damit das Leben sich entwickeln kann. Wenn sich eine Knospe an einem Kirschbaum öffnet, freuen wir uns über ihre Schönheit. Wenn die Blüte zu verwelken beginnt und „stirbt", freuen wir uns wieder, denn bald werden die Früchte schwer an den Kirschbaumzweigen hängen. Sobald die Früchte verfaulen und mit Samen zu Boden fallen, freuen wir uns erneut. Ein neuer Baum wird geboren und dann auch wieder sterben. Kein Ding, keine Idee und kein Ereignis sind von diesem kosmischen Kreislauf ausgenommen. Selbst der Wunsch, den Tod zu überwinden, wird sterben. Wenn das Verlangen, den Tod zu besiegen, schließlich stirbt, entsteht eine Lücke, die frei ist vom Willen. In dieser Lücke, jenseits des Wunsches zu leben, ist der Vorläufer des Selbst begründet, das, was nie geboren wurde und niemals stirbt.

Falls Ihnen das alles zu geheimnisvoll oder mystisch klingt, verwerfen Sie dieses Denken dennoch nicht achtlos. Selbst die Sprache der *Wissenschaft* von heute klingt befremdlich rätselhaft und undurchsichtig. Doch das erscheint nur dem an bestimmte Begriffe gebundenen Verstand so. Was der Verstand nicht erfassen kann, das lässt sich ganz einfach und in einem einzigen Moment erfahren. In Kürze lernen Sie, aus Ihrem Verstand „herauszutreten" und ein reiner Beobachter zu werden. Eine einfache Verlagerung der Sichtweise – und Ihr Leben wird sich für immer verbessern.

Kerngedanken von Kapitel 2

- Wir gehen Probleme so an, als ob wir eines Tages frei davon wären.
- Wir können unsere Welt nicht mit der Brachialgewalt des Intellekts erobern.
- Folgende beiden einfachen Regeln verändern unsere Wahrnehmung und befreien uns vom Leiden:
  1. Es herrscht immer Ordnung im Universum.
  2. Die Welt ist nicht so, wie ich sie wahrnehme.
- Was wir für offensichtliche Kontrolle über einen Gegenstand oder ein Ereignis halten, ist in Wirklichkeit eine illusionäre Kontrolle.
- Menschen, die die Transzendenz realisieren (vollziehen), haben ihr Gefühl von Individualität aufgegeben zugunsten des Gefühls von Universalität.
- Langeweile ist ein sicheres Anzeichen dafür, dass Sie versuchen, Ihr Leben zu Ihrem persönlichen Vorteil zu kontrollieren.
- Tun resultiert ganz natürlich aus dem Beobachten, nicht aber aus dem Planen.
- Der Tod ist ein natürlicher Teil des Lebens und er muss zugelassen werden, damit das Leben sich entwickeln kann.

3. Wie der Verstand funktioniert

„Der Verstand muss lernen, dass jenseits des unruhigen Verstandes als Hintergrund das Gewahrsein existiert, das sich nicht verändert."

Nisargadatta Maharaj

Der unbeaufsichtigte Verstand hat eine Welt voll Kummer hervorgebracht. Wir werden sehr davon profitieren, uns die Wirkungsweise des zerstreuten Verstandes kurz anzusehen.

Denken

Wenn Sie eine Handlung ausführen wollen – etwa: von Ihrem Stuhl aufstehen, das Zimmer durchqueren und das Licht einzuschalten –, was muss dann als Erstes in Ihrem Kopf stattfinden? – Richtig, Sie brauchen zuerst einen Gedanken, bevor Sie eine Handlung ausführen. Der Gedanke mag bewusst sein oder unbewusst, doch in beiden Fällen ist es ein Gedanke. Gedanken steuern und kontrollieren auch unsere Sinne. Allein das Betätigen eines Lichtschalters erfordert eine beträchtliche Koordination zwischen Geist und Körper. Ihr Sehsinn muss Ihre Hand zum Lichtschalter „geleiten". Ihr Geist passt Ihre Handhaltung laufend neu an, wenn Sie zum Schalter greifen. Er spürt den Schalter und hört beim Einschalten das vertraute Klicken.

Ihre Augen übermitteln Ihnen, dass Ihr Einsatz erfolgreich war, und als Folge davon ist Ihr Leben etwas heller und freundlicher. Diese einfache Meisterleistung ist unendlich komplizierter, als ich es hier beschrieben habe. Doch das Grundgerüst stimmt und ist für unsere Zwecke ausreichend vollständig.

Ich würde gern kurz den Unterschied zwischen Gehirn und Verstand (oder Geist) erklären – zumindest, wie *ich* die beiden Begriffe im vorliegenden Buch benutze. Einige Quellen verwenden die Begriffe Gehirn und Verstand synonym. Manche behaupten, das Gehirn bringe den Verstand (den Geist) hervor, andere vertreten genau das Gegenteil. Für uns wäre es kontraproduktiv, uns in die schon lange während Diskussion einzumischen. Das Gehirn ist eine physische Struktur, die physischen Gesetzen unterliegt. Der Verstand gehört ganz offensichtlich zum mentalen Modell. Und wie wir noch sehen werden, hat er mit Denken, Fühlen, Erinnern und ein paar anderen feinen Dingen zu tun, auf die ich bald eingehen werde.

Fühlen

Wir haben eben herausgefunden, dass Denken notwendig ist, damit Handeln stattfinden kann. Denken beeinflusst Handeln. Doch was beeinflusst unser Denken? – Wieder richtig: Das Fühlen beeinflusst das Denken. Bezweifeln Sie das? Wahrscheinlich schon, wenn Sie sich als jemanden betrachten, der an das Leben objektiv herangeht. Aber der wissenschaftliche Denker, der glaubt, er könne sich von Einflüssen fernhalten (darunter auch das Fühlen) und völlig objektiv sein, ist eine vom Aussterben bedrohte Spezies. Die Quantenmechanik hat eindeutig nachgewiesen: So etwas wie einen objektiven Beobachter gibt es nicht. Die rein logische, analytische und objektive Sichtweise ist eine Illusion.

> Auf der tiefsten Ebene des Lebens gibt es nur Wellen. Gedanken sind Wellen und Gefühle sind andersartige Wellen.

3. Wie der Verstand funktioniert

Das Fühlen beeinflusst das Denken. Wenn Sie auf einen Freund wütend sind, hegen Sie ihm gegenüber wütende Gedanken. Die Wut wirkt dann wie ein Motor, der Ihre Gedanken antreibt. Vielleicht ertappen Sie sich sogar dabei, auf eine Art zu denken, die zu weniger emotionsgeladenen Zeiten lächerlich erscheint. Ein misstrauischer Liebhaber wird Untreue sehen, wo es gar keine Untreue gibt. Ein wütendes Kind wünscht sich vielleicht, seine Eltern seien tot. Gefühle können unser Denken völlig verzerren und uns die Wirklichkeit ganz anders wahrnehmen lassen. Das Denken wirkt auch auf die Gefühle ein. Von diesen beiden sind die Gefühle jedoch subtiler und wesentlich machtvoller.

Sicherheit

Was beeinflusst unser Fühlen? Was entscheidet, ob ein Gefühl erhebend und liebevoll oder zerstörerisch und schmerzlich ist? Einfach ausgedrückt werden unsere Gefühle davon beeinflusst, wie sicher wir unserer Meinung nach sind. Unsere Sicherheit stützt sich darauf, wie sicher wir die Lage wahrnehmen.

Nehmen wir einmal an, Sie hätten 18 Jahre lang für eine Firma gearbeitet. Wie viele andere Unternehmen steht auch Ihres vor einem Berg von Problemen und *eine* Korrekturmaßnahme soll Stellenabbau sein. In Ihrem Büro sind schon mehrere Leute entlassen worden. Es kursiert das Gerücht, die ganze Abteilung werde aufgelöst.

Sie sind ein vorbildlicher Mitarbeiter. Sie sind loyal, energiegeladen und haben in den 18 Jahren nur 17 Mal gefehlt. Sie sind ein Teamarbeiter und haben der Firma in all den Jahren Tausende von Dollars sparen geholfen, weil sie durch Ihre Beiträge Arbeitsabläufe straffer organisieren konnte.

Es ist jetzt Freitagnachmittag, die ideale Zeit für unangenehme Maßnahmen. Als Sie aus der Mittagspause zurückkommen, liegt ein rosafarbener Zettel auf Ihrem Tisch: Sie sollen sofort zu Ihrem Vorgesetzten kommen. In Ihrem Kopf wirbeln die Gedanken und Emotionen nur so durcheinander, alle sehr negativ: Sie fühlen sich verraten. Sie sind wütend, fühlen sich in die Enge gedrängt und haben Angst.

Eine Flutwelle von Gedanken schwappt über Sie hinweg, die ungefähr so lauten: „Ich habe dieser Firma die besten Jahre meines Lebens gewidmet. Sie haben meine Arbeit oder mich persönlich nie wertgeschätzt. Klar, mein Chef war immer nett, aber ich habe ihm nie vertraut. Und was soll dieses verrückte Gewächs auf seiner Oberlippe, das er Schnurrbart nennt? Wahrscheinlich trinkt er auch zu viel und misshandelt seinen Hund. Verdammt, ich hasse diese Firma."

Auf dem Weg zum Büro Ihres Chefs fällt Ihnen auf, dass Ihr Magen sich wie verknotet anfühlt, Ihre Handflächen sind schweißnass, Ihre Beine werden schwach. Diese Körpersymptome sind von den aufgewühlten Gedanken verursacht, die in einem Mischmasch heftiger Emotionen hochkochen.

Als Sie das Chefzimmer betreten, sitzt Ihr Vorgesetzter schon hinter seinem teuren Schreibtisch; etliche Golfschläger lehnen an der Wand. Er hebt an: „Wie Sie wissen, hat die Firma in jeder Abteilung Stellen abgebaut. Ihre Abteilung wird demnächst ganz aufgelöst." – „Ich wusste es", flüstern Sie sich tonlos selbst zu, „ich bin erledigt!"

Er fährt fort: „Sie sind einer der Mitarbeiter, die wir am meisten schätzen. Sie sind für die Firma ein großer Gewinn, wir haben Ihre Loyalität bemerkt und würdigen sie sehr. Jetzt rufen wir eine neue Abteilung ins Leben, die unserem Unternehmen bei der Umstrukturierung helfen soll, und wir hätten gerne, dass Sie diese Abteilung leiten. Ihre Arbeitszeit bleibt gleich, aber wir bieten Ihnen eine beträchtliche Gehaltserhöhung. Wie stehen Sie dazu?"

In Sekundenbruchteilen haben Sie eine Transformation vollzogen. Jetzt *lieben* Sie die Firma! Sie lieben Ihre Arbeit und sogar den Schnurrbart Ihres Vorgesetzten. Sie sind davon überzeugt, dass er ein Heiliger sei und dass sein Hund Glück habe, bei ihm zu sein. All Ihre unangenehmen Körpersymptome weichen dem körperlichen Ausdruck von Freude. Nun sind Sie überglücklich.

Was ist da gerade passiert? Wie konnten Sie innerhalb weniger Herzschläge von tiefster Verzweiflung zu höchster Ekstase aufsteigen? – Natürlich, Sie erlebten einen Umschwung von starker Unsicherheit hin zu großer Sicherheit. Dieser Wechsel der Sichtweise von „unsicher" zu „sicher" hat sich eindeutig auf Ihre Gefühle ausgewirkt, die wiederum Ihr Denken und Ihre Physiologie beeinflusst haben. An diesem Beispiel lässt sich gut erkennen, wie der Verstand arbeitet und uns glücklich macht oder besorgt, schuldig, heiter oder ärgerlich. Letzten Endes sind wir im Grunde davon abhängig, wie *sicher* wir uns in jedem Augenblick, in jeder Situation fühlen. Und das enthüllt, was ich als den Kern all unseres Leidens empfinde. Falls wir über diesen Punkt nicht hinausgehen, werden wir *immer* vom Verstand abhängig sein. Der nächste Schritt besteht darin, die einzigartige Kraft zu finden, die unser Sicherheitsgefühl beeinflusst und letztlich unseren ganzen Verstand, unseren Körper und schließlich auch unsere Umwelt.

Wenn wir herausfinden, was unsere Sicherheit fördert, dann kommen wir vielleicht auch dahinter, wie wir sicherer oder sogar völlig sicher sein können. Wir alle kennen Menschen, die mitten im schlimmsten Trauma gelassen und unterstützend wirken. Viele Menschen lebten beispielhaft in Frieden und Freude, obwohl sie große persönliche Belastungen zu ertragen hatten: etwa Albert Schweitzer, Mahatma Gandhi oder Mutter Teresa, um nur wenige zu nennen. Die großen Weltreligionen haben ihnen viele weitere hinzugefügt. Wenn das *ein* Mensch kann, dann haben wir *alle* das Potenzial dazu. Schließlich war es Jesus, der uns sagte: „All dies könnt ihr tun und noch mehr."

Kerngedanken von Kapitel 3
- Denken geht dem Handeln voraus.
- Das Denken weist die Sinne an, Informationen zu sammeln, als Vorbereitung für künftiges Handeln.
- Das Fühlen beeinflusst das Denken.
- Gefühle werden umgekehrt auch von Gedanken beeinflusst. Von diesen beiden sind die Gefühle subtiler und sie motivieren uns weit wirkungsvoller.
- Das Sicherheitsempfinden beeinflusst das Fühlen.

4. Was es mit der Zeit auf sich hat

„Wenn ein Mann eine Stunde lang mit einer charmanten jungen Frau zusammensitzt, kommt ihm das hinterher so vor, als sei es nur eine Minute gewesen. Aber stellen wir uns vor, er säße eine Minute lang auf einem heißen Herd oder Ofen – das käme ihm sicherlich länger als eine Stunde vor. Das ist ‚Relativität'."

Albert Einstein

Wie sich herausstellt, hängt unser Sicherheitsempfinden eng damit zusammen, wie wir die Zeit wahrnehmen. Und das wiederum hängt davon ab, wie gut wir unser Selbst kennen. Wenn wir uns unseres Selbst bewusst sind, sind wir sicher. Wenn wir uns unseres Selbst nicht bewusst sind, werden wir unsicher und unsere Gefühle, unsere Gedanken und unser Handeln spiegeln diese Unsicherheit wider.

Ich kenne drei Arten von Zeit:

1. Da ist einmal die kosmologische Zeit. Ihre Uhr begann mit dem Urknall zu ticken. Das Universum hat Zeit gebraucht, um sich bis zu diesem Punkt auszudehnen. Die misst die kosmologische Zeit.

2. Dann gibt es die thermodynamische Zeit. Gegenstände, Tassen, Menschen und Planeten brauchen Zeit, um zu altern und in die Atome zu zerfallen, aus denen sie bestanden. Die thermodynamische Zeit misst den Zerfall von Dingen.

Diese ersten beiden Arten sind eher objektive Größen, um die stoffliche Welt zu messen. Kosmologische und thermodynamische Zeit wirken außerhalb des Verstandes.

3. Die dritte Art von Zeit ist die psychologische Zeit. Sie misst, was in unserem Geist und Verstand vor sich geht. Die psychologische Zeit ist subjektiv und ungenau. Ja, außerhalb des Verstandes lässt sich mit ihr nicht viel zuverlässig messen. Sie ist eine Illusion und die Ursache aller Probleme, vor denen die Menschheit steht.

Bevor Sie sich darüber aufregen, wollen wir uns ein paar Minuten Zeit nehmen, um nachzuvollziehen, wie die psychologische Zeit funktioniert.

Die psychologische Zeit ist eine Illusion. (Wenn ich das Wort „Zeit" allein gebrauche, meine ich psychologische Zeit. Die objektive Zeitmessung nenne ich „reale" Zeit, äußere Zeit oder Uhrzeit.) Wir glauben fälschlicherweise, es habe Zeit immer schon gegeben und wir hätten sie einfach an einem bestimmten Punkt in unserem Leben kennengelernt. Tatsächlich aber hat Ihr Verstand die Zeit „erfunden". Sie war nicht immer da.

Schauen Sie einem kleinen Kind beim Spielen zu: In seiner Welt gibt es keine Zeit. Alle Eltern wissen, wie frustrierend der Versuch ist, ein Kind, das nicht in der Zeit lebt, anzuziehen, zu füttern oder ganz allgemein zu motivieren. Seine innere Uhr ist auf „jetzt" gestellt. Während die äußere Zeit vergeht und wir von Kindern zu Erwachsenen heranwachsen, konstruiert unser Verstand eine innere, psychologische Uhr. Schließlich überrollt eine Lawine von Gedanken über Vergangenheit und Zukunft das „Jetzt".

Popcorn, Pop und reines Bewusstsein

Ich gehe leidenschaftlich gern ins Kino. Für ein paar Stunden vertiefe ich mich völlig in die offensichtliche Illusion, die sich auf der Leinwand abspielt. Sobald ich den Kinosaal betrete, lasse ich mein Alltagsleben hinter mir. Obwohl der Film nur ein Geflimmer von Licht und Schatten ist, stellt er doch die größere Illusion dar, die wir „wirkliches

Leben" nennen, das außerhalb der Kinotüren auf uns wartet. Die Illusion der Bewegung entsteht in unserem Verstand, wenn Gedanken zwischen Vergangenheit und Zukunft pendeln. Gedanken an Zukunft und Vergangenheit bilden eine mentale Brücke, die sich über das stets gegenwärtige Jetzt spannt. Es ist, als würde man einen Film anschauen. Ein Kinofilm ist ein langer Streifen von Einzelbildern. In einer einzigen Sekunde flimmern 24 Bilder über die Leinwand. Da unser Gehirn die Bilder nicht so schnell verarbeiten kann, wirken diese Standbilder, als wären sie in Bewegung. Recht erstaunlich. Wir sehen Bewegung, wo gar keine stattfindet. Diese Illusion ruft der Film hervor.

In ähnlicher Weise ist die Zeit eine vom *Verstand* erzeugte Illusion. Einzelne Gedanken entsprechen den Einzelbildern eines Kinofilms. Einzelne Gedanken tauchen so schnell auf, dass sie sich zu bewegen scheinen. *Diese Illusion der Bewegung bezeichnen wir als Zeit.*

> Wenn wir an die Zukunft denken, gehen wir in der Zeit vorwärts. Wenn wir unsere Erinnerungen „besuchen", gehen wir in der Zeit zurück. Diese ganze Bewegung findet im Verstand statt. Sie existiert nur in Ihrem Verstand, nirgendwo sonst im Universum. Ihre Zeit, Ihre Zukunft und Ihre Vergangenheit hat niemand anders mit Ihnen gemeinsam.

Der Filmprojektor arbeitet nach einem einfachen Prinzip. Ein helles, weißes Licht scheint durch den Filmstreifen und erzeugt auf der Leinwand vorn im Kinosaal ein Bild. Der Filmstreifen bewegt sich Einzelbild für Einzelbild durch das Licht und ruft auf der Leinwand die Illusion der Bewegung hervor. Als Zuschauer verfolgen wir – zufrieden dasitzend –, wie sich das Drama der Akteure entfaltet; dabei vergessen wir, dass sie nur Licht und Schatten sind, entstanden durch helles Licht, das hinter der Rückwand des Kinosaals durch den Filmstreifen fällt. Wir weinen und lachen, als wäre die Illusion real.

Unser Leben gleicht diesem Film. Es entfaltet sich Gedanke für Gedanke, Minute für Minute, Jahr für Jahr. Wir, die Zuschauer, vertiefen uns völlig in das Drama unseres eigenen Films. Wir machen uns Sorgen über Rechnungen, wir freuen uns über das neue Haus, sehen die Kinder heranwachsen und denken über unseren Tod nach. Wie ein Film, so ist auch unser Leben eine Illusion, ein Spiel von Licht und Schatten. Verstehen Sie mich nicht falsch: Unser Leben existiert, aber nicht so, wie wir glauben. Diese missverstandene Identität verursacht enormes Leiden, das sich mit jeder Generation nur vertieft.

Wie viel Uhr ist es? – JETZT!

Worin besteht das Missverständnis? Es besteht einfach darin, dass wir annehmen, dass es Zeit gäbe. Wir glauben, unsere Vergangenheit und unsere Zukunft existierten. Gewöhnlich ruft die Vorstellung, Vergangenheit und Zukunft existierten nicht, viel Widerstand hervor. Das liegt daran, dass wir nie wirklich darüber nachgedacht haben. Doch darüber nachdenken *müssen* wir, falls wir jemals anhaltenden Frieden finden wollen.

Ich möchte Ihnen eine Frage stellen. Haben Sie schon einmal etwas erlebt, was nicht *jetzt* stattfand? Sie mögen sich an ein Erlebnis *erinnern*, doch das ist eben nur eine Erinnerung, ein *gegenwärtiger* Gedanke an die Vergangenheit. Ein Ereignis kann nur in der *Gegenwart* stattfinden. Die Vergangenheit ist vorüber; sie existiert nicht. Die Zukunft ist nicht hier und sie wird auch nie „hierher" kommen. Das kann sie nicht; es ist die Zukunft. Wenn also die Vergangenheit nicht existiert und die Zukunft ebenso wenig, dann bleibt uns nur … JETZT. Und wirklich, das Jetzt existiert nur, weil wir Zukunft und Vergangenheit erkennen. Wenn Zukunft und Vergangenheit für den Verstand „sterben", wird das Jetzt zu dem, was ist. Ein Jetzt kann es nur geben, wenn es auch ein Nicht-Jetzt gibt. Doch lassen Sie uns genauer betrachten, wie sich das Phänomen Zeit im Geist widerspiegelt.

Sie mögen einwenden: „Nun, jede Erfahrung, die ich je gemacht habe, habe ich *vor* dem Jetzt gemacht." Das stimmt; Sie haben eine

Erinnerung an eine Erfahrung und die Erinnerung besagt, dass die Erfahrung in der Vergangenheit stattgefunden habe. Doch eine Erinnerung ist ein Gedanke. Und Sie denken diesen Gedanken *jetzt*. Leihen Sie sich ein Video aus, nehmen Sie es mit nach Hause und schauen Sie es sich auf Ihrem Fernseher an. Drücken Sie während des Films die Pausentaste auf Ihrer Fernbedienung. Nun sehen Sie auf Ihrem Bildschirm ein Standbild. Wenn Sie eine Fernbedienung für Ihr „Kopfkino" hätten und wenn Sie den Pausenknopf drückten, würden Sie einen einzelnen Gedanken sehen; den Gedanken, den Sie „jetzt gerade" hätten. Es gibt nur das Jetzt. Es hat nie eine Zeit gegeben und es wird nie eine Zeit geben, die nicht jetzt ist.

*

Erscheint Ihnen das ein wenig verwirrend? Haben Sie den Eindruck, was Sie gerade gelesen haben, das fühle sich fast richtig an, aber Sie würden nicht ganz schlau daraus? Regt sich sogar kaum wahrnehmbar etwas tief in Ihrem Inneren, so, als ob ein Teil von Ihnen, der geschlafen hätte, aufzuwachen begänne? Dafür gibt es einen guten Grund. Wir haben dem Verstand ein Rätsel aufgegeben, das er nicht lösen kann. Wahrscheinlich ist es nicht das erste Mal, dass der Verstand um Gedanken verlegen ist. Das Hochgefühl bei einer neuen Liebe oder einem traumhaften Sonnenuntergang ist zeitlos und jenseits des Verstandes. Was jenseits des Verstandes liegt, kann der Verstand nicht erfassen. Dorthin kommt er von hier aus nicht. Um das Rätsel zu lösen, müssen wir über den Verstand hinausgehen. Wir müssen über die psychologische Zeit hinausgehen.

Glücklicherweise wissen Sie schon, wie das geht. Erinnern Sie sich daran, als Sie fragten: „Woher kommt mein nächster Gedanke?" Erinnern Sie sich an die Lücke, die entstand, als Ihre Gedanken anhielten? Sie beobachteten, aber sie dachten nicht. Sie erlebten den Zustand des „Nicht-Denkens." [Engl.: *You experienced no mind.*] Mit anderen Worten: Sie gingen über Ihren Verstand hinaus.

Und wenn Sie über den Verstand hinausgehen, halten Sie die Zeit an. Und zwar deshalb, weil der Verstand die Zeit erschuf. Wann immer

Sie die Zeit anhalten, sind Sie frei von der Illusion von Vergangenheit und Zukunft. Und sobald Sie frei sind von Vergangenheit und Zukunft, beenden Sie das Leiden.

Was für eine wundervolle Entdeckung Sie sind!

Lassen Sie uns Platons berühmtes Höhlengleichnis aktualisieren und die Kinoanalogie gleichzeitig noch etwas weiterführen: Nehmen wir an, Sie kamen in einem Kinosaal zur Welt und wuchsen dort auf. Ununterbrochen und pausenlos lief ein Film. War es ein lustiger Film, so waren Sie glücklich; bei einem traurigen Film weinten Sie. Ihre ganze Welt drehte sich darum, Orte, Darsteller und Ereignisse kommen und gehen zu sehen. Für Sie war das kein Spiel von Licht und Schatten auf einer Leinwand, sie waren real.

Nehmen wir weiter an, Sie fanden unbeabsichtigt einen Schalter neben Ihrer Hand. Als Sie den Schalter betätigten, hielt der Film an. Jetzt war nur die leere Leinwand beleuchtet und Sie stellten etwas ganz Interessantes fest. Sie erkannten, dass die leere Leinwand schon immer da war. Wäre sie nicht da gewesen, dann hätten Sie keinen Film sehen können.

In dieser Zeit, in der „kein Film" lief, badeten Sie in reinem, weißem Licht, das die Leinwand reflektierte. Kein Film auf der Leinwand lenkte Sie ab, deshalb wurden Sie Ihres eigenen Körpers und Handelns überaus gewahr. Die leere Leinwand lenkte Ihren Verstand nicht davon ab, wer Sie wirklich sind. Was für eine erstaunliche Entdeckung Sie waren! – Das Geheimnis Ihres Lebens ist damit gelüftet: Sie sind nicht der Film. Sie sind getrennt davon. Sie sind wirklich. Der Film ist Illusion. Sie werden nie mehr die oder der Gleiche sein.

Dann legen Sie den Schalter wieder um und der Film geht weiter. Doch diesmal ist Ihnen bewusst, dass Sie vom Film getrennt sind. Sie glauben nicht mehr, Sie seien im Film. Sobald Ihnen dieses Wissen bewusst wird, weichen Ihre Ängste und Sorgen wie die Illusionen, die sie sind. Jetzt dient der Kinofilm Ihrer Unterhaltung. Leidenschaftlich genießen Sie die Handlung, die sich auf der Leinwand entfaltet, Sie amüsieren sich und sind gleichzeitig distanziert. Schließlich sitzen Sie sicher auf Ihrem Sitz. Mit dem Gewahrwerden der Leinwand kommt Selbst-Gewahrsein.

Kerngedanken von Kapitel 4

- Unser Sicherheitsempfinden hängt eng damit zusammen, wie wir die Zeit wahrnehmen. Und das wiederum hängt davon ab, wie bewusst wir uns unseres Selbst sind.
- Die psychologische Zeit ist subjektiv und von Bedingungen, von Umständen abhängig.
- Die psychologische Zeit ist die Ursache aller Probleme, vor denen die Menschheit steht.
- Die psychologische Zeit ist die Illusion von Bewegung.
- Ein Geist, der fest in der Gegenwart verankert ist, ist ruhig.
- Nur Sie kennen Ihre Zeit. Ihr Zeitgefühl können Sie mit niemandem teilen. Die Illusion, die Sie als Ihr Leben kennen, können Sie mit niemandem teilen.
- Unsere Zukunft und unsere Vergangenheit existieren nur genau jetzt – im Verstand.
- Selbst-Gewahrsein durchbricht die Illusion der Zeit.
- Wenn Sie Ihres Selbst gewahr sind und frei von der Zeit, dann sind Sie auch frei von Leiden.

5. Selbst-Gewahrsein

„Nutze dein eigenes Licht und kehre zur Quelle des Lichtes zurück. Dies wird als Einüben der Ewigkeit bezeichnet."

Tao Te King

Ich würde Ihnen gern eine einfache Frage stellen, deren Antwort Ihr Leben für immer verändern kann. Legen Sie das Buch ein paar Minuten beiseite, denken Sie gründlich über die Antwort nach und lesen Sie erst dann weiter. Hier ist meine Frage: „Was ist Ihr wertvollster Besitz? Was in Ihrem Leben ist Ihnen am wichtigsten?"

*

Was ist Ihnen dazu eingefallen? Gesundheit? Ein Sinn im Leben? Ihre Familie? Die Arbeit? Oder vielleicht Eiscreme? – Der wertvollste Besitz eines Menschen ist das Bewusstsein im allgemein üblichen Sinne. Andere Bezeichnungen mit etwa der gleichen Bedeutung sind Wahrnehmung im allgemein üblichen Sinne, Wachsamkeit, Wachheit oder Aufmerksamkeit. Welchen Sinn hätte das Leben, wenn wir kein Bewusstsein davon hätten? Wenn wir kein Bewusstsein hätten, *gäbe* es das Leben gar nicht.

Lassen Sie mich Ihnen nun eine weitere Frage stellen: „Was ist die wichtigste Art des Bewusstseins?" Denken Sie einen Moment darüber nach. Schließen Sie, falls Sie können, Ihre Augen und spielen Sie mit Möglichkeiten.

*

Wie sind Sie mit der Frage zurechtgekommen? Lautete Ihre Antwort „Selbst"-Bewusstheit oder Selbst-Gewahrsein, dann haben Sie den Jackpot gewonnen! Was ist Selbst-Gewahrsein? Einfach ausgedrückt ist es das Bewusstsein von dem, was Sie unter all dem Drumherum des Lebens sind. Ja, sicher, Sie sind ein Mensch. Sie sind ein Mann oder eine Frau. Sie können ein Kind sein oder erwachsen, Arzt, Anwalt oder Indianerhäuptling ... Doch all diese Kategorien ändern sich im Laufe der Zeit. So bezeichnen Sie sich, solange Sie sich mit einer Gruppe oder Bevölkerungsklasse, mit einem Ideal oder einer Philosophie identifizieren. Das sind alles Erfindungen des Verstandes. Und wir wissen bereits, wir sind nicht unser Verstand.

Wenn Sie einer Sache oder eines anderen Menschen gewahr sind, eines Berges oder selbst eines Gedankens, der sich in Ihrem Geist widerspiegelt, dann bezeichne ich das als übliche Wahrnehmung oder übliches Bewusstsein. Wenn sich Ihr übliches Bewusstsein nach innen wendet und der reinen Bewusstheit gewahr wird, dann nenne ich das „reines Gewahrsein". (Ziemlich clever, nicht wahr?) Wenn Ihr übliches Bewusstsein Ihres Selbst gewahr wird, dann bezeichne ich das als Selbst-Bewusstheit oder Selbst-Gewahrsein. Wenn Sie in diesem Sinne „selbst-bewusst" sind, dann sind Sie gleichzeitig Ihres Selbst, anderer Menschen, der Berge oder der Gedanken gewahr. Dann haben Sie „das Beste aus zwei Welten": tiefes, friedvolles inneres Gewahrsein und zugleich eine veränderliche, nach außen gerichtete Wahrnehmung. Wer sagt, dass Sie nicht auf zwei Hochzeiten tanzen können?

Fünf Stufen des Bewusstseins

Zur Wissenschaft von der kreativen Intelligenz, die Maharishi Mahesh Yogi lehrte, gehörte ein sehr klares Verständnis der verschiedenen Stufen des Bewusstseins bis hin zum reinen Gewahrsein. Ich würde Ihnen gern die Grundgedanken vorstellen; dafür habe ich einige Begriffe umbenannt – so sind sie unseren speziellen Bedürfnissen dienlicher. Es gibt fünf grundlegende Stufen des Bewusstseins; die ersten drei sind:

1. der Wachzustand,
2. der Traumzustand und
3. der Tiefschlaf des üblichen Bewusstseins.
4. Dann gibt es den vierten Zustand: reines Gewahrsein, jenseits der Dinge und Gedanken des üblichen Bewusstseins.

Das ist der bemerkenswerte Bewusstseinszustand, den Dr. Robert Keith Wallace in seiner bahnbrechenden Untersuchung als hypometabolische, integrierte Reaktion bezeichnete. Diese Untersuchung veröffentlichte er 1970 in der März-Ausgabe der Zeitschrift *Science* und darin wies er das reine Gewahrsein als eigenständig und einzigartig nach; ein bedeutender Bewusstseinszustand neben Wachen, Schlafen und Träumen. Alle anderen Veränderungen des Bewusstseinszustandes (etwa Tagträume und Hypnose) sind Varianten oder abgewandelte Zustände von Wachen, Träumen oder Tiefschlaf.

Jeder grundlegende Bewusstseinszustand hat einen spezifischen Charakter. Bei jedem unterscheiden sich die Körperfunktionen und die mentalen Funktionen auf einzigartige Weise. Im Wachzustand sind Geist und Körper aktiv. Im tiefen, traumlosen Schlaf ruhen sich Geist und Körper tief aus. Im Traumzustand sind Geist und Körper nicht so ruhig wie im Tiefschlaf, aber ruhiger als im Wachzustand. Der Wachzustand ist der uns vertrauteste; er umfasst viele Varianten oder Grade des üblichen Bewusstseins – Sie können müde sein, hellwach, verwirrt, betrunken und so weiter. Wachen, Träumen und Tiefschlaf erleben alle Menschen.

Der vierte Zustand, reines Gewahrsein, ist die Lücke zwischen den Gedanken. Das ist nichts Mystisches. Wenn Sie schlafen wollen, legen Sie sich einfach hin und warten. Gesunde Menschen schlafen mühelos ein. Das Träumen entsteht ganz von selbst aus dem Tiefschlaf. Das Erleben von Wachen, Träumen und Tiefschlaf ist natürlich und genauso ist es mit dem Erleben des reinen Gewahrseins. Als Sie sich fragten: „Woher kommt mein nächster Gedanke?", erlebten Sie spontan eine Lücke in Ihrem Denken. Sie erfuhren das reine „Es", bevor es alle Rollen erschafft, alle Verantwortlichkeiten, Hoffnungen, Pläne, auch alle Sorgen, Schuldgefühle oder Ängste, die Sie mit Ihrem Leben gleichsetzen.

5. Den fünften Bewusstseinszustand nenne ich Selbst-Gewahrsein oder auch Selbst-Bewusstheit. Er ist eine Kombination des vierten Zustandes des reinen Gewahrseins mit dem Wach- oder auch mit dem Traum- oder Tiefschlafzustand.

Diese Verbindung kommt so zustande: Wenn Ihr Geist an der Schwelle des reinen Gewahrseins zurückgelassen wird, wird er wieder seiner selbst gewahr. Dann setzt in den feinsten und ruhigsten Bereichen Ihres Geistes gewissermaßen ein Aufwärmen ein. Noch immer ist keine Form da, doch es herrscht eine Art emotionale Wärme, die sich im Geist als Stille, Frieden oder Glückseligkeit widerspiegelt. Das ist die erste zarte Erfahrung von Selbst-Bewusstheit. Hier werden wir von tiefem, innerem Frieden und universeller Liebe durchdrungen.

Selbst-Bewusstheit in diesem Sinne ist der entscheidende Bewusstseinszustand, der dafür sorgt, dass Harmonie und Heilung in unserem Leben überwiegen. Zwar ist Selbst-Bewusstheit genauso natürlich wie Wachen und Träumen, doch bedauerlicherweise wird sie von unseren Eltern, Lehrern, Ärzten oder von spirituellen und gesellschaftlichen Führungspersönlichkeiten nicht gepflegt. Gewahrsein des Selbst ist in der Gesellschaft insgesamt selten anzutreffen. Fehlt diese Selbst-Bewusstheit, so ist auch die Harmonie dahin und das Leben gerät aus dem Gleichgewicht.

Was Selbst-Gewahrsein ist und wie es wirkt

Dieser fünfte Zustand – Selbst-Bewusstheit oder Selbst-Gewahrsein – ist ebenfalls natürlich und leicht zu erfahren. Nehmen wir uns eine Minute Zeit, um festzustellen, wie leicht innerer Friede und äußere Weisheit zur Gewohnheit werden können, indem wir unseres Selbst gewahr sind.

5. Selbst-Gewahrsein

Als Sie den Schalter betätigten, um den Film anzuhalten, sahen Sie zum ersten Mal die Leinwand, über die die sich bewegenden Bilder flimmerten. Das ICH BIN ist diese Leinwand. Es unterstützt die Verstandesaktivität. Ohne das ICH BIN würde Ihr Verstand nicht existieren, wie es ohne Leinwand auch keinen Film gäbe. Wenn wir das Denken nicht abstellen, können wir nicht wissen, was wir wirklich sind. Und unser Wesen zu kennen ist entscheidend, wenn wir unser Leben mit Schönheit, Mut und Anmut leben wollen.

Sobald wir das ICH BIN entdecken, verändert sich unser Leben auf höchst erstaunliche Weise. Gehen wir noch einmal zurück zu der Kinoanalogie: Als wir den Film anhielten, passierte zweierlei Bemerkenswertes:

- Erstens wurde uns bewusst, dass wir nicht der Film waren, den wir anschauten. Wir trennten uns von dieser illusionären Handlung. Wir sind aus uns selbst heraus ganz und brauchen das Drama auf der Leinwand nicht, um uns lebendig zu fühlen.
- Zweitens behielten wir unsere neu gefundene Bewusstheit bei, als wir den Film wieder starteten. Wir verloren unser Selbst nicht in dem Spiel, in der Vorführung von Licht und Schatten auf der Leinwand. Das ist eine entscheidende Veränderung in unserer Sichtweise und eine, die eingehender zu untersuchen sich lohnt. Diese neue Wahrnehmung verhilft uns zu einer Sicht, die uns von der Illusion befreit, wir seien nur unser Verstand. Das ist Selbst-Bewusstheit.

Warum ist sie so wichtig? Wenn Sie Ihr Selbst als verschieden von Ihrem Verstand erleben, befreit Sie das aus der Identifikation mit etwas, was Sie nicht sind. Oder, genauer gesagt, was nur ein Teil von Ihnen ist. Falls Sie glauben, Sie seien Ihr Verstand, dann leben Sie nur einen Teil Ihres Lebens. Das wäre so, als besäßen Sie eine Villa, verbrächten aber Ihr ganzes Leben nur in *einem* Zimmer. Wenn Sie gewahr werden, dass Sie mehr sind als Ihr Verstand, öffnen Sie sozusagen die Tür zu jedem Zimmer Ihres Lebens.

Selbst-Bewusstheit beginnt auf der Stufe des ICH BIN, jenseits der Gedanken. Auch wenn Ihre Gedanken wieder einsetzen, können Sie dessen gewahr bleiben, dass Sie nicht die Gedanken *sind*. Sobald Sie mit der Vorstellung und der Erfahrung vertraut sind, dass Sie *jenseits* der Gedanken sind, können Sie dieser Erfahrung das Denken, Fühlen und sogar Ihre Alltagsaktivitäten hinzufügen, ohne weitere Disharmonie in Ihrem Leben zu erschaffen. Selbst-Bewusstheit erzeugt eine unerschütterliche Sicherheit. Sie fördert eine tiefe, anhaltende Stille. Nach und nach werden Sie erkennen, dass Gedanken auf die Leinwand des ICH BIN projiziert werden. Selbst-Bewusstheit hat den gleichen Wert wie das Wissen, dass Sie nicht der Film sind. Daraus entwickelt sich eine Art teilnahmslose Teilnahme. (Sagen Sie das zehnmal ganz schnell hintereinander!) Während der Stress dahinschmilzt, sind Sie frei und können fasziniert verfolgen, wie der Film vom „Ich" weitergeht.

Dann genießen Sie grenzenlose Freude und unerschütterlichen Frieden. Sie sehen die Welt mit neuen Augen, mit den Augen eines staunenden Kindes. Was Sie früher als langweilig oder als Zeitverschwendung erachteten, wird neu und lebendig sein. Sie werden die Sorge los, Sie sollten anderswo sein oder etwas Konstruktives tun. Sie sind zu Hause, ganz egal, wo Sie sich aufhalten.

Kürzlich sollte ich in das Büro eines Zeitschriftenverlegers kommen, um einige Artikel zu besprechen, die ich geschrieben hatte. Er erklärte mir, das Gebäude werde gerade renoviert und ich möge das Durcheinander entschuldigen. Als ich zu meinem Termin kam, war er noch mit anderen Aufgaben beschäftigt und bat mich, zu warten. Ich konnte nur im Freien warten. An diesem Tag hatten wir so an die 30 Grad Celsius. Ich fand einen großen Busch, und wenn ich mich richtig hinstellte, stand ich ganz im Schatten.

Ich stand also reglos da und beobachtete den Straßenverkehr in etwa zehn Meter Entfernung. Eine halbe Stunde lang bewegte ich mich nicht. Ich achtete auf den Verkehrslärm und die Gesichter in den vorbeifahrenden Autos. Meine Augen erspähten mitten in der Stadt eine Krähe am Himmel. Ich hörte ihr leises Krächzen, bevor der Lärm der Reifen auf dem heißen Asphalt es erdrückte. Wie eine starke Hand wrang die Hitze mich aus wie einen Schwamm, so empfand ich es. Der Schweiß strömte in Bächen über meine Stirn, meine Brust und meinen Rücken. Ich fühlte mich unwohl und war doch glückselig – ich war meines Selbst gewahr.

> Selbst-Gewahrsein befreit Sie von Angst, Schuld, Langeweile und oft sogar von körperlichen Schmerzen. Damit meine ich nicht, dass es Ihnen an Emotionen oder Enthusiasmus mangeln wird. Im Gegenteil: Sie werden lebendiger, haben mehr Kontakt zu anderen, Sie werden liebevoller und weniger gestresst, aufgewühlt und reizbar. Ihre Freunde und Familienmitglieder werden eine innere Stärke wahrnehmen, die Sie umgibt und in deren Gegenwart sie sich wohlfühlen. Scheinbar aus dem Nichts werden sich Ihnen wunderbare Chancen auftun.

Sie haben immer noch Ziele und Ansprüche, doch diese lösen keine Sorge und keinen Stress mehr aus. Das Hauptziel – „Erkenne dein Selbst" – haben Sie dann schon verwirklicht. Ihre jeweiligen konkreten Ziele erreichen Sie mit abgeklärter Leichtigkeit. Und Sie werden sich nicht leer fühlen, nachdem Sie ein wichtiges Ziel erreicht haben, und auch nicht rasch ein anderes Projekt beginnen wollen, um damit die Leere zu füllen, die das Erreichen des vorherigen hinterlassen hat. Die wichtigste menschliche Erfahrung überhaupt ist diese Selbst-Bewusstheit. Alles, was danach kommt, ist nur fürs Auge. Und alles, was danach kommt, ist Freude.

Kümmern Sie sich nicht um den Verstand

Falls es Ihnen schwerfiel, zu folgen, hat das folgenden Grund: Sie haben Ihren Verstand eingesetzt, um das Gesagte zu „verstehen". Wir haben über das Selbst gesprochen, das ICH BIN. Und wie wir gesehen haben, ist das ICH BIN jenseits des Verstandes. Es ist größer als der Verstand; der Verstand wird es nie vollständig erfassen können.

Für diese Herangehensweise an die Selbst-Bewusstheit gibt es zwei gute Gründe:

- Zum einen möchte ich, dass Sie die Begrenzungen Ihres Verstandes erkennen. Weit verbreitet ist der Glaube, unser Verstand könne jegliches Problem lösen, vor dem wir heute stehen. Das ist eine Täuschung. Der Verstand löst in Wirklichkeit mehr Probleme *aus*, als er löst. Unsere Art, an das Leben heranzugehen, ist verrückt. Wir sind wie ein Krebsgeschwür, das seinen Wirt tötet, und wir erliegen unserem eigenen rücksichtslosen Verhalten. Zumindest dann werden alle unsere Probleme gelöst sein ...
  David Bohm, ein Theoretiker der Quantenmechanik, den Einstein als seinen intellektuellen „Sohn" betrachtete, sagt, unser Verstand sei das Problem. Aus sich selbst heraus sei der Verstand nicht vollständig. Laut Bohm hat das Denken zu Disharmonie geführt und es sei reiner Irrsinn, diese mithilfe des Denkens auflösen zu wollen. Das sei, als wollten Sie einen Stuhl hochheben, während Sie darauf sitzen. Es gilt, sozusagen aus dem Denkrahmen des Verstandes auszusteigen, um ihn in Ordnung zu bringen. Selbst-Bewusstheit ist die Erfahrung außerhalb des Verstandes.
- Zum anderen möchte ich Sie mit den Instrumenten vertraut machen, mit denen Sie den Zustand des Nicht-Denkens erleben können. Ich biete Ihnen die Gelegenheit, über den Verstand hinauszugehen und mit einem wirklich erfüllten und sinnvollen Leben zu beginnen. Ich biete Ihnen die Chance, dass Sie nicht mehr Teil des Problems sind, sondern seine Lösung.

Ob Sie die Funktionsweise eines harmonischen Lebens verstehen, ist unwichtig. Letztlich liegt harmonisches Leben jenseits unseres Verständnisses. Andererseits ist es äußerst wichtig, in Harmonie zu leben, und das beginnt mit der Erfahrung des ICH BIN. Es ist lächerlich einfach und doch entscheiden wir uns immer wieder dafür, uns von unserem Selbst abzuwenden – zugunsten kurzfristiger Vorteile und sofortiger Belohnungen.

5. Selbst-Gewahrsein

Der Raum – die letzte Grenze

Raum entsteht gleichzeitig mit der Schöpfung. Die Idee oder Vorstellung von Raum entstammt – ebenso wie die der Zeit – dem Verstand. Gäbe es keine Dinge, so gäbe es auch keinen Raum. Da wäre nur das grenzenlose Selbst. Das Selbst ist „raum-los", ein grenzenloses Meer von Gewahrsein. Wenn es keine Zeit und keinen Raum gibt, gibt es nur das ICH BIN. Lassen Sie uns eine weitere Übung durchführen; sie stammt aus Douglas Hardings Buch *Look for Yourself.*

Erfahrung 2: Grenzenlosen Raum wahrnehmen

> Halten Sie beide Hände in Armeslänge vor sich ausgestreckt. Ihre Handflächen sind im Abstand von etwa 30 Zentimetern einander zugewandt. Richten Sie Ihre Aufmerksamkeit auf den Raum zwischen Ihren Händen. Führen Sie nun Ihre Hände langsam zu Ihrem Gesicht und richten Sie dabei Ihre Aufmerksamkeit nicht auf Ihre Hände, sondern auf den Raum zwischen ihnen. Führen Sie dann Ihre Hände an Ihren Augen und seitlich an Ihrem Kopf vorbei, während Sie weiterhin des Raumes gewahr sind.

Wie ist passiert? Was haben Sie wahrgenommen, als Ihre Hände verschwanden und der Raum grenzenlos wurde? – Als der begrenzte Raum zwischen Ihren Händen verschwand, trat grenzenloser Raum an seine Stelle. Führen Sie diese Übung noch einige Male langsam durch; achten Sie dabei sehr genau auf den Raum zwischen Ihren Handflächen und darauf, wie Sie sich fühlen, wenn Ihre Hände diesen Raum nicht mehr begrenzen. – Mit diesem Wechsel in der Wahrnehmung stellt sich ein Gefühl von Ausdehnung oder Ganzheit ein, das der Verstand nicht analysieren kann. Wenn Sie grenzenlosen Raum erfahren, ist der Verstand immer still; die direkte Wahrnehmung des „ICH BIN raum-los" resultiert aus dieser Stille. Diese Stille ist friedlich, ja freudig. Vielleicht haben Sie festgestellt, dass Sie lächelten oder eine Art Wunder empfanden, als sich Ihr Erkennen vom Begrenzten zum Grenzenlosen verlagerte. Der Verstand kann das nicht nachvollziehen, doch der Wechsel in Ihrer Wahrnehmung war real. Als Sie ihn vollzogen, waren Sie vollkommen sicher in Ihrem Selbst, ohne Angst, Bedenken oder Sorge. Diese erweiterte Sicht ist der Eckpfeiler Ihrer „Wiedergeburt".

Damit meine ich Folgendes: Diese einfache Übung hat Ihre Sicht auf das grenzenlose Selbst geöffnet, indem Sie die *Dinge* vorübergehend ausgeklammert haben. Die Übung führte Sie weg von dem, was Sie anschauen, und hin zu dem, was Sie *sind*. Plötzlich wurden Sie sich des Raumes bewusst, der die Dinge umgibt, und dann des grenzenlosen Raumes, der überall ist. Ihr Verstand hat sich kein Modell vom unendlichen Raum „gezimmert". Dafür ist der Verstand nicht zuständig. Sie waren einfach dessen gewahr, dass bei Abwesenheit von Gegenständen der grenzenlose Raum sich ins Unendliche erstreckt. Sie brauchten gar nicht zu versuchen, den grenzenlosen Raum zu sehen, ihn auf einem Computer zu berechnen oder intellektuell über ihn zu debattieren. Das sind lauter Verstandesfunktionen, mit denen der grenzenlose Raum sich nicht „greifen" lässt. Vielmehr hielt in diesem Moment jegliche Verstandesaktivität inne und Sie blieben mit Ihrem Selbst allein zurück.

Räumen Sie dem Raum Zeit ein

Lassen Sie uns noch ein wenig mit der Vorstellung spielen, dass das ICH BIN in der Lücke zwischen den Gedanken ist. Vollständiges Anhalten der Zeit und vollständiges Ausdehnen des Raumes – das ist ICH BIN. Daran ist nichts mystisch. Das ist alles! Falls Sie gelesen haben, es erfordere Jahre des mühseligen Studierens, des Übens und des Opferbringens, wenn man sein Selbst kennenlernen wolle, dann haben Sie gerade das Gegenteil bewiesen. Sollten Sie gehört haben, es sei schwierig, den Geist von Gedanken freizubekommen, dann wissen Sie es jetzt anders. Zu erfahren, dass Sie das ICH BIN sind, ist das Einfachste überhaupt. Wir haben das nur die ganze Zeit über falsch verstanden.

Unsere Sicht der Welt ist fragmentiert. Der Verstand ist ein Ding. Er knüpft Beziehungen zu anderen Dingen. Doch wir sind zu der Überzeugung gelangt, der Verstand habe die Kontrolle. Von dieser Ausgangsposition gehen wir in die Welt hinaus, um den unersättlichen Hunger des Verstandes nach *mehr* zu stillen. Der Verstand setzt *mehr* mit *besser* gleich: mehr Geld, mehr Liebe, mehr Macht ... Was er wirklich will, ist das „Meiste", das Größte, das Höchste, das Optimale. Das Höchste ist ICH BIN, das grenzenlose, unendliche Selbst. Wenn der Verstand das ICH BIN findet, hält er inne und kommt zur Ruhe. Er hat seine Hauptaufgabe erfüllt, das Höchste zu finden. Sie können nicht mehr erreichen als Ihr Selbst.

Das wird erst verwirrend, wenn der Verstand sich wieder einklinkt und zu analysieren und zu organisieren beginnt und ganz allgemein versucht, die grenzenlose Natur des ICH BIN in eine hübsche kleine Schachtel einzupassen. Der Verstand mag das Gefühl, etwas zu definieren und es dadurch zu besitzen. Vielleicht kennen Sie Menschen, die diese unverhohlene Neigung des Verstandes ausleben, Dinge zu beherrschen. Sie äußern gern ihre Meinung, als wäre sie eine Tatsache. Sie sind überzeugt, recht zu haben, und nur selten werden Sie sie sagen hören: „Ich weiß nicht ..." Nach ihrer Auffassung können sie alles wissen. Es frustriert ihren Verstand, wenn er das Selbst erfährt, denn das Selbst kann man nicht besitzen, indem man es definiert. Sobald der Verstand diese Tatsache akzeptiert, lässt sich das Selbst leicht und mühelos erkennen.

Wir können also die Vorstellung verwerfen, das Selbst zu erkennen sei schwierig. Warum haben dann nur so wenige von uns den großen Wurf geschafft? In jeder Generation gibt es ein paar Heilige und Menschen, die ihnen ähneln. Sie sind Leuchttürme, leuchtende Beispiele dafür, was wir sein könnten, und sie verkünden alle die gleichen Grundwahrheiten. Aber trotz ihrer Anleitung leiden 99,9 Prozent von uns weiter.

Im alten Indien hieß es: „Wenn der Weise auf den Mond zeigt, schaut der Tor auf den Finger." Der Weise ist derjenige, der das Selbst kennt und der weiß, dass er das ICH BIN ist. Die Toren sind in einer Trance. Die gute Nachricht ist, dass alle aus dieser Identitätskrise erwachen und sich dem Weisen anschließen können, um einen Abend lang den Mond zu betrachten. Alle bedeutet: auch Sie. Tun Sie es jetzt!

Der erste Riss in der Wand des Leidens

Wir haben die Lücke zwischen den Gedanken als das grenzenlose Selbst identifiziert. Doch was bedeutet das im Hinblick auf unseren eigenen Frieden und unsere Freude? Gewiss, während dieser kurzen Erfahrung der Lücke leiden wir nicht, wir empfinden keinen Schmerz, ärgern uns nicht, verspüren keinen Hunger und gehen nicht unsere Einkaufsliste durch. Wir *sind* einfach. Na und?

Obwohl Sie eben das Leiden beseitigt haben – wenn auch nur für einen winzigen Augenblick –, haben Sie vielleicht immer noch das Bedürfnis, es auszuweiten. Das ist symptomatisch für das Kontrollbedürfnis des Verstandes. Vielleicht überlegen Sie, wie Sie die Lücke sozusagen in Flaschen abfüllen und vermarkten können. Das ist anfangs ganz natürlich. Diese kurzen Momente der Freiheit werden rasch von einem viele Jahre alten mentalen Belag überdeckt (von einer Art Plaque). Anders ausgedrückt: Der Verstand übernimmt rasch wieder die Kontrolle, wobei Unbehagen, Abwehrhaltung und Frustration sich ihren Weg zurück in Ihr Bewusstsein bahnen.

Genügt diese Lücke? Müssen Sie sich mit dieser begrenzten und recht langweiligen Erfahrung von Universalität zufriedengeben? – Was eher wie ein Taschenspielertrick aussieht als wie das Tor zu universellem Frieden, das ist in Wirklichkeit der erste Riss in der Wand des Leidens. Die Lücke sollte mindestens lange genug dauern, um Sie zu inspirieren, diesen einfachen, aber tiefgehenden Zustand genauer zu betrachten. Falls sie nicht lange genug dauert, machen Sie sich keine Sorgen. Es kommt noch mehr. Na ja, eigentlich nicht „mehr". Was könnten Sie mehr bekommen als das Höchste? Es ist Ihr Wahrnehmen, Ihr weiterentwickeltes Gewahrsein, das Ihnen gestattet, über den Verstand hinauszugehen und einfach nur bei Ihrem Selbst zu sein. Die Wahrnehmung kann sich zunehmend verfeinern. Sie können lernen, Ihr Selbst auf immer feineren Ebenen wahrzunehmen. Das bringt immer mehr Frieden, Freude und Liebe in Ihr Leben. Ihre „Mission" – falls Sie sie annehmen – wird es dann, Ihre Wahrnehmung immer stärker zu verfeinern und immer subtilere und schönere Ebenen des Gewahrseins zu genießen. Kommen Sie mit mir, genau das werden wir tun.

Entrückt aus Raum und Zeit – auf positive Art und Weise

Kann das ICH BIN das ICH BIN beobachten? – Selbstverständlich. Erinnern Sie sich, das ICH BIN ist überall.

Wer ist dann ICH BIN? – Wieso, was soll die Frage? Das sind Sie selbst, aber mit Großbuchstaben: SIE, das Selbst.

Ich meine nicht das stofflich-mentale kleine Ich bzw. Sie mit Ihren Gedanken und Gefühlen, einem Körper und einem Arbeitsplatz. Ich meine das SIE, das jenseits von all dem ist. SIE sind das Selbst, das ICH BIN, reines Gewahrsein und universelle Präsenz. Bekommen Sie allmählich eine Ahnung, wie unglaublich SIE sind?

Als Sie auf die besagte Lücke zwischen den Gedanken stießen, waren SIE noch bewusst. Aber es waren keine Gedanken da, derer Sie gewahr waren. Sie waren keiner Bewegung, keiner Zeit gewahr. Da war nur das SIE, das das SIE beobachtete, das Selbst, das das Selbst beobachtete. Als sich der Raum in die Unendlichkeit ausdehnte, während Ihre Hände an Ihren Augen vorüberglitten, beobachteten Sie für einen Moment grenzenlosen Raum. Das „Raum-lose" ist auch das Selbst!

Ihr Verstand sperrte sich wahrscheinlich gegen die Vorstellung, Sie könnten Raum sein: Schließlich ist das *mein* Verstand, der *meinen* Körper veranlasst, sich zu bewegen. Doch stellen Sie sich folgende

Frage: „Wer lässt Körper und Geist funktionieren? Wer sorgt dafür, dass sie ihre ‚Arbeit' tun?" Sie sind dessen gewahr, dass beide existieren, nicht wahr? Aber wer genau ist da gewahr? Was ist Gewahrsein?

Sie sind Gewahrsein und Gewahrsein ist grenzenlos. Das Vertrackte daran ist, wenn SIE sich auf das Denken und Handeln konzentrieren, dann konzentrieren Sie sich ständig auf die Formen und vergessen deren Wurzeln, die außerhalb von Zeit und Raum liegen. Sie vergessen, dass Sie Gewahrsein sind, und beginnen, sich mit Ihrem Geist und Körper zu identifizieren.

> Wenn Sie nur Ihres Selbst gewahr sind, sind Sie völlig wach, gewahr und gegenwärtig. Wenn Sie Ihre eigene reine Präsenz auf diese Weise wahrnehmen, sind Sie frei von den Formen des Denkens und Fühlens, frei vom Körper und der äußeren Welt. Sobald Sie das reine Gewahrsein beobachten, denken Sie nicht. Sie sind nur gewahr! Ihre Existenz kommt dann von jenseits des Verstandes. Ist das nicht verblüffend?

Nur wenn Sie in den Turbulenzen und Traumen des Alltagslebens gefangen sind, vergessen Sie, wer das ICH BIN ist. Dann werden Sie zu dem Menschen, der nicht wusste, dass da eine Kinoleinwand war, und der sein Leben mit dem Film identifizierte. Das Charakteristikum dieser fälschlichen Identifizierung ist Leiden. Schauen Sie sich nur einmal kurz um: Sehen Sie in uns Menschen eine Spezies, die sich des reinen Gewahrseins bewusst ist? Man sagte uns, wir unterschieden uns von den Tieren darin, dass wir uns unserer selbst bewusst seien. Na ja, es gibt Selbstbewusstheit und Selbst-Bewusstheit. Unsere übliche Selbstbewusstheit ist ein Bewusstsein des „Ich", der kleinen Bedürfnisse, die unsere schädlichen Wünsche ausmachen. Und genau diese „Ich"-Bewusstheit trägt dazu bei, dass unsere tierhafte, zerstörerische Natur ans Tageslicht kommt. Selbst-Bewusstheit (oder Selbst-Gewahrsein) hingegen befreit uns von dem an Raum und Zeit gebundenen

Verstand, der die Sorgen und Leiden verursacht, die wir mit Mensch-sein gleichsetzen. Die gute Nachricht lautet: Sie können das alles nach Belieben jederzeit ändern.

Und hier kommt der Knüller: Als Sie Ihre Hände beiderseits Ihres Kopfes vorbeiführten und der Raum zwischen Ihren Händen sich in die Unendlichkeit ausdehnte, sind da die Dinge um Sie herum ver-schwunden? Haben sich die Wand, der Schreibtisch oder der Horizont im Hintergrund in den grenzenlosen Raum hinein aufgelöst? Natür-lich nicht. Was fand da statt?

In dem Moment, in dem Ihre Hände verschwanden, erweiterte sich Ihr Gewahrsein über den Raum zwischen Ihren Händen hinaus. Begrenzter Raum wurde grenzenlos. Bei Ihrer plötzlichen Erkenntnis blieben die Gegenstände im Raum zwar bestehen, aber sie wurden *zweitrangig*. Sie, als der Beobachter, beobachteten den grenzenlosen Raum und die Umgebung war im Hintergrund immer noch da. Die Gegenstände waren an ihrem Ort, aber Ihr Gewahrsein war überall. Des grenzenlosen Raumes gewahr zu sein bedeutet: Ihr Gewahrsein ist grenzenlos. Kann das noch faszinierender werden? In diesem Zusam-menhang sage ich gerne: „Der Schlüssel zum Auslöschen des Leidens liegt in Ihrer Hand."

Wie Sie des Selbst gewahr werden

Lassen Sie es uns noch auf andere Weise betrachten. Wenn Sie Ihr Denken anhalten, indem Sie genau darauf achten, woher die Gedan-ken kommen, so beobachten Sie als Beobachter das SIE, den zeitlosen Raum, in dem vorher Gedanken waren. Und wenn die Gedanken wie-der einsetzen, dann sind Sie als Beobachter noch da. Nur beobachten Sie jetzt Gedanken, wo vorher Raum war. Das ist Selbst-Bewusstheit oder Selbst-Gewahrsein; es bedeutet: Sie beobachten Ihre Gedanken oder Emotionen, beobachten sich selbst beim Essen, bei der Arbeit ... *und Sie sind dabei dessen gewahr, dass Sie das tun.* Erst hielten Sie das Denken an und dann merkten Sie, dass Sie Nicht-Denken beobachte-ten. Dann waren SIE da, um zu beobachten, als das Denken wieder einsetzte. An diesem Punkt fuhren SIE damit fort, Gedanken zu beobachten. Das zeigte, dass SIE nicht Ihre Gedanken sind, sondern getrennt von ihnen. Erst nach einer gewissen Zeit vergaßen Sie Ihr Selbst und der Verstand schaltete wieder auf Autopilot. Das ist das übliche Bewusstsein, das Gegenteil von Selbst-Bewusstheit.

Das ist so einfach, dass wir dazu neigen, den ganzen Prozess abzutun, als habe er keinen eigenen Wert. Begehen Sie diesen Fehler nicht! Dieser Schlüssel öffnet das Tor zum Himmel. Verwerfen Sie den Prozess nicht, nur weil er einfach ist. Geben Sie ihm eine Chance und Sie werden über Ihre kühnsten Träume hinaus belohnt.

Unerwartete Unterstützung oder: „Geldregen"

Die ersten Erfahrungen von Selbst-Bewusstheit sind winzig kleine Mengen an Himmel. Sie sind so klein, dass sie zwischen großen Brocken üblichen Bewusstseins eingequetscht sind. Der Verstand hat die meiste Zeit das Sagen und er sagt Ihnen (– denken Sie immer daran: Sie sind nicht Ihr Verstand!), es lohne sich nicht, dass Sie sich mit diesem winzigen Freuden- und Friedenssignal auf Ihrem Radarschirm weiter beschäftigen. – Doch, es lohnt sich!

Diese kleinen Signale des Friedens summieren sich nach und nach. Sie gleichen Münzen in einer Art kosmischem Sparschwein. Diese „Selbst-Bewusstheits"-Münzen vermehren sich sehr rasch, sodass der innere Friede eine größere Rolle in Ihrem Alltag spielen kann. Das ist es dann schon. Fügen Sie einfach Münze für Münze an Selbst-Bewusstheit hinzu und schon bald können Sie allein von den Zinsen leben. Das bezeichnen wir als „Momentum".

Die gute Nachricht, nein, die grandiose Nachricht ist: Sie können jederzeit damit aufhören, sich von Ihrem Verstand steuern zu lassen. Hören Sie *jetzt* damit auf! Achten Sie auf Ihre Gedanken. Beobachten Sie sie? Da, Sie haben es schon wieder gemacht. Sie *sind* Selbst-Bewusstheit. Sie, der Beobachter, sind wie ein Elternteil und Ihr Verstand gleicht einem ungezogenen Kind: Wenn Sie es nicht scharf im Auge behalten, kommt es auf allerlei dumme Gedanken.

5. Selbst-Gewahrsein

Wenn Sie bereits Ihre *Gedanken* beobachten, ist es nur noch ein kleiner Schritt dahin, auch Ihr Handeln und das Handeln anderer zu beobachten. Wie gehen Sie dabei vor? Seien Sie einfach aufmerksam. Schalten Sie den Autopilot ab und seien Sie aufmerksam. Wachen Sie auf und riechen Sie die Rosen – ganz wörtlich. Werden Sie ein neugieriger Beobachter. Schauen Sie nicht nur zu den Wolken hinauf, *beobachten* Sie die Wolken. Schauen Sie sie an, als hätten Sie nie vorher Wolken gesehen. Betasten Sie die Baumrinde, riechen Sie die Luft, schmecken Sie die Zahnpasta.

Kann es so einfach sein? Der Verstand will nicht, dass Sie das glauben. Er wird versuchen, es Ihnen auszureden. Glücklicherweise sind SIE nicht Ihr Verstand. SIE haben das große Bild. SIE *sind* das große Bild. Das große Bild ist im Frieden mit sich SELBST. Wenn Sie die Scheuklappen abnehmen, erleben Sie eine Ganzheit, die inneren Frieden mit sich bringt. Ja, es ist so einfach. *Quantum Entrainment.*

Anfangs mögen Sie feststellen, dass Ihre Gedanken immer wieder hereinströmen. Eine oder zwei Sekunden der Stille oder des Friedens ... und dann füllen die Gedanken wieder die Lücke, wie eine Schar aufgeschreckter Vögel, die auseinanderstieben. Nachdem Sie die Lücke erfahren haben, könnte Ihr Verstand Gedanken liefern wie etwa: „Was war das? Das war nichts. *Nichts* hat keinen Wert. Aber es war ganz nett. Ich habe keine Engel singen hören und es gab auch kein Feuerwerk. Vielleicht ist das nur ein Riesenschwindel? ... Ich frage mich, ob jetzt Spinat in meinen Zähnen hängt. ... Wo ist der Käsedip?" Gedanken führen Sie immer weiter weg von der Stille, die SIE sind. Es kann Stunden, sogar Tage dauern, bis Sie merken, welchen Streich Ihnen Ihr Verstand gespielt hat.

Tausende von Gedanken trommeln wie Starkregen auf ein Blechdach und trommeln Sie wieder in den Schlaf.

89

Kerngedanken von Kapitel 5

- Bewusstheit oder Gewahrsein ist unser wichtigster Besitz.
- In jedem Bewusstseinszustand arbeiten Verstand und Körper auf jeweils unterschiedliche, einzigartige Art und Weise.
- Selbst-Bewusstheit befreit uns von der Illusion, wir seien nur der Verstand, und deshalb befreit sie uns vom Leiden.
- Innerer Friede und universelle Liebe entstehen aus Selbst-Bewusstheit.
- Selbst-Bewusstheit gestattet uns, aus unserem „angeknacksten" Verstand herauszutreten, während dieser wieder in Ordnung kommt.
- Die Vorstellung von Raum entstammt – wie die Vorstellung von Zeit – dem Verstand.
- Grenzenlose Zeit und grenzenloser Raum bedeuten Frieden.
- Wenn Sie sich beim Denken oder Handeln Ihres Selbst nicht bewusst sind, dann sind Sie im üblichen Alltagsbewusstsein befangen. Das ist das Gegenteil von Selbst-Bewusstheit (= Selbst-Gewahrsein).
- Jedes Mal, wenn Sie Ihres Selbst gewahr werden, stärken Sie Ihre Selbst-Bewusstheit.

6. Sorgen um die Zukunft?

„Viele lassen ihren Blick über eine Wiese schweifen,
doch nur wenige sehen die Blumen."

Ralph Waldo Emerson

Ist Ihr Verstand immer irgendwo, wo Sie gerade *nicht* sind? Vergessen Sie sehr schnell, was Sie soeben gemacht haben, weil Ihr Verstand schon „vorausdenkt"? Fühlen Sie sich von all Ihren anstehenden Aufgaben überfordert? Frustriert es Sie, wenn es im Straßenverkehr nur langsam vorwärtsgeht? Führen Sie Sätze anderer Menschen zu Ende oder waschen Sie Ihre schmutzige mentale Wäsche, während Sie mitten im Gespräch mit einem Kollegen sind? Wenn ja, dann praktizieren Sie vorauseilendes Denken, wie ich das nenne [engl.: *futurethink*].

Gedanken über die Zukunft gibt es zweierlei: produktive und unproduktive. Produktive Gedanken verbessern Ihre Lebensqualität und unterstützen Ihre Lieben, die Gemeinschaft und die Umwelt. Produktives Denken findet in der Gegenwart statt. Vorauseilendes Denken, das Denken in solchen Zukunftsschleifen, ist unproduktives Denken über die Zukunft und schädlich. Auch wenn das Ergebnis positiv ist, fühlen wir uns am Ende gestresst oder unruhig. Dieses Denken ruft Angst hervor oder Sorge, Stress, Nervosität, Schrecken und vielerlei Phobien.

Die Zukunft wird *per definitionem* nie hierherkommen. Das Einzige, was Sie sicher wissen können, ist das, was jetzt gerade stattfindet.

Stellen Sie sich Ihren Verstand wie ein Gummiband vor. Je mehr er in der Zukunft verweilt, desto mehr Spannung empfindet er. Wie das Gummiband hat auch der Verstand eine Zerreißgrenze. Wenn der Verstand „reißt", dann kommt es möglicherweise zu Gewaltausbrüchen, Migräne, Herzinfarkt, Schlaganfall oder völligem mentalem Zusammenbruch. Solange Sie Ihres Selbst gewahr sind, ist Ihr Geist auf die Gegenwart gerichtet, das Gummiband gibt nach und es macht sich eine ruhige, produktive und lebendige mentale Atmosphäre breit.

Erinnern Sie sich, wie es war, Kind zu sein? Gehen Sie in Ihrer Erinnerung zurück zu einer Zeit, als Sie noch jung waren. Rufen Sie sich eine Situation ins Gedächtnis, als Sie allein spielten. (Falls Ihnen keine Begebenheit aus Ihrer eigenen Kindheit einfällt, schauen Sie einem Kleinkind beim Spielen zu.) Erinnern Sie sich, wie fließend und leicht Sie spielten. Erinnern Sie sich, wie Sie sich ganz vertieften in das Spiel mit einer Puppe oder einem Lastwagen, wie Sie einem Marienkäfer zuschauten, der Ihren Finger entlangkrabbelte, oder wie Sie im kühlen Gras lagen, während die ruhige Kraft der Erde Sie unter den prallen Wolken am Himmel dahingleiten ließ? Sie waren völlig gewahr und zutiefst zufrieden. Der Schlüssel dafür, mit einem kindlichen Herzen *erwachsen* zu sein, ist der gleiche: Lernen Sie, auf das zu achten, was Sie *jetzt* gerade tun!

Lassen Sie uns eine Übung probieren, die den Wert der Selbst-Bewusstheit verdeutlicht. Denken Sie an etwas in der Zukunft, was Sie beunruhigt – eine Beziehung, Geld, Ihre Arbeit oder Ihre Familie. Wählen Sie ein besonders besorgniserregendes Szenario aus und achten Sie darauf, wie intensiv Sie es empfinden. Stufen Sie die Intensität dieser Sorge um die Zukunft auf einer Skala zwischen 1 und 10 ein, wobei 10 für das schlimmstmögliche Szenario steht. Jetzt können wir beginnen.

Erfahrung 3: Angst und Sorgen auflösen

Strecken Sie Ihre Hand aus und schauen Sie sie an. Sehen Sie sie als das, was sie ist – eine Hand. Bewerten Sie sie nicht (etwa: „Meine Hände sind zu klein") und kommentieren Sie sie auch nicht mit Aussagen wie: „Ich erinnere mich noch, wie es war, als ich meinen kleinen Finger gebrochen hatte." Schauen Sie Ihre Hand einfach an, als sähen Sie sie zum ersten Mal oder als wäre sie die Hand von jemand anderem.

Achten Sie auf die Struktur Ihrer Haut, darauf, wie die Haut die Fingerknöchel umgibt und welcher Finger der zweitlängste ist. Machen Sie langsam eine Faust und schauen Sie, welche Fingerknöchel sich zuerst beugen. Spüren Sie, wie die Muskeln und Sehnen Ihrer Hand dabei aktiv sind.

Bewegen Sie Ihre Hand in der Luft hin und her und spüren Sie den Luftzug zwischen den Fingern. Streichen Sie mit Ihrer Hand Ihren Arm entlang und spüren Sie mit Ihrer Handfläche die Haare und die Haut.

Achten Sie als Nächstes darauf, wie sich Ihr Arm anfühlt, wenn Sie mit Ihrer Hand darüberstreichen. Erforschen Sie einen Gegenstand (einen Stift, ein Glas oder was immer Sie zur Hand haben), indem Sie ihn mit Ihrer Hand betasten. Achten Sie auf die lebendig pulsierende Welt der Empfindungen und Gefühle, besonders auf die Gefühle, die Ihnen der Gegenstand vermittelt. Machen Sie das drei bis fünf Minuten lang.

Sobald Sie Ihre Aufmerksamkeit auf das richten, was gerade hier und jetzt geschieht, vollzieht sich eine wunderbare Transformation. Denken Sie noch einmal an die Erfahrung, die Sie gerade gemacht haben. Waren Sie während dieser Übung besorgt, beunruhigt, wütend, traurig oder ängstlich? Haben Sie daran gedacht, dass Sie Rechnungen noch nicht bezahlt haben, oder an jemanden, der Sie schlecht behandelt hat? Haben Sie sich unmittelbar nach der Übung mental wach, körperlich entspannt und allgemein wohlgefühlt? Ja? Wenn Sie in dem, was ist, völlig aufgehen, kann es gar nicht anders sein.

Gehen Sie in Gedanken noch einmal zu dem künftigen Ereignis zurück, das Sie *vor* dieser Übung zwischen 1 und 10 eingestuft haben. Wenn Sie ganz vertieft Ihre Hand untersucht haben, wie ein Kind beim Spielen, dann werden Sie feststellen, dass sich Ihre Angst jetzt aufgelöst oder dass sie zumindest deutlich nachgelassen hat.

> Wann immer Sie Ihre Aufmerksamkeit dem schenken, was Sie gerade tun, *können* Sie sich über die Zukunft gar keine Sorgen machen. Dabei handelt es sich nicht um Täuschung oder Verdrängung. Sie laufen nicht vor Ihren Problemen davon, ganz im Gegenteil. Ständig gedanklich in der Zukunft zu verweilen und dabei die Gegenwart zu ignorieren, das ist der Inbegriff der Verdrängung, die unfehlbare Formel für Angst.

Und noch etwas Tiefgreifendes hat stattgefunden, was Sie vielleicht gar nicht bemerkt haben. Sie waren der reine Beobachter. Sie, das Selbst, waren gleichzeitig als Beobachter anwesend, während Ihr Verstand *dachte* und Ihr Körper und Ihre Sinne mit Ihrer Umgebung interagierten. Sie waren stiller Zeuge dessen, was stattfand. Das ist der Schlüssel für ein Leben frei von Spannung, Sorge und Schuldgefühlen. Aufmerksamkeit für das Hier und Jetzt belebt den Geist und energetisiert den Körper. Aufmerksam zu sein ist die Heilsalbe für die zahllosen Erkrankungen der Spezies Mensch.

Wann immer Sie sich ängstlich, besorgt, frustriert oder gestresst fühlen, sind Sie mit Ihren Gedanken in der Zukunft. Das Gegenmittel dazu ist Selbst-Bewusstheit, damit bringen Sie Ihren Verstand in die Gegenwart zurück. Seien Sie aufmerksam und lassen Sie sich von Ihren Sinnen beleben. Gehen Sie ins Freie und schauen Sie hinauf. Beobachten Sie, wie der Himmel die Wolken und Vögel trägt.

Schauen Sie nicht nur *zum* Himmel, schauen Sie *in den* Himmel. Spüren Sie seine Tiefe und Weite. Nehmen Sie wahr, wie auch Sie sich dadurch tiefer und weiter fühlen. Schließen Sie Ihre Augen und lauschen Sie auf jedes Geräusch aus jeder Richtung. Achten Sie auf alles, den ganzen Tag. Am Ende des Tages werden Sie energiegeladener sein, weil dieses Selbst-Gewahrsein Energie spart. Sie werden überwältigt sein, welche Kraft, Schönheit und Freude in Ihrem Leben erblühen – einfach dadurch, dass Sie gewahr sind.

Langeweile wird unmöglich

Bis jetzt haben die Übungen Ihre Gedanken in die Gegenwart gebracht, sodass Sie Ihr reines Selbst kennenlernen konnten. Sie haben Ihnen gezeigt, dass Sie nicht Ihr Verstand oder Körper sind, sondern eine Präsenz jenseits von Dingen und Gedanken.

Indem Sie aufmerksam sind, haben Sie das Beste aus beiden Welten. Ihr Selbst ist der Beobachter, der stille Zeuge, der zuschaut, wie sich die zarte Schönheit des Lebens entfaltet. Das Selbst ist nicht ins Handeln involviert. Es genießt nur die Fahrt. Dieses ICH BIN, Ihr innerstes Wesen, ist alt und weise. Es weiß, dass das, was zu tun ist, getan wird – ohne Anstrengung seinerseits.

Wenn Sie Ihr Selbst verlieren und sich im Trubel und Tumult der gegenständlichen Welt verstricken, beginnen Sie zu leiden. Allein das Beobachten neutralisiert die schädliche Wirkung blinder Verstandesaktivität. Das Beobachten entschärft nicht nur Stress und Angst, sondern es steigert unsere Effizienz bei der Arbeit, zu Hause und beim Spielen.

Wann immer Sie in diesem Sinne selbst-bewusst sind, erfahren Sie Unterstützung von allem, was mit dem Selbst verbunden ist. Da Ihr Selbst unendlich und grenzenlos ist, ist es mit *allem* verbunden. Wenn Sie *beobachten*, achten Sie auf das, was jetzt gerade geschieht. Sie machen Sie sich keine Gedanken darüber, wie spät es ist, ob Sie daran gedacht haben, das Licht auszuschalten, oder ob Sie zum Abendessen Sushi oder Krabbenpuffer essen sollen. Ihre Gedanken spiegeln wider, was jetzt gerade vor sich geht. Wenn Sie Ihr Denken nach innen richten, dann erkennen Sie, was in diesem Moment Form annimmt, und verfolgen, wie es ein integraler und funktionierender Teil des Ganzen wird. Das ist schön, Ehrfurcht erweckend und völlig normal. Die Selbst-Bewusstheit macht das Alltägliche neu und Langeweile wird unmöglich.

Die Zukunft sorgt für sich selbst

Jeder Moment ist in sich vollkommen. Alles, was notwendig ist, um den Moment erfolgreich zu gestalten und um Ihr Leben zu vervollkommnen, ist in diesem Moment enthalten. Jeder Augenblick Ihres Lebens leuchtet wie von sprudelnden Perlen der Ganzheit. Sie brauchen nur auf diese Perlen zu *achten*. Und dann müssen Sie zuschauen, wie sie in den erstaunlichen Menschen und Ereignissen, die Ihr Leben ausmachen, gleichsam aufblühen.

Wenn Ihr Verstand anderswo ist, wenn Sie nicht auf das achten, was Sie jetzt gerade denken und tun, dann entgeht Ihnen die Schönheit, die sich unter Ihren Schwingen entfaltet. Wann immer Sie versuchen, die Umstände in Ihrem Leben zu manipulieren, machen Sie das mit Ihrem Verstand. Wie wir bereits gesehen haben, ist Ihr Verstand nur ein Teil der Schöpfung. Das große Bild kennt er nicht. Ich habe einmal den Ausspruch gehört, ein bisschen Wissen sei gefährlich. In diesem Fall kann davon keine Rede sein. Wenn Sie Ihre Aufmerksamkeit auf die Gegenwart richten, sorgt die Zukunft für sich selbst. Probieren Sie es aus – Sie werden staunen.

Kerngedanken von Kapitel 6

- Vorauseilendes Denken ist ein sehr unproduktives Grübeln über die Zukunft. Es ruft Angst hervor oder Sorge, Stress, Nervosität, Schrecken und Phobien.
- Wann immer Sie Ihre ungeteilte Aufmerksamkeit dem schenken, was Sie jetzt tun, *können* Sie sich gar keine Sorgen um die Zukunft machen.

6. Sorgen um die Zukunft?

- Ständig gedanklich in der Zukunft zu verweilen und dabei die Gegenwart zu ignorieren, das ist der Inbegriff der Verdrängung.
- Das Gegenmittel zum vorauseilenden Denken ist Selbst-Bewusstheit: der Gegenwart vollständig gewahr zu sein.
- Wenn Sie die Gegenwart mit Ihrer ungeteilten Aufmerksamkeit beobachten, wird Langeweile unmöglich.
- Jeder Moment ist in sich vollkommen. Um vollkommen zu sein, brauchen Sie nur die Fülle dieses Momentes wahrzunehmen.
- Wenn Sie Ihre Aufmerksamkeit auf die Gegenwart richten, sorgt die Zukunft für sich selbst.

7. Ihre Probleme sind nicht das Problem

„Ist nicht das Leben wichtiger als die Nahrung und der Leib wichtiger als die Kleidung? ... Wer von euch kann mit all seiner Sorge sein Leben auch nur um eine kleine Zeitspanne verlängern?"

Matthäus 6, 25 u. 27

Vor ein paar Wochen kam ein Obdachloser auf mich zu. Früher hätte ich mich abgewandt oder ihm gerade so viel Geld gegeben, dass es mir besser ging. Doch dieses Mal war es anders. Ich blieb stehen und plauderte mit ihm wie mit einem Freund. Er bat mich um Geld, damit er sich im Supermarkt einen Hotdog kaufen könne. Ich fragte ihn nach seinem Namen. Eine leise Überraschung war in seinem Gesicht zu erkennen; er sagte, er heiße Thomas.

Ich stellte Thomas ein paar Fragen zu seinem Leben und er ließ sich bereitwillig auf das Gespräch ein. Er schilderte mir, wie er seine Wohnung verloren hatte, und sprach über seine Zukunftsängste. Sein Leben sei geprägt von Sorge, von Schuldgefühlen und von Misstrauen. Ich erzählte ihm von Freunden, die als Millionäre die gleichen Ängste hätten.

Der obdachlose Verstand

Ich hörte ihm gespannt zu, während er mir noch mehr von seinem Leben berichtete. Er sprach über seine Vergangenheit, dann über die Zukunft und dann noch einmal von seiner Vergangenheit. Aus dieser Vergangenheit zerrte er Schuldgefühle, Reue, Traurigkeit und Trauer hervor. Seine Zukunftsvision spiegelte Besorgnis, Anspannung und starke Angst wider. Während wir redeten, waren diese Gefühle aus Vergangenheit und Zukunft in ihm lebendig. Seine Augen waren in die Ferne gerichtet, solange sein Verstand seinen Lebensfilm ablaufen ließ.

Nach einer Weile hielt er inne und blickte mich an – er hoffte wohl auf ein paar tröstende Worte. Lächelnd fragte ich ihn: „Wo sind Ihre Probleme jetzt in diesem Moment?" Einen Augenblick lang stand er schweigend da, dann antwortete er: „Ich habe meine Wohnung und meine Arbeit verloren und ich …"

„Nein, ich meine *jetzt!*", erwiderte ich. „Welches Problem verursacht Ihnen genau in diesem Moment Leiden? Wenn Sie aufhören, über Ihre Vergangenheit und Zukunft nachzudenken, dann bleibt Ihnen nur dieser Moment. Wie fühlen Sie sich *jetzt* gerade?" „Ich fühl mich ganz okay, schätz' ich mal", murmelte er.

Dann erklärte ich ihm: „Als ich Sie fragte, wo Ihre Probleme *jetzt* seien, hielten Sie eine Sekunde lang inne, aber dann spielten Sie wieder Ihre ‚Problem-Schallplatte' ab. Sie achteten nicht auf das, was aktuell gerade geschah, sondern setzten Ihr Denken an Vergangenheit und Zukunft wieder in Gang. Während Sie in diesem kurzen Moment der Stille über meine Frage nachdachten, hatten Sie *keine* Probleme.

Wir alle leben in Verhältnissen und Umständen, die uns irgendwie herausfordern. Kein Zuhause oder keine Arbeit zu haben, das sind Umstände. Umstände sind keine Probleme. Sie werden auch nicht zu Problemen, solange Ihr *Verstand* ihnen nicht nutzlose und schädliche Emotionen anhängt. Die ‚Obdachlosigkeit' Ihres Verstands hat Ihren Schmerz erzeugt. Wie viel hilft es bei Arbeitslosigkeit, sich Sorgen zu machen? Wie viel hilft es bei Obdachlosigkeit, über Ihr früheres

Zuhause zu lamentieren? Umstände sind real. Probleme sind vom Verstand gemacht.

Lassen Sie mich noch einmal fragen, Thomas: Wo sind Ihre Probleme jetzt in diesem Moment? Welcher Umstand ist so überwältigend, dass Sie diesen Augenblick mit mir nicht genießen können?"

Diesmal schwieg er länger, wobei sich sein Blick nach innen richtete. Kurz darauf entspannte sich sein Gesicht – darin spiegelte sich ein Wechsel in seinem Denken wider. Tränen stiegen ihm in die Augen und er sagte: „Jetzt fühle ich mich wohl. Ich weiß, ich habe immer noch Probleme, ich meine: Umstände, aber jetzt in diesem Moment fühle ich mich leichter und friedvoll."

„Genau jetzt erleben wir gemeinsam, was das Menschsein ausmacht", sagte ich zu ihm. „Wir sind genau hier beieinander, frei für genau diesen Augenblick. Indem wir auf das achten, was jetzt geschieht, kommt unser Verstand in diesem Moment zur Ruhe. Und dieser Moment ist immer friedlicher und produktiver als die von Furcht geprägten Erfindungen, die unser Verstand ersinnt. Der Abendhimmel ist klar, der Wind ist sanft und die Geräusche der Stadt sind beruhigend.

Was hat es für einen Sinn, sich Sorgen zu machen? Um damit aufzuhören, brauchen Sie nur diesen Moment ganz anzunehmen. Wenn Ihr Verstand vor der Vergangenheit davonläuft und in die Zukunft vorauseilt, vergisst er die Gegenwart. Aber die Gegenwart ist der Balsam, der den Verstand von seinen Problemen heilt." Wir redeten noch eine Weile, dann umarmte Thomas mich, drehte sich auf dem Absatz um und verschwand in der Nacht – den Hotdog hatte er völlig vergessen.

Ein paar Tage später kreuzten sich unsere Wege abends wieder. Wir unterhielten uns wie alte Freunde. Er erzählte, dass er sich zwei Teilzeitjobs besorgt habe und wieder in die Kirche gehe. Ich sagte ihm, dass er auch *mein* Leben verändert habe. „Es fühlt sich gut an", so ließ ich ihn wissen, „mein Selbst in Ihren Augen wiederzuentdecken."

Die Natur kennt keine Probleme

Was sind Probleme? Ich schätze, wir können sie beschreiben als Schwierigkeiten, Rückschläge, Hindernisse oder ganz allgemein als Umstände, die irgendwie das Erreichen unserer angestrebten Ziele stören. In der Natur gibt es keine Probleme. Nur Menschen „machen" buchstäblich die Probleme.

Wir Menschen neigen dazu, ein Problem als etwas zu betrachten, was *außerhalb* von uns existiert. Wir haben das Gefühl, *andere* Menschen, Dinge oder Umstände verursachten unsere Unzufriedenheit. Sobald wir ein Problem festgestellt haben, machen wir uns daran, es aus der Welt zu schaffen. Dabei meinen wir, das Problem sei die Kehrseite unseres Glücks, und wenn wir das Problem überwänden, wären wir glücklich. Darüber hinaus lebt irgendwo in unserem Hinterkopf versteckt die Hoffnung, wir wären für immer glücklich, wenn wir alle unsere Probleme lösten.

Kennen Sie irgendjemanden, der keine Probleme hat? Glauben Sie, die Probleme werden uns je ausgehen? Es scheint, als machten wir da einen grundlegenden Fehler in unserem Denken. Wenn uns ein Teil unseres Verstandes sagt, wir seien glücklich, sobald wir frei von Problemen seien, und wir gleichzeitig die Unwahrscheinlichkeit dessen einräumen, dass uns je die Probleme ausgehen, dann müssen wir letztlich der Tatsache ins Gesicht sehen: Wir werden nie „endgültig" glücklich sein.

Sie könnten nun darauf hinweisen, dass Probleme uns zum Wachsen und Weiterentwickeln veranlassen. Aber wohin oder wozu entwickeln wir uns? Zwangsläufig zu unglücklichen Problemlösern. Wann immer wir ein Problem überwinden, tritt ein anderes an seine Stelle. Das Gefühl von Frieden und davon, etwas erreicht zu haben, verflüchtigt sich schnell. Das Leben definiert sich dann als eine Reihe von Strapazen, Rückschlägen, Krisen, Notlagen und Schwierigkeiten mit gelegentlichem Aufblitzen von Frieden und Glücksgefühlen. Ist das *alles* im Leben? War es so gemeint? Meiner Meinung nach nicht. Und ich glaube, auch Ihrer Ansicht nach nicht.

Der Schlüssel zur Lösung dieses Rätsels liegt in unserer Wahrnehmung. Damit will ich nicht sagen, Sie bräuchten nur anders zu *denken*. Das hat noch nie zu unserer völligen Zufriedenheit funktioniert. Sie könnten versuchen, negative Gedanken durch erhebende zu ersetzen, oder Sie könnten sich immer wieder vorsagen, Sie seien wirklich völlig im Frieden mit der Welt ... Ja, vielleicht versuchen Sie sogar die Gründe oder Umstände zu verstehen, die zu den Sorgen geführt haben. Oder Sie ergeben sich in Ihr Schicksal und schreiben die Probleme Ihrem Karma zu. Keine dieser Vorgehensweisen wird sich langfristig auf Ihr allgemeines Glücksempfinden auswirken. Das sind lauter Gedankenmodelle, die auf den Treibsand des Verstandes gebaut sind.

Der Verstand mit seinem üblichen Bewusstsein erzeugt die Probleme. Deshalb ist nicht das *Problem* das Problem. Das Problem ist der Verstand. Der Verstand ist der Herd aller Disharmonien. Shakespeare schrieb sinngemäß, nichts sei an sich gut oder schlecht, erst unser Denken mache es dazu. Die Antwort liegt darin, unser Denken in Ordnung zu bringen. Aber wie? Indem wir darüber nachdenken? Wenn wir kleine Probleme mithilfe des großen Problems, des Verstandes, zu lösen versuchen, rufen wir nur *mehr* Probleme hervor. Wenn wir auf die Welt als Ganzes schauen und Zwist und Unfrieden auf globaler Ebene zu lösen versuchen, so führt uns das in die Irre. Keine offizielle Proklamation des Weltfriedens hat je funktioniert. Keine Regierung kann für ihre Bürger Frieden ausrufen. Für den Frieden sind die Bürger selbst zuständig. Eine friedliche Welt erwächst aus persönlichem Frieden, nicht umgekehrt.

Persönlicher Friede wird nur Wirklichkeit, wenn *Sie* aus *Ihrem* Verstand heraustreten. In genau diesem Moment hören die Probleme auf. Dann hören Sie auf, für sich selbst und für den Rest der Welt Probleme hervorzurufen. Selbst-Bewusstheit durchbricht das „Rad des Karmas" und hebt Sie über den „Einfluss der Sterne" hinaus. Sobald Sie beginnen, Ihres Selbst gewahr zu sein, haben Sie die negativen Einflüsse bereits hinter sich gelassen, die zu so viel Frustration, Reiberei und Uneinigkeit geführt haben.

(Das) Nichts wertschätzen lernen

Unser Selbst zu finden ist leicht. Das können wir, wann immer wir wollen. Wenn allein Präsentsein, Gegenwärtigkeit all unsere Probleme beseitigt und wenn es so leicht ist, präsent oder gegenwärtig zu sein, warum leiden wir dann weiterhin in so gewaltigem Ausmaß? Ja, warum leidet überhaupt irgendjemand?

Letzten Endes ist das eine Frage des Verständnisses. Verstehen fördert das Annehmen und Wertschätzen. Und wir sind bisher nicht in der Lage, den subtilen und doch tiefgreifenden Einfluss wertzuschätzen, den Selbst-Gewahrsein auf unsere Welt ausübt. Zu erkennen und zu wissen, wie man des Selbst gewahr wird, ist wie ein Rohdiamant. Werfen Sie ihn nicht gleichgültig zur Seite. Missachten Sie nicht die Kraft des Präsentseins, das Ihr Leben verwandeln kann: weg von Furcht und Frustration, hin zu Freude und Liebe.

Wir geben es zwar nicht gern zu, und doch scheint *sofortige Belohnung* das „Banner" zu sein, unter dem wir uns versammelt haben. Die Technik bietet uns eine fabelhafte Palette von Arbeit sparenden Geräten, Spielsachen und Zerstreuungen. Das Fernsehen, Opium des Volkes, ist heutzutage nutzlos ohne Fernbedienung. Der Puls unseres Lebens erreicht die höchstmögliche Geschwindigkeit und unser Schiff bricht in den Fugen auseinander. Wir schreien vorschnell nach einer Zukunft, die uns lediglich von unserer Vergangenheit wegbringen soll.

Selbst-Bewusstheit hingegen ist ruhig und rein und ohne eigene Identität. Deshalb ist es so trügerisch einfach, die tiefgreifende Transformation zu unterschätzen, die sich vollzieht, wenn wir uns an unser Selbst erinnern. Zumindest anfangs ist das der Fall. Sie ist das Gegenteil von dem, was wir wertzuschätzen gelernt haben. Das Selbst ist nichts, was wir mit unseren Händen greifen oder mit unserem Verstand erfassen können. Wir können es nicht einsetzen, um einen störenden Teil unseres Lebens zu überwinden oder zu kontrollieren. So funktioniert das nicht. Es ist einfach, was Es ist. Und so wirkt es.

Wenn Sie darauf warten, dass das Wasser im Topf endlich kocht …

Wie Sie sich erinnern, werden unser Handeln und unsere Wahrnehmungen direkt von unserem Denken beeinflusst, unser Denken wird von unseren Gefühlen beeinflusst und unsere Gefühle davon, wie sicher wir sind. Wenn wir gegenwärtig, präsent, „voll dabei" sind, also unsere Aufmerksamkeit auf das richten, was jetzt gerade geschieht, dann sind wir sicher. Falls wir das ICH BIN vergessen, sind wir nicht gegenwärtig. Wann immer wir in unsere Gedanken verwickelt sind und das ICH BIN in Vergessenheit gerät, werden wir unsicher.

Sobald wir präsent sind, sind wir dessen gewahr, was wir denken und tun. Wo sind wir, wenn wir nicht beobachten, wenn wir also im üblichen Bewusstsein sind? Wir verstricken uns in die psychologische Zeit. Mit anderen Worten: Wir verlieren uns in unserem Verstand.

Unser Verstand erschafft die Zeit, wie wir wissen. Und wir wissen, diese vom Verstand erzeugte Zeit verursacht unsere Probleme. Die nächste Frage sollte daher lauten: „Warum macht der Verstand so etwas?" Um die Antwort darauf zu finden, müssen wir den am stärksten vergeistigten Teil des Geistes unter die Lupe nehmen. Wir müssen beobachten, was geschieht, wenn das grenzenlose ICH BIN erstmals beginnt, die Form des Geistes anzunehmen.

Das ICH BIN ist rein und formlos. Doch es ist der Ursprung aller Dinge im Kosmos und damit auch der Ursprung unseres Geistes. An einem bestimmten Punkt beginnt das ICH BIN, sich „aufzuwärmen", und da passiert etwas ganz Erstaunliches: Aus dem Nichts entsteht etwas Neues.

Wenn man einen Topf mit kaltem Wasser auf einen heißen Herd stellt, dann durchläuft das Wasser verschiedene Stadien, bevor es zu kochen und zu sprudeln beginnt. Als Erstes werden Sie Konvektionsströme im Wasser sehen. Das Wasser erscheint dicker und wellenartig, während es sich erwärmt. Dann sehen Sie die Bildung winziger Luftblasen, die am Topfboden hängen. Mit der Zeit werden die Blasen größer, lösen sich vom Boden und steigen an die Oberfläche. Zum Schluss

7. Ihre Probleme sind nicht das Problem

herrscht sehr viel Bewegung, da die Blasen noch größer werden und die Oberfläche massiv aufwühlen.

Die Entstehung des Geistes verläuft ähnlich. Während das ICH BIN sich erwärmt, bilden sich Wellen. Diese Wellen lassen winzige Gedankenblasen entstehen. Die winzigen Blasen lösen sich vom Grund des Geistes und streben gewissermaßen an seine Oberfläche. Wenn sie an der Oberfläche des Geistes platzen, werden wir uns unserer Gedanken bewusst.

Bei der ersten wellenähnlichen Bewegung des ICH BIN in den Tiefen des Geistes sagt das ICH BIN: „ICH BIN Geist." Das ist so unglaublich: Das ICH BIN ist immer noch formlos, und doch hat es eine gewisse Form angenommen, die Form des Geistes. ICH BIN ist Stille, der Geist ist Bewegung. Der Geist ist ICH BIN, das sich bewegt. ICH BIN ist Stille und Bewegung zugleich. In unserer Analogie des Topfes mit dem kochenden Wasser ist das ICH BIN das ruhige, kalte Wasser. Sobald es sich erwärmt und kocht, sehen wir erst Konvektion und dann Blasen im Wasser. Doch diese Formen sind nichts anderes als unterschiedliche Erscheinungsformen des Wassers. Sie sind alle Wasser. Die ganze Schöpfung, Galaxien und Atome, Blumen und Wolkenkratzer, Sie und ich, alles ist ICH BIN in Bewegung.

Entscheidend ist an diesem Punkt, daran zu denken, dass auch Sie ICH BIN sind. Tun wir einmal so, als wäre unsere Konvektionswelle, die beim Erwärmen des Wassers im Topf entsteht, lebendig. Nehmen wir an, sie könnte denken, handeln und reagieren. Für diese Welle ist es wichtig, sich daran zu erinnern, dass sie entstand, als sich das kühlere, ruhige Wasser erhitzte. Falls die Welle vergisst, dass sie in Wirklichkeit ICH BIN in Bewegung ist, sieht sie sich getrennt von allen anderen Wasserformen. Sie nimmt das Wasser nicht mehr als grenzenlos wahr und sieht sich nur als einen begrenzten Ausdruck von Wasser in Form einer Konvektionswelle. Dann sieht sie sich nur als Blase. Sie wird sich freuen, wenn sie sich ausdehnt und an die Oberfläche steigt. Unsere Blase weiß vom Betrachten anderer Blasen, dass sie schließlich an die Oberfläche kommen und platzen wird. Platzen ist in

105

der Blasensprache das Wort für „sterben". Nun haben Analogien immer auch ihre Grenzen und ich finde, wir strapazieren diese schon ein wenig. Aber Sie verstehen, worauf ich hinauswill: Ein Mensch, der vergisst, dass er ICH BIN ist, und sich nur auf seine Individualität konzentriert, lebt isoliert mit den anderen aufsteigenden Blasen, bis er platzt.

Falls eine Welle jedoch wahrnehmen könnte, dass sie beides tut, nämlich sich bewegen und sich nicht bewegen, wäre sie immer noch stets gegenwärtiges Wasser, egal, welche Form sie annähme: Welle, Blase oder Platzen. Sie könnte den Kreislauf der Veränderung ohne Angst vor dem Ende genießen. Denn schließlich wird die Blase, wenn sie zerplatzt, wieder formloses Wasser. Das Ende ist nur ein anderer Ausdruck des allgegenwärtigen Wassers.

Wenn Sie Selbst-Gewahrsein praktizieren, sind Sie des ICH BIN gewahr und Sie bekommen die Unterstützung von allem, was ICH BIN ist. Sie sind nicht isoliert in Ihrer mentalen oder körperlichen Form und Sie werden nicht leiden, wenn der Körper altert oder der Geist nachlässt. Weil das ICH BIN jenseits der Zeit existiert, verbinden Sie sich mit der Zeitlosigkeit. Denken Sie daran: Der Verstand erschafft die Illusion der Zeit. Daraus folgt: Wenn Ihre Form und Ihr Geist schwinden und wieder mit dem Meer des ICH BIN verschmelzen, dann existieren Sie immer noch als Ihr Selbst, als allgegenwärtiges ICH BIN. Hierin liegt das Geheimnis der Unsterblichkeit.

Bei den meisten von uns „kochen" im Verstand ständig Gedanken. Von dem Moment an, in dem wir morgens aufwachen, bis wir abends wieder einschlafen, sucht unser Verstand aktiv neue Dinge, die er erkunden kann, oder er käut unentwegt nutzlose Szenarien aus unserer Vergangenheit wider. „Mentales Rauschen" ist an der Tagesordnung, Tag für Tag. Dieser hyperaktive Verstand, der heutzutage so weit verbreitet ist, dass er als normal angesehen wird, vergeudet unendlich viel Energie und bringt uns laufend in Schwierigkeiten. Haben Sie schon einmal ständig so intensiv an etwas oder an jemanden gedacht, dass Sie fast verrückt wurden? Haben Sie schon einmal gesagt: „Ich wünschte, ich könnte einfach mal meinen Verstand abschalten?" Diese „kochenden Gedanken" sind außer Kontrolle, weil Sie sich mit Ihrem Problem identifizieren und das ICH BIN vergessen haben.

Wenn Sie im Denken innehalten und auch gewahr *bleiben*, sobald das Denken wieder einsetzt, dann haben Sie zur Ausrichtung auf Ihr Selbst, zur Harmonie mit ihm gefunden. Gelassenheit überkommt Sie. Sie fühlen sich energievoller und kreativer und Ihr Leben richtet sich endlich an Ihren Bedürfnissen und Wünschen aus. Selbst-Bewusstheit ist eine wunderbare Befreiung des Geistes [hier: *spirit*] und das höchste Geschenk, das Sie sich selbst machen können.

Kerngedanken von Kapitel 7

- In der Natur gibt es keine Probleme. Nur die Menschen machen Probleme.
- Die Emotion, die wir einer Situation anhängen, ruft das Problem hervor.
- Probleme zu überwinden bringt keinen Frieden. Das bringt nur *mehr* Probleme mit sich.
- Viele Menschen definieren ihr Leben anhand ihrer Probleme.
- Das Problem ist nicht das Problem. Der Verstand ist das Problem.
- Das Selbst kann man nicht dafür heranziehen, Probleme zu beseitigen. Doch wenn wir das Selbst beobachten, leben wir frei vom negativen Einfluss von Problemen.
- Wenn das stille ICH BIN sich in Bewegung setzt, wird es dieser Bewegung gewahr und sagt: „ICH BIN Geist."
- Alles in der Schöpfung ist ICH BIN in Bewegung, auch Sie.

8. Das Streben nach Glück überwinden

„Wenn Beobachtung stattfindet und deshalb keine Gedanken-bewegung – wenn nur die ganze Bewegung der Angst beob-achtet wird –, dann ist dies das Ende der Angst."

J. Krishnamurti

Lassen Sie uns zum Meer der Stille zurückkommen, zum ICH BIN. Stellen Sie sich jetzt die erste zarte Bewegung vor, etwa so wie die von sich erwärmendem Wasser. Das ICH BIN hat jetzt Form angenommen. Das ist die Erschaffung des Geistes. Wenn das ICH BIN seiner Selbst als Geist in Bewegung gewahr ist, ist alles in Ordnung. Doch falls das ICH BIN, das allgegenwärtige Selbst, sich selbst vergisst und sich nur noch als Verstand wahrnimmt, dann ist das Grundproblem schon ersonnen. Wenn der Verstand seinen Ursprung vergisst, nimmt er sich selbst als völlig allein wahr. Der erste Angstfunke entzündet sich. Diesen ersten Funken, der aus der Angst geboren wird, nennen wir Ego. Genau an dieser Stelle beginnen wir, die Mechanismen des Leidens zu untersuchen.

Das Ego und das Ende der Angst

Die Angst wächst in der Abspaltung vom Selbst. Wenn der Verstand sein Selbst vergisst, kontrolliert das Ego den Verstand. Im Verstand kommen die Charakteristika von Denken und Fühlen und die sehr abstrakte Qualität von Sicherheit zum Ausdruck. Unsicherheit treibt das Ego an. Das Ego benutzt das Denken und Fühlen in seinem Versuch, Sicherheit wiederzuerlangen. Das Ego glaubt, es wünsche sich die Herrschaft über alle „… Vögel des Himmels und über alle Tiere, die sich auf dem Land regen" (zitiert nach *Genesis* 1, 28). Kurz gesagt, das Ego will das Selbst sein. Es verwendet seine ganze Energie und all seine Ressourcen auf Verteidigung und Eroberung. Da „alles" unendlich ist und sich außerhalb seiner Reichweite befindet, kann das Ego seinen Hunger *unmöglich stillen* (indem es sich ein Ding nach dem anderen einverleibt). Das ist der Grundfehler des Ego und die Ursache aller Formen von Leiden. Oh weh, das Ego ist zu kläglichem Leiden bestimmt, auch wenn es sich für erfolgreich hält.

Das Ego kommt nie zur Ruhe. Es fühlt sich nie lange zufrieden. Es fühlt sich niemals vollkommen. Es sammelt Dinge an, um die Leere zu füllen, die durch die Trennung vom Selbst zurückgeblieben ist. Im Reich der Dinge zu suchen ist zwecklos. Denn Friede ist nie in Dingen zu finden.

Das Ego lebt in Angst. Es hat Angst, seine eigene Existenz würde ausgelöscht, falls es mit dem ICH BIN verschmelzen würde. Angst ist ihm Grundlage und Nahrung. Das Ego trennt sich von seinen Feinden, sodass es sie benennen und besiegen kann. Diese Vorstellung von letztendlicher Vorherrschaft nährt ein falsches Gefühl von Kontrolle. Es trennt und erobert und geht sich dann selbst in die Falle. Mehr Eroberungen bringen mehr Trennung mit sich. Aus dem Gefühl stärkerer Trennung erwächst noch größere Angst. Das Ego ist wie ein Ertrinkender, der sich an Strohhalme klammert, während er seinem möglichen Retter versichert, alles sei unter Kontrolle.

Dieses einfache Missverständnis löst weltweit Konflikte aus. Der Intellekt ist der Teil des denkenden Verstandes, der Entscheidungen trifft. Unter dem Einfluss des Ego entscheidet sich der Intellekt für den Weg der Trennung. Dann ist das Ego seine eigene Autorität geworden. Es sagt: „Mein Wille geschehe." Als Descartes sagte: „Ich denke, also bin ich", unterstrich er diese Spaltung zwischen dem Verstand und dem Schöpfer des Verstandes – ein schwerwiegender Fehler. Der vom Ego kontrollierte Verstand ist nicht vollständig. Er sieht das große Bild nicht.

Das Ego macht sich sogar dann Sorgen, wenn es glücklich ist

Ganzheit liegt jenseits dessen, was das Ego zu erfassen vermag. Gewahrsein des Selbst öffnet uns für Ganzheit, für das umfassende Bild – aber das Ego hat die Kommunikation mit dem Selbst abgebrochen. Das Ego wird sozusagen zum Raufbold auf dem Schulhof, der blufft und kühne Behauptungen oder Forderungen aufstellt. Wie alle Raufbolde hat auch das Ego Angst. Das Ego ist allein.

Wenn sich das Ego vom Selbst getrennt fühlt, ist jeder Gedanke, jedes Gefühl, jedes Wort und jede Handlung der Wiederverbindung mit dem Selbst gewidmet. Doch es befindet sich in einem Dilemma: Von seiner eigenen vermeintlichen Eigenständigkeit oder Souveränität will es nicht lassen. Daher rackert sich das Ego ab, um das Rätsel der Ganzheit zu lösen, indem es die Fragmente seines Lebens zusammenpresst. Es bekommt einen guten Job, gründet eine Familie, liest Selbsthilfebücher, entdeckt aber nie den Faden, der dies alles verbindet. Sogar wenn es *glücklich* ist, macht es sich Sorgen, diese Glücksgefühle könnten nicht von Dauer sein. Gerade *deshalb* dauern sie nicht an. Das Streben nach Glück und Vergnügen ist eine schale Belohnung für die Freude und den Frieden, denen es abschwört, um eigenständig zu werden. Bei seiner krampfhaften Suche nach Vervollkommnung verwandelt sich das Ego in eine Art Raubkatze: Mit ihrem Körper, durch den die Emotionen jagen, fällt diese Raubkatze über die Welt her und fletscht dabei ihre säbelähnlichen Reißzähne: Logik und Analyse. Doch in der Welt des Einsseins versagen die darwinschen Gesetze. Wahre Kraft oder Macht ist in der *Hingabe* zu finden und Evolution bedeutet, zum ursprünglichen Zustand der Unbefangenheit zurückzukehren.

Zeit plus Denken ergibt Angst

Wie ein Kind, das sich in einem gefährlichen Wald verlaufen hat, sieht das Ego in jedem Schatten Monster. Die hinduistische *Bhagavadgita* – ein fünftausend Jahre alter Sanskrit-Text, der uns die Probleme zu verstehen hilft, die die Menschheit plagen – erklärt, Angst werde „aus der Dualität geboren". Die Dualität setzt ein, sobald das Ego sich vom Selbst getrennt sieht. Nach der Trennung heißt es: Ego gegen den Rest der Welt. Das Ego zielt einzig darauf ab, seine Freunde zu finden und seine Feinde zu besiegen. Diesem Kampf widmet das Ego sein ganzes Leben. Es befindet sich immer im Krieg. Dieser Krieg kann nur enden, wenn das Ego seine Angst aufgibt und sich wieder mit dem Selbst verbindet.

Wenn man den Kampf des Ego gegen die Einheit erforschen will, ist es faszinierend, den Mechanismus Angst zu untersuchen. Wer sich daranmacht, näher zu untersuchen, wie die Angst „funktioniert", der gerät auf eine faszinierende Erkundungstour zum Kampf des Ego gegen das Einssein. Wenn man alle Farben des Regenbogens miteinander vermischt, erhält man Schwarz. Mischt man alle „gängigen" Emotionen – selbst die als „positiv" erachteten –, so erhält man Angst. Die Angst trägt in sich die Samen für Eifersucht, Wut, Trauer, Leiden, Besorgtheit, Gier und so weiter. Mit dem Wasser der psychologischen Zeit begossen, keimen diese Samen der Negativität und wachsen zu Schlingpflanzen, die die zarten Triebe der Selbst-Bewusstheit unterdrücken.

Eine andere Bezeichnung für Angst ist psychologische Zeit. Angst taucht auf, wenn das Denken beginnt, in die Vergangenheit oder in die Zukunft zu wandern. Der Philosoph und spirituelle Lehrer Krishnamurti formulierte folgende „Gleichung" für Angst: Zeit plus Denken ergibt Angst. Das heißt einfach: Sobald das Denken in Gang kommt, entsteht Angst.

Erinnern Sie sich: Zeit wird vom Verstand erzeugt oder genauer gesagt: vom Verstand, soweit er unter dem Einfluss des Ego steht. Zeit ist die Illusion, es gebe ein Fließen von der Vergangenheit in die

Zukunft. Ein einzelner Gedanke existiert – genauso wie das einzelne Bild eines Films – nur *jetzt*. Sobald der Gedanke gedacht ist, existiert er nicht mehr. Wenn Sie sich an einen Gedanken erinnern, dann erinnern Sie sich *jetzt*. Ihr Verstand sagt Ihnen immer wieder, es gebe eine Vergangenheit, doch er kann sie nicht hervorbringen. Was er kann, das ist: in der Gegenwart Gedanken produzieren. Können *Sie* Gedanken in der *Vergangenheit* denken? Natürlich nicht. Denn definitionsgemäß ist die Vergangenheit *vorüber*. Zeit erzeugt Angst und Angst erzeugt Zeit. Und mit jedem Gedanken an die Zukunft oder an die Vergangenheit wird das Ego stärker.

Wenn wir die Zeit aus unserem Bewusstsein tilgen, verschwindet auch die Angst. Das Verschwinden von Zeit und Angst bringt das Verschwinden, den Rückzug des Ego mit sich. Und womit bringen wir Zeit, Angst und Ego zum Verschwinden? Mit Selbst-Gewahrsein! Wir schalten einfach den Autopiloten des Ego ab. Das wird das Bewusstsein daran hindern, sich auf die mentalen Bahnen in die Zukunft oder in die Vergangenheit zu verirren. Falls wir uns doch einmal dafür entscheiden, die Vergangenheit oder die Zukunft zu „besuchen", vergewissern wir uns, dass wir unser Selbst als Beobachter mitnehmen. Der Beobachter verankert uns in der Gegenwart, damit uns der Strom der Zeit nicht mit fortreißt.

Wenn Sie alle in diesem Buch vorgestellten Übungen mit höchster Aufmerksamkeit durchführen, dann überwinden Sie die Angst sofort. Lassen Sie uns jetzt genauer betrachten, woraus Angst besteht. Dafür bauen wir das oben vorgestellte Gedankenmodell weiter aus.

Eine Super-Fahrgemeinschaft

Nun nehmen wir also die Angst in unser Denkmodell auf. Sie wissen bereits, dass wir damit auch das Ego und die Zeit hinzunehmen. Falls sich das Ego erinnert, dass es auch ICH BIN ist, sind wir *sicher*, sind wir uns unseres Selbst bewusst. Sobald unsere Sicherheit unerschütterlich ist, freuen wir uns an gesunden Gefühlen und einem klaren, kreativen Denken. Unser Handeln und unsere Wahrnehmungen kommen in Einklang mit der Umwelt und das Leben ist freudvoll und schöpferisch.

Doch das Ego hat andere Ideen. Es möchte der Chef sein. Das Ego rechnet sich alles als Verdienst an und gibt sich dabei alle Mühe, den wahren „Chef", das ICH BIN, zu vergessen. Um das ICH BIN zu vergessen, erfindet das Ego die Zeit. Zeit (also Vergangenheit und Zukunft) hindert unser Gewahrsein daran, uns dem zu widmen, was *jetzt* gerade passiert. Das Gewahrsein dessen, was „jetzt in diesem Augenblick" geschieht, hält die Zeit an. Unter Umgehung des Ego erkennt unser Bewusstsein dann, dass das ICH BIN der wahre „Chef" ist.

Mittlerweile mögen Sie denken: Diese Theorie ist ja recht interessant, aber wie kann sie denn meine Angst ausräumen? *Das* kann sie nicht. *So*, nach diesem Muster denken wir Menschen seit Jahrtausenden und es hat noch nie funktioniert. Theorie und Denken ersetzen das unmittelbare Erfahren des Selbst nicht.

Verstehen ist ein Produkt des Verstandes. Doch wir können nur an dem Punkt beginnen, an dem wir uns befinden. Und weil Sie *denken*, beginnen wir *da*. Doch wir müssen zu einem Gewahrsein jenseits des Denkens überwechseln. Theorie ist in zweierlei Hinsicht wertvoll:

- Erstens kann es faszinierend sein, an Ideen und Konzepten festzuhalten, doch letztlich müssen Sie zugeben, dass diese an sich noch keinen Frieden bringen. Mit dieser Erkenntnis sucht man Frieden mit höherer Wahrscheinlichkeit *jenseits* des Verstandes (wo er tatsächlich zu finden ist).
- Zweitens kann eine Theorie bei einigen von Ihnen gerade so lange Interesse finden, dass die Erfahrung des Friedens „Wurzeln schlagen" kann. Dann können Sie das Wissen beiseitelassen und es einfach genießen, Ihr Selbst zu sein.

Angst – ein dunkler Edelstein mit vielen Facetten

In den meisten Darstellungen ist das Wort „Angst" nebulös und schlecht definiert. Und das ist für uns auch in Ordnung wegen der intensiven Gefühle, die mit Angst assoziiert werden. Angst gleicht einem dunklen Edelstein mit vielen Facetten. Wenn wir sie aus verschiedenen Blickwinkeln anschauen, bekommen wir eine Reihe negativer Gefühle widergespiegelt: Drehen Sie den Stein ein wenig und wir spiegeln Ärger wider; ein paar Grad weiter und wir spüren Schuld aufflackern ... Alle diese Reflexionen sind zu einem gewissen Grad schmerzlich. Um den Schmerz zu betäuben, setzen wir als Narkotikum „geistloses Leben im üblichen Bewusstsein" an. Das ist der nutzlose Balsam der (Selbst-) Täuschung, der die Angst eher fortbestehen lässt, statt sie zu lindern.

Wann immer wir still und aufmerksam werden, spüren wir ein gewisses emotionales Unbehagen in uns. Es mag *ganz weit hinten* in unserem Geist am Werke sein. Wir gewöhnen uns nur daran, dass es da ist, ähnlich, wie wir uns an das Summen des Kühlschranks gewöhnen. Das Unbehagen können wir aber auch *unmittelbar vor Augen* haben, von dem Moment an, in dem wir aufwachen, bis wir in einen unruhigen Schlaf fallen. Die meisten von uns pendeln zwischen diesen Extremen hin und her.

Unter uns gibt es aber auch Menschen, die keinerlei Unbehagen bemerken, weil sie es ignorieren wollen. Sie konzentrieren sich die ganze Zeit sehr intensiv auf die Angelegenheiten ihres Lebens. Vielleicht sind sie *Workaholics* und stolz darauf. Vielleicht betäuben sie auch die ständige Angst mit Alkohol, Drogen, Sex, Essen oder anderem Suchtverhalten.

Die Angst verbirgt sich als Schattenwesen in den Kulissen unseres Lebens. Ab und zu oder auch häufiger wird sie zum Leben erweckt und zeigt sich als Ärger, Schuld, Langeweile, Sorge und Ähnliches. Vergnügen und Glücksgefühle scheinen wir nur langsam zu erleben und niemals lange genug, um wirklichen Frieden zu finden. Vergnügen und Glücksgefühle sind, wie wir sehen werden, die hinterhältigen Tricks des Ego, die uns glauben machen sollen, wir machten Fortschritte. Da stellt sich die Frage: Fortschritte – wohin? Und wann kommen wir dort an?

8. Das Streben nach Glück überwinden

Ganz egal, wer und wo Sie sind und wie Ihre Lebenssituation aussieht: Sie können über das flüchtige Vergnügen und die vergänglichen Glücksgefühle hinausgehen und ganz in Frieden und Freude leben. Der Schlüssel ist dort draußen ebenso wenig zu finden wie in Ihrem Verstand. Er liegt in Ihrem Gewahrsein, genau hier und genau jetzt.

Gefühle und Eu-Gefühle

Worin unterscheiden sich Wut, Stolz, Sorge, Kummer und andere Gefühle von den Eu-Gefühlen Friede, Freude und Glückseligkeit? Einfach ausgedrückt: Für Gefühle [im konventionellen Sinne] gibt es Gründe, für Eu-Gefühle nicht. (Näheres zu den Eu-Gefühlen finden Sie in meinen Büchern *Quantenheilung* und *Quantenheilung erleben*.) Wenn Sie sich ärgern, dann tun Sie das aus einem bestimmten Grund. Beispielsweise könnten Sie sich ärgern, weil Ihre Partnerin oder Ihr Partner die Zahnpastatube von oben her, gleich hinter der Öffnung, ausdrückt. Sie könnten traurig sein, weil Sie jemanden verloren haben. Sie mögen sich Sorgen machen, weil Sie die Rechnungen nicht bezahlen können. Für alle Gefühle gibt es Gründe, ob Sie sich dieser bewusst sind oder nicht.

Eu-Gefühle (meine Kurzform für euphorische Gefühle) sind Gefühle, die nicht an Bedingungen geknüpft sind. Sie haben oder brauchen keinen Grund für ihr Auftreten. Sie *sind* einfach. Friede zum Beispiel herrscht immer und überall, wo wir sind. Wenn Sie Ihres Selbst gewahr sind, empfinden Sie Frieden bei allem, was Sie denken oder tun. Vielleicht erkennen Sie sogar, dass der Friede immer schon da war, Sie aber nicht auf ihn geachtet haben. Friede ist Ihr natürlicher Seinszustand – wenn Sie nicht in der emotionalen Atmosphäre der *bedingten* Gefühle gefangen sind.

Bedingte oder an Bedingungen geknüpfte Gefühle sind vom Verstand geschaffen und an die Zeit gebunden. Sie dienen den Bedürfnissen des Ego, zu trennen und zu besiegen. Alle bedingten Gefühle haben ein Gegenstück; so steht etwa dem Glücksgefühl die Traurigkeit oder der Liebe die Isolation gegenüber. Sie hängen immer mit der

Vergangenheit oder der Zukunft zusammen. Eu-Gefühle haben kein Gegenstück. Sie kommen von jenseits des Verstandes. Sie sind Ausdruck unseres wahren Wesens. In ihnen spiegelt sich Selbst-Gewahrsein im Geist wider.

Andere Eu-Gefühle sind Stille oder Ruhe, Freude, Glückseligkeit oder bedingungslose Liebe, Ekstase und die Erfahrung von Ehrfurcht vor dem Einssein. Eu-Gefühle stehen für sich, können aber im Verstand bedingte Gefühle hervorrufen. Die reine Freude wartet darauf, dass Sie erfahren, wie sie sich anfühlt. Sie wartet *jenseits* des Verstandes auf Sie, in der Erfahrung des ICH BIN. Wenn Sie reine Freude erleben, kann das im Verstand Vergnügen oder Glücksgefühle hervorrufen. Der Verstand nimmt das Eu-Gefühl, das von jenseits seiner selbst stammt, als Glücksgefühl wahr. In diesem Fall brauchte das bedingte Glücksgefühl immer noch einen *Grund* für sein Auftreten. Dieser Grund war das Eu-Gefühl Freude. An Bedingungen geknüpfte Gefühle wie Ärger und Lust lösen andere bedingte Gefühle aus. Doch bedingte Gefühle können nie Eu-Gefühle hervorrufen.

Das ist ein sehr wichtiger Punkt zum Nachdenken. Wir müssen unterscheiden zwischen ...

- den Gefühlen, die im Verstand entstehen, um das Ego-Bedürfnis nach Uneinigkeit zu befriedigen, und
- den Eu-Gefühlen, die unendliche Harmonie und Frieden fördern.

Tun wir das nicht, dann bleiben wir an das wirbelnde Rad emotionalen Aufruhrs gekettet, das unsere Welt an den Rand der Auslöschung gebracht hat. Sobald man das einmal verstanden hat, lässt sich leicht genug Abhilfe schaffen. Erleben Sie zuerst die universelle Harmonie des Friedens, der Freude und Liebe und lassen Sie dann Heilung spontan von innen heraus geschehen.

Angst – der Wolf

Angst ist ein Gefühl. Genau genommen ist Angst die Gesamtsumme aller bedingten Gefühle, die Sie im Laufe Ihres Lebens angesammelt haben. Deshalb lässt sich dieses unangenehme, nagende Gefühl so schwer identifizieren, das Ihnen wie ein Schatten folgt. Diese Angst mag etwa eine Mischung sein aus einem Teil Schuld, zwei Teilen Frustration und sieben Anteilen Sorge. Um die Dinge weiter zu verkomplizieren, vermischt sich die allgemeine Angst mit anderen Ängsten und diese mischen sich wiederum mit anderen, bis Sie den „Großvater" von ihnen allen haben, den wir einfach Angst nennen. Angesichts dieser vor sich hinköchelnden Gefühlsmischung und unserer Neigung, unangenehme Gefühle zu vermeiden, ist es kein Wunder, dass wir mittlerweile emotionale „Idioten" sind. Doch wir werden keine Idioten bleiben. Die Abhilfe haben wir schon zur Hand. Sie ist näher als Ihr nächster Atemzug, Ihr nächster Gedanke.

Wenn *Zeit* im Verstand erscheint, hüllt sie sich in das Gewand von Zukunft und Vergangenheit. Die Ängste, die die Zeit begleiten, lassen sich ebenfalls in Zukunft und Vergangenheit einteilen. Eckhart Tolle hat sie in seinem Buch *Jetzt! Die Kraft der Gegenwart* für uns in Gruppen unterteilt. Kreisen Ihre Gedanken um die Zukunft, dann erleben Sie vielleicht eine Form von Sorge, Unbehagen, Besorgnis, Nervosität, Anspannung, Schrecken, Stress oder Stolz. Sie ertappen sich bei der Frage: „Was wäre, wenn …?" Schweifen Ihre Gedanken jedoch in die Vergangenheit, so sind unter Ihren Gefühlen eher Schuld, Bedauern, Groll, Traurigkeit, Selbstmitleid, Verbitterung, Unversöhnlichkeit oder Trauer.

Sie bezeichnen sich vielleicht als glücklich, wenn Sie an den bevorstehenden Besuch Ihrer Tochter denken. Das ist ein Gedanke an die Zukunft. Doch wenn Sie die Gedanken untersuchen, die mit diesem „glücklichen" Gedanken einhergehen, finden Sie immer auch negative. Sie könnten etwa glücklich sein, *dass* sie kommt, aber Sie machen sich Sorgen, ob sie gut ankommt oder ob sie über Ihrer beider Meinungsverschiedenheit vom letzten Besuch hinweg ist. Und Sie fragen sich vielleicht, ob sie wohl den „albernen Kerl" mitbringt, mit dem sie zusammen ist. Das Gleiche trifft auf Gedanken an die Vergangenheit zu. Sie mögen eine liebevolle Erinnerung haben, aber auch traurige und bedauernde Gedanken oder negative Emotionen, die sie begleiten. Vielleicht erkennen Sie diese nur schwer; sie „tummeln" sich vielleicht jenseits Ihres üblichen Bewusstseins, doch sie sind da.

Glücksgefühle – der Wolf im Schafspelz

Das listige Ego hat den perfidesten Trick überhaupt ersonnen, um die Sache noch zu verschlimmern. Positive Gefühle wie Glück, Vergnügen, Erregung und sogar Liebe können noch mehr Leiden hervorrufen als negative. Das Ego ist wahrlich Meister der Illusion.

Glück ist nicht wirklich Glück. Diesen Punkt müssen wir zutiefst verstehen. Es ist eine Illusion. Glücksgefühl ist maskiertes Leiden, ein Schreckgespenst. Es ist ein quälend-verlockender Schleier, den die Hand nicht greifen kann.

Wie kann das sein? Wie können genau diejenigen Gefühle, die zu erreichen wir unser Leben geben, uns tatsächlich so großes Leiden bescheren? Die Antwort ist einfach: Glück und Vergnügen sind an Bedingungen geknüpft. Sie treten nur dann in unserem Leben auf, wenn die Umstände günstig sind. Und wer entscheidet, welche Umstände uns glücklich machen? Unser alter Erzfeind, das Ego.

Immer noch verwirrt? Lassen Sie uns das „Glück" genauer betrachten. Was macht Sie glücklich? Ist es ein neues Auto, mehr Geld, eine neu gefundene Liebe? Natürlich. Wenn mir jemand jetzt eine Million Dollar in die Hand geben würde, wäre ich in Hochstimmung. Glück ist dieses gute Gefühl, das Sie bekommen, wenn etwas nach Ihrem Geschmack verläuft. Vergnügen, Entzücken und Befriedigung sind nur unterschiedliche Grade von Glück. Ich verwende das Wort Glück [*happiness*] hier, um *alle* positiven Gefühle zu bezeichnen.

Wir können nicht sagen, Glück sei das Gegenteil von Angst, denn Glück ist ein *Teil* von Angst! Ohne Glück wäre die Angst nur ein kalter, dunkler See, der sich an die Ufer Ihres Verstandes schmiegt. Es bedarf der nach Höherem strebenden Winde des Glücks, um die Angst in Aufruhr zu versetzen.

Es entspricht der Natur alles Lebendigen, dass es Schmerz *meidet* und Vergnügen *sucht* (sich darauf zubewegt). Dieses Verhalten ist für das Überleben aller Spezies genetisch verankert. Die Menschheit hat es mitbekommen und es wirkte schon vor dem ersten Aufschimmern von Selbst-Bewusstheit. Es ist zweifellos ein Überlebensinstinkt. Doch beim Menschen hat er sich zur Suche nach dem Selbst entwickelt. Alles andere als das Erkennen des ICH BIN löst nur eine tiefere Sehnsucht nach der Vereinigung mit dem Selbst aus. Diese Vereinigung beseitigt den Schmerz, sie heilt die Wunden der Zeit und lässt die Seele in unendlicher Glückseligkeit baden. Die Einheit mit der Ganzheit ist es, was wir suchen. Und genau die bietet das Ego nicht. Das Ego bietet Leiden in Häppchen, in Stücken. Glücksgefühle sind ein Stück Leiden. Glücksgefühle hängen von äußeren Umständen ab.

Glück liegt nicht in unserer Macht

Mir gefällt die Geschichte von dem Jungen, der beschließt, *Millionär* zu werden: „Ich werde der reichste Mann in der ganzen Stadt sein. Ich werde respektiert und beneidet und man wird mir im Stadtzentrum eine Statue errichten. Ich werde sehr erfolgreich sein und bis an mein Lebensende glücklich und zufrieden." Also verließ er die Stadt und begann noch am selben Tag, an seinem Plan zu arbeiten. Er arbeitete hart und lange, legte sich ordentlich ins Zeug und hatte nur sein Ziel vor Augen. Am Ende seines Lebens hatte er schließlich eine Million Dollar gespart. Er war euphorisch, dass seine Lebenspläne Wirklichkeit geworden waren und dass er nun endlich die verdiente Anerkennung bekommen würde. Als er endlich aufhörte, hart und lange zu arbeiten und sich ordentlich ins Zeug zu legen, und nach Hause zurückkehrte, stellte er fest, dass man unter der kleinen Stadt Ölvorräte entdeckt hatte und dass alle Bürger *Milliardäre* geworden waren ...

Die meisten von uns schließen im Stillen Pakte mit sich selbst; diese können sich auf alles mögliche beziehen: darauf, einen Partner, eine Partnerin zu finden, ein Brötchen zu kaufen oder Spanisch zu lernen. Für unsere Zwecke eignet sich Geld am besten. Dieser Pakt könnte ungefähr so lauten: „Wenn ich diese Woche 1000 Dollar verdiene, bin ich glücklich. Wenn ich 900 Dollar verdiene, bin ich weniger glücklich. Wenn ich mehr als 1000 verdiene, bin ich überglücklich." Wie sind Sie auf die 1000 Dollar gekommen? Welche Faktoren flossen in die letztendliche Entscheidung ein? Was passiert, wenn Sie 2000 Dollar verdienen, diese aber komplett von der Steuer kassiert werden? Verstehen Sie, was ich meine? Ihr Glück hängt von so vielen Umständen ab, die Sie unmöglich alle im Griff haben können. Deshalb können Sie Glücksgefühle nie „machen", herbeiführen, erzwingen, denn die Variablen sind zahllos. Haben Sie diese Erfahrung nicht auch schon gemacht? Kennen Sie irgendjemanden in Ihrem Umfeld, der das Glück im Griff hat? Das geht nicht.

> Über Glück und Glücksgefühle können Sie nicht verfügen; doch nicht diese *Tatsache* verursacht das Leiden. In erster Linie bringt die *Überzeugung*, man müsse das Glück herbeiführen, Herzschmerz und Sorgen mit sich. Sobald Sie sich für nicht glücklich halten, haben Sie das Spiel schon verloren. Wenn Sie glauben, zu Glück gebe es ein Gegenstück, also Leiden in irgendeiner Form, dann haben Sie zwei Dinge. Dann spielen Sie das Ego-Spiel der Dualität.

Wenn Sie zwei Dinge vorgelegt bekommen, müssen Sie entscheiden, welches sich für Ihre Zwecke besser eignet. Sie müssen eines als besser als das andere bewerten. Sie beschließen, dem einen nachzugehen und das andere beiseitezulassen. Dann schränken Sie Ihre Entscheidung weiter ein, wie wir es in unserem Beispiel mit den 1000 Dollar taten. Es ist ein Teufelskreis, der sich jede Sekunde an jedem Tag Ihres Lebens wiederholt – sofern Sie nicht Ihres Selbst gewahr sind.

Das angeborene Verlangen des Menschen nach Ganzheit wird von den Bedürfnissen des Ego verzerrt, seine eigene Existenz zu sichern. Unter dem Einfluss des Ego verspürt der Verstand diesen Urtrieb hin zu Einheit und interpretiert ihn als ein Streben nach Glück. Er denkt logisch und glaubt, er müsse das Schlechte beseitigen und das Gute vermehren, während es in Wirklichkeit nur der Selbst-Bewusstheit bedarf.

Ungleichheit lässt das Ego aufblühen. Es braucht den Konflikt zum Überleben. Je größer der Konflikt, desto lebendiger fühlt sich das Ego. Deshalb wickelt es uns ein in die Illusion der Dualität, von positiven und negativen Gefühlen, Gefährten, Glück und Glorie. Solange wir die Illusion der Ungleichheit leben, werden wir leiden, weil sie das Ego stärkt. In dem Augenblick, in dem wir uns an das ICH BIN erinnern, hat alles Leiden ein Ende. Wir haben die Wahl. Wir können uns wirklich entscheiden, ob wir leiden oder frei davon sein wollen. Trotz unserer *gegenteiligen* Erfahrung glauben wir, Glück würde uns irgendwie aus dem trüben Strudel der Emotionen herausziehen; diese Illusion ist es aber, die uns immer weiter nach unten zieht. Glauben Sie mir, es spielt keine Rolle, auf welcher Erdhälfte Sie sich befinden oder ob der Strudel sich im oder gegen den Uhrzeigersinn dreht. Das Resultat ist in beiden Fällen das gleiche: Schmerz und Leiden.

Selbst wenn wir glücklich zu sein scheinen, flüstert ein leises Stimmchen ganz hinten in unserem Verstand: „Das hält nicht an. Mach dich mit dem Gedanken vertraut, dass das alles bald wieder verschwindet. Das Unglück kommt. Du wirst dich bald wieder allein fühlen." Sind wir aus diesem Grund hier auf diesen Planeten verpflanzt worden? Um ein Leben voll Kampf durchzumachen, um vorübergehend einen kleinen Höhepunkt an Vergnügen zu erleben und dann auf der anderen Seite wieder hinunterzurutschen in noch mehr Kampf? Das glaube ich nicht. Und Sie auch nicht.

Großartig, Sie haben alle Hoffnung aufgegeben!

Oft habe ich den Spruch gehört, wenn die Hoffnung sterbe, sei alles verloren. Darauf antworte ich: „Sie können nicht frei von Leiden leben, bevor Sie nicht alle Hoffnung aufgegeben haben." Hoffnung ist ein anderer großer Schwindel, den das Ego sich ausgedacht hat. Hoffnung ist eine Schöpfung der Zeit. Ich glaube, Sie werden mir darin zustimmen, wenn Sie es kurz mit mir untersuchen.

Was meinen wir wirklich, wenn wir einen Satz beginnen mit: „Ich hoffe …"? Wir behaupten, die Zukunft werde besser sein; was immer wir uns wünschen und derzeit nicht haben, werde uns in der Zukunft zur Verfügung stehen. Was wissen wir über die Zukunft? Sie existiert nicht. Sie wird nie existieren. Hoffnung ist, wie Glück, ein flackernder Stern, den wir alle nicht greifen können; nur die von Angst inspirierte Fantasie reicht dorthin. Hoffnung ist in jedem realen Sinn des Wortes unerreichbar. Hoffnung und Glück existieren nicht – außer in den verschlungenen Ranken der psychologischen Zeit.

Sagt uns jemand, er habe keine Hoffnung, so meint er üblicherweise, er versuche nicht mehr, ein gewünschtes Ziel zu erreichen. Für die Suche nach dem Selbst ist das in der Tat gut. In dem Moment, in dem er nicht mehr angestrengt erreichen will, was er sich wünscht, bekommt er, was er braucht. Er öffnet sich für Hilfe aus anderen Quellen als denen seines begrenzten Selbst oder Ego.

In dem Moment, in dem er sich hingibt, hört jegliche Aktivität auf. Sein Verstand wird still. Der Geist öffnet sich dem, was immer aus der Stille heraus Form annimmt. Er ist in einer ausweglosen Situation, aber er hat nicht aufgegeben. Er wartet einfach auf den nächsten Zug des Universums. Er hat sich der universellen Intelligenz hingegeben.

Arjuna und das Lied des Lebens

Die *Bhagavadgita* wird oft als das „Lied des Lebens" bezeichnet. Sie erzählt eine Geschichte, in der das Gute über das Böse siegt. Doch letztlich ist sie eine Geschichte von der Suche nach dem Selbst und dem Finden des Selbst. Ihre Lehre gilt heute ebenso wie vor 5000 Jahren, als sie geschrieben wurde. Zu Beginn des Epos versammeln sich die beiden riesigen Armeen, die für die Kräfte des Lichts und der Dunkelheit stehen, auf dem Schlachtfeld des Lebens. An der Spitze der Lichtkräfte steht Arjuna, der Protagonist. Er ist bereit, gegen den zunehmenden Ansturm der negativen Kräfte zu kämpfen. Seine Aufgabe als Bogenschütze ist einfach. Er muss die herrschenden negativen Kräfte töten, sodass die Rechtschaffenen wieder Einfluss über die Erde

8. Das Streben nach Glück überwinden

gewinnen. Doch Arjuna befindet sich in einem starken Konflikt. Um seine Pflicht auf dem Schlachtfeld zu erfüllen, muss er Familienmitglieder, Lehrer und Freunde umbringen. Sie sind unter den Einfluss der mächtigen negativen Kräfte geraten und haben die Waffen gegen die guten Kräfte erhoben. Dieses Szenario kennen wir auch heute noch. Viele gute Menschen haben im Laufe der Geschichte Tyrannen gedient, sei es aus Verzweiflung, aus Angst oder Unwissenheit. Als anschaulichstes Beispiel fällt mir dazu die Kriegsmaschine der Nationalsozialisten ein, in der Millionen wohlmeinender Menschen von ihrem inneren Leiden und einer völlig irrationalen Hoffnung auf eine bessere Welt angetrieben wurden.

Wie soll sich Arjuna also verhalten? Wenn er für das Gute kämpft, tötet er seine Familie. Wenn er nicht kämpft, wird die Negativität über die Erde hinwegfegen. Arjuna ist ein Mann von hoher Intelligenz, die sich mit einem äußerst einfühlsamen Herzen paart. Als er so auf seinem Streitwagen sitzt, zwischen den sich zusammenbrauenden Sturmwolken, kann er sich einfach nicht entscheiden. Völlig verloren lässt Arjuna seinen Bogen sinken und gibt sich ganz dem Moment hin. Er weiß, sein Verstand kann dieses Dilemma nicht allein lösen. Und er weiß auch, die universelle Intelligenz, das größere Selbst, kann das sehr wohl. Sobald sich Arjuna hingibt, erzeugt er eine Lücke in seinem Denken. In dieser Stille versucht er nicht, seine Probleme zu lösen. Auch ruft er keine schädlichen und verwirrenden Emotionen hervor (wie Wut oder Selbstmitleid). Seine Hingabe lässt einen Raum entstehen, durch den die universelle Ordnung eindringen und sein Gewahrsein für die Lösung öffnen kann. Genau das geschieht. Arjunas Selbst nimmt als der Gott Krishna Form an und erhebt teilnahmsvoll Arjunas Sicht über die Wichtigkeit von Problemen hinaus.

Diese bemerkenswerte Szene findet im ersten Kapitel statt. Die übrige *Bhagavadgita* handelt von der Lösung der Probleme, die die Menschen erschaffen. Im Wesentlichen verkündet sie uns, dass unsere Probleme nicht das Problem seien: Unser begrenzter Verstand ist das Problem und wir müssen lange genug im Denken innehalten, damit das Licht des Selbst unser Handeln beleuchten kann. Wenn wir dann wieder zu denken anfangen, unterstützt uns die universelle Ordnung, jenseits aller Probleme.

Ein Abstecher zu Gott

Ich möchte die Gelegenheit nutzen und – etwas vom Thema abweichend – mögliche Fragen zu klären versuchen, die Sie zu meinem Gottesverständnis haben könnten. Es ist nicht wichtig, dass Sie Gott so erfahren wie ich. Das ist absurd. Sie können Gott nur durch Ihre eigenen Augen sehen – und genau so sollte es auch sein. Es ist etwas dran an dem Ausspruch: „Gott spricht zu jedem von uns anders, in der Hoffnung, dass wir einander davon erzählen." Ich teile Ihnen meine Wahrnehmung aus zwei Gründen mit:

- Erstens: Wie eine Blume, ein Stein oder ein tiefblauer Himmel ist sie einfach eine *andere* Ausdrucksform Gottes, die Sie persönlich als wertvoll empfinden mögen. Nehmen Sie dies als das, was es ist: ein einfacher Austausch zwischen zwei Menschen.
- Der zweite und praktischere Grund ist folgender: Wenn Sie meine Gottesvorstellung verstehen, wird das alle Verwirrung darüber ausräumen, wie ich Wörter und Wendungen wie Selbst, ICH BIN, vollkommene Ordnung, innerer Friede, reine Intelligenz, Präsenz / Gegenwärtigkeit oder absolute Stille verwende. Für unsere Zwecke hier sind diese Wörter gleichbedeutend und Sie können sie austauschen.

Bleiben Sie nicht in den Begriffen stecken. Kein Wort kann Gott beschreiben oder Sie Gott erfahren lassen. Meine Aufgabe besteht darin, mich Gott von vielen unterschiedlichen Richtungen her anzunähern, in der Hoffnung, Sie zu inspirieren, die Lücken mit Ihrer eigenen Erfahrung zu füllen. In gewisser Hinsicht können wir Gott mit einer Fahrradnabe vergleichen. Alle Speichen des Rades führen zur Nabe. Ich stelle hier so viele Speichen zu Gott vor, wie Zeit und Konvention es zulassen. Ich kann einen Weg vorschlagen, doch gehen müssen Sie ihn selbst.

8. Das Streben nach Glück überwinden

Eine andere Art, Gott zu betrachten, ist folgende: Er ist die Nabe, die Speichen, der Reifen, die Luft im Reifen und die dem Reifen eigene Funktion. Diese zweite Sichtweise kommt meiner Erfahrung näher, doch mein Text spiegelt beide Ansätze gleichzeitig wider. Sie werden mit beiden nicht völlig vertraut sein. Ihren eigenen werden Sie selbst finden.

Einmal in meinem Leben erschien mir Gott in einer ähnlichen Form, wie Krishna sich Arjuna zeigte. Seit damals hat sich die Form Gottes in grenzenlosen Raum jenseits von Zeit aufgelöst. Es gibt den Ausspruch, alle Dinge, große wie kleine, zerfielen zu Staub vor den Füßen des nahenden Herrn. Für mich umfasste „alle Dinge" auch die Vorstellung und Form des Herrn. In der Tat sehe ich alle Formen als aus Energiewellen bestehend und diese Energie entwickelt sich aus der formlosen Präsenz. Dinge sind für mich nicht fest. Sie sind vibrierende Leere. Bisweilen wundere ich mich, warum der Tisch nicht in die Nicht-Existenz „wegschwingt" und der Gehsteig nicht unter meinen Füßen zerbröselt. Es ist irgendwie seltsam und doch ganz natürlich und sehr tröstlich.

Wenn die Stille besonders intensiv ist, scheint sich der Abstand zwischen den Dingen zu verkleinern. Ich hatte schon oft das Gefühl, ich könnte hinauflangen, den Mond vom dunklen Himmel pflücken und ihn inspizieren wie einen blassen, reinen Edelstein. Alles im Universum kennt alles andere, nicht durch die Kommunikation miteinander, sondern durch ein bewegungsloses Allwissen [*Knowingness*]. Grenzen, die ein Auto von einem Ameisenbär unterscheiden, spielen eine untergeordnete Rolle, weil die Präsenz, die sie durchdringt und umgibt, sie auch *verbindet*.

Körperlich fühlen sich diese Situationen so an, als bewege sich Raum durch Raum. Beim Gehen ist es, als strömte die Luft durch mich hindurch, nicht um mich herum. Meine Gelenke sind flüssig und locker und ich scheine mühelos von hier nach da zu gleiten. Jede Körperzelle gleicht einer Blume, die sich an der Ausstrahlung der Stille labt. Ich fühle mich genährt und vollkommen sicher.

Vielleicht ist Ihnen aufgefallen, dass ich hier erstmals das Wort „Gott" verwende. Dieses Wort birgt viele vorgefasste Vorstellungen und widersprüchliche Emotionen. Es ruft gern Verwirrung hervor – aber davon brauchen wir nicht noch mehr. Kleben Sie nicht an den Begriffen, sei es nun „Gott" oder „Stille" oder „vollkommene Ordnung". Wörter sind Gespenster und sollten nicht mit den Dingen verwechselt werden, für die sie stehen. Ebenso sind Dinge Gespenster und sollten als solche gesehen werden. Verwechseln Sie das Geschenk nicht mit dem Schenkenden. Oder genauer gesagt: Verwechseln Sie das Geschenk nicht mit der Gesamtheit des Schenkenden. Für mich ist der Versuch, Gott zu definieren, das vergeblichste Unterfangen überhaupt. Fragen Sie mich, wer oder was Gott ist, und ich sage Ihnen, dass ich es nicht weiß. Meine Definition von Gott lautet einfach: „Jenseits menschlicher Erkenntnis." Für mich besteht das höchste Wissen darin, Gott nicht zu kennen. Thomas von Aquin sagte: „Alle Bemühungen des menschlichen Geistes erfassen die Essenz einer einzigen Fliege nicht umfassend." Anthony de Mello, ein Jesuitenpriester mit einer Vorliebe für Analogien (ein Mann ganz nach meinem Herzen) zitierte C. S. Lewis mit den Worten: „Das ist so, als würde man fragen, wie viele Minuten die Farbe Gelb enthält." De Mello führt diesen Punkt noch weiter aus, indem er aufzeigt, wie lächerlich es ist, die Eigenschaften Gottes zu diskutieren. Er sagt, fast jeder nehme die Frage ernst. „Jemand schlug vor, in der Farbe Gelb kämen 25 Karotten vor", so de Mello. „Jemand anders sagte, es seien 17 Kartoffeln, und plötzlich fingen sie an zu streiten." Wenn das höchste Wissen in dem Wissen besteht, dass man nichts weiß, dann müsste die größte Dummheit in dem Glauben bestehen, etwas zu wissen. Die Illusion, Gott zu kennen, wird Sie weiterhin an die beschränkten Wahrnehmungen und Vorstellungen fesseln und Ihr Verstand wird sich angestrengt bemühen, Gott in Ihre mentale Form zu pressen.

Meine Erfahrung Gottes hinterlässt in mir das Gefühl: Ich weiß nichts und alles ergibt Sinn. Das ist das Beste, was ich vermag. Das

Beste, was ich bei meinem Schreiben erhoffen kann, ist, anschauliche und gleichzeitig emotional neutrale Wörter und Analogien zu verwenden, mit denen Sie die unerbittlichen Gedanken hinter sich lassen können und letztlich Ihren eigenen Gott auf Ihre eigene Art und Weise erfahren. Vor diesem Hintergrund machen wir nun weiter mit der Hoffnungslosigkeit.

Zurück zur Hoffnungslosigkeit

In Ihren Gebeten haben Sie das Göttliche vielleicht gebeten, durch Sie zu wirken, Sie zu einem Werkzeug in den Händen des göttlichen Willens zu machen. Wie, glauben Sie, geschieht das? Glauben Sie, der göttliche Wille wird Ihren eigenen begrenzten, hemmungslosen Willen überwältigen und Sie zwingen, sich zu benehmen? So funktioniert das nicht. Warum sollte sich ein Universum der unendlichen Ordnung auf unser Niveau herablassen und Gewalt anwenden? Wie sollten Sie je lernen, sich dem Strom des Lebens *anzuvertrauen*, wenn Sie dazu *gezwungen* wären?

✳

Wenn wir darauf hoffen, etwas möge anders sein, als es ist, dann erzeugen wir einen Druck, eine Kraft gegen das, was ist, gegen die universelle Ordnung. Wir sagen, was jetzt da sei, das sei nicht gut genug und müsse geändert werden. Im Grunde genommen sagen wir der universellen Intelligenz, sie habe gepatzt und wir würden sie selbst gern nach unserem Bild in Ordnung bringen. Das ist etwas selbstsüchtig, meinen Sie nicht auch? Das wäre noch ganz in Ordnung, wenn wir es mit erfolgreichem Handeln untermauern könnten, aber unsere Erfolgsbilanz ist in dieser Hinsicht ziemlich trostlos.

Werden wir ohne Führung gelassen, so versuchen wir fieberhaft, eine zu finden. Es scheint so, als gierten wir nach einer Führung oder Richtung, selbst wenn es die falsche ist. Sobald wir uns verirren, geraten wir in Panik und stürzen uns Hals über Kopf in den Kampf, in den emotionalen Pool aus Frustration, Schuld und Selbstmitleid. Unserem Gefühl nach müssen wir ständig aktiv sein und das Nichtstun um jeden Preis vermeiden, und doch kommt alles aus dem Nichts. (Mehr dazu in Kapitel 14)

Mit der Wendung „Ich habe keine Hoffnung" meine ich, ich habe den Versuch aufgegeben, etwas selbst zu tun. Doch was genau habe ich da aufgegeben? Statt des Wortes „aufgeben" bevorzuge ich „hingeben". Hingabe besagt, wir warten nicht darauf, dass die Dinge in der Zukunft besser werden. Hingabe bedeutet, wir sind des Selbst gewahr und warten darauf, welche Möglichkeiten aus dem Zustand der unendlichen Möglichkeiten hervordringen.

Arjuna hat nicht aufgegeben. Er hat einfach aufgehört, die gedanklichen Wasser weiter zu trüben, und wartete darauf, dass die göttliche Führung durch seinen ungetrübten Geist hindurchschien. Er gab sich hin. Arjuna trat in einen Zustand der Wachheit ein, doch ohne zu denken oder zu handeln. Klingt das vertraut? Die Übungen in diesem Buch haben Sie zuerst in diesen Zustand versetzt, in dem Sie Gedanken und Handlungen loslassen. In diesem Zustand des stillen Beobachtens werden Ihre Gedanken von nichts Geringerem gelenkt als von der vollkommenen, organisierenden Kraft der universellen Ordnung. Hoffnung ist da kein Thema.

Jeder Moment trägt in sich die Lösung für diesen Moment. Wenn wir hoffnungsvoll in Richtung Zukunft blicken, verpassen wir die Antwort, die die Gegenwart bietet. Wir lieben es, wenn sich die Dinge nach unseren Plänen entwickeln. Das heißt, wir wollen, dass das Leben sich gestaltet, wie es das unserer Meinung nach tun sollte. Tut es das nicht, dann beurteilen wir das als „falsch". Wir suchen nach einer Lösung nach unserem Geschmack. Dieser enge Blickwinkel schließt die dargebotenen Antworten aus, die jenseits unseres Wissens und unserer Erfahrung liegen.

Wenn Sie beim üblichen Bewusstsein bleiben, wird Ihr Verstand ein Gefangener seiner eigenen Schöpfung, der Zeit, und ist getrennt vom zeitlosen Ganzen. Er wird ein Teilstück des Ganzen. Sobald Sie sich Ihres Selbst bewusst sind, verbindet sich Ihr Verstand wieder mit dem Ganzen. Er wird Ganzheit. Und sobald Sie Ihren begrenzten Blick auf das Leben aufgeben und sich hingeben, kommen Sie automatisch in Einklang mit der universellen Ordnung. In genau diesem Moment werden Sie spüren, wie Stress, Spannung und Schrecken abfließen und ersetzt werden durch Eu-Gefühle wie Stille, Frieden und Freude. Die Ordnung der Schöpfung gestaltet sich zu Ihren Gunsten. Jetzt sind Sie frei von quälender Anstrengung. Jede Sekunde Ihres Lebens ist ein neues Wunder. Ihr Ringen hat ein Ende, sobald Sie sich dem hingeben, was ist, und einfach beobachten, wie es Ihr Leben vor Ihren Augen entwickelt.

Kerngedanken von Kapitel 8

- Das Ego ist der erste Funke von Angst.
- Das Ego versucht, Sicherheit wiederzuerlangen, indem es Dinge manipuliert und kontrolliert.
- Alle Emotionen, sogar Glücksgefühle, entspringen der Angst.
- Eine andere Bezeichnung für Angst ist psychologische Zeit. Zeit erschafft Angst und Angst erschafft Zeit.
- Die Zeit zu beseitigen bedeutet, die Angst zu beseitigen.
- Gefühle sind von Bedingungen abhängig. Eu-Gefühle sind nicht an Bedingungen geknüpft, sie entstehen durch Selbst-Bewusstheit.
- Je größer der Konflikt, desto lebendiger fühlt sich das Ego. Die Illusion von Glücksgefühlen erzeugt einen starken Kontrast, der das Ego belebt und anregt.
- Keine Hoffnung zu haben bedeutet, sich dem hinzugeben, was hier und jetzt ist.
- Jeder Moment trägt in sich die Lösung für diesen Moment.

9. Die Erinnerung ist nicht intelligent

„Unsere wesentlichen Probleme können wir nicht mit derselben Denkweise lösen, mit der wir sie verursacht haben."

Albert Einstein

Wohin geht ein Gedanke, den Sie denken, wenn Sie damit fertig sind? Interessante Frage, nicht wahr? Diese Frage könnte einige weitere aufwerfen, etwa: „Woher kam er?" oder: „Gibt es unterschiedliche Arten von Gedanken?" und: „Beeinflussen Gedanken mein Denken oder mein Fühlen und wenn ja, wie?" Falls Ihre rechte Gehirnhälfte gerade die dominante ist, könnten Sie auch fragen: „Wen interessiert das?" Bleiben Sie in diesem Fall doch noch ein wenig bei uns. Ich glaube, Sie werden die nachfolgende Erörterung absolut fesselnd finden. Lassen Sie uns die erste Frage ein wenig genauer betrachten.

Wohin gehen die Gedanken, die Sie denken?

Gedanken sind mentale Energie. Sobald ein Gedanke gedacht ist, löst sich diese Energie dann auf und verschmilzt mit ihrem Ursprung? In diesem Fall würde nichts darauf hinweisen, dass der Gedanke je existiert hat. Wie sich herausstellt, ist das nicht der Fall: Es gibt durchaus eine Aufzeichnung der Gedanken. Sie ist in unserem „Denkapparat" zu finden. Wir nennen sie Erinnerung.

Bevor wir fortfahren, müssen wir einige Begriffe klären, damit wir das Verständnis einer einfachen Vorstellung nicht schwerer machen, als es ist: „Denken" geht jetzt in diesem Moment vonstatten. Was Sie denken, spielt sich in der *Gegenwart* ab. „Gedanken" hingegen fanden in der Vergangenheit statt. Gedanken sind vergangenes Denken, sie sind in der Erinnerung gespeichert. *Denken* erfolgt in der Gegenwart und *Gedanken* wurden in der Vergangenheit erzeugt.

Wissenschaftler teilen uns mit, jeder Gedanke, den wir jemals gedacht haben, sei in unserer Erinnerung gespeichert. Wenn wir etwas vergäßen, sei es nicht aus unserer Erinnerung gelöscht. Wir könnten es nur im jeweiligen Moment nicht mit unserem bewussten Verstand abrufen. Also: Nur weil wir etwas vergessen haben, bedeutet dies nicht, dass es keine Wirkung auf uns ausübt.

Unbewusste Gedanken rufen jede Menge Schwierigkeiten in unserem Leben hervor. Ja, unbewusstes Denken verursacht in Wirklichkeit *alle* unsere Probleme.

Wir wissen um unbewusste *Gedanken*. Sie sind der „alte Kram", der irgendwo tief in unserer Erinnerung vergraben ist. Doch wie können wir „unbewusst denken"? Ist uns nicht bewusst, was wir gerade denken? – Für 99 Prozent der Zeit gilt: *Nein*, das ist uns wirklich nicht bewusst! Diesen Zustand bezeichne ich als das übliche Bewusstsein. Und hierin liegt das Problem.

Die Erinnerung ist das „Ich"

In Kapitel 1 untersuchten wir den Unterschied zwischen „ICH" und „Ich". Das „ICH", so sagten wir, ist universell und ohne Grenzen. Das „Ich" besteht aus den spezifischen Merkmalen, über die wir uns üblicherweise definieren. „Ich" ist, wer wir sind, was wir tun, was wir glauben, wen wir lieben ... „Ich" ist die Erinnerung. Wenn wir nur das „Ich" kennen, dann kennen wir nur die Begrenzungen, die nur flüchtige, kurze Blicke dessen freigeben, wer wir wirklich sind. Wenn unser Verstand häufig in die Vergangenheit schweift, leben wir in der Erinnerung. Die Instanz, die das „Ich" davon abhält, das „ICH" zu erkennen, ist die Erinnerung. „Ich" ist Vergangenheit. Das „Ich" gibt es nicht im Jetzt.

Die Erinnerung überdeckt das Denken mit Gedanken. Das „ICH" wird vom „Ich" verdeckt. Das „ICH" wird von unserer Vergangenheit vertrieben. Und wir wissen bereits, dass die Vergangenheit nicht existiert. Sie mögen nun einwenden, wenn die Vergangenheit nicht existiere, wie könne sie dann die Gegenwart beeinflussen? Wunderbare Frage. Die Antwort darauf kann Sie von den Ketten befreien, die Sie an die Vergangenheit und sogar an die Zukunft binden.

Nehmen wir einmal an, Sie dächten an die Zukunft oder an die Vergangenheit – *wann* (!) denken Sie daran? – Richtig, in diesem Augenblick denken Sie daran, *in* der Gegenwart. Es ist völlig unmöglich, *in* der Zukunft oder *in* der Vergangenheit zu denken. Doch es ist durchaus möglich, *an* die Vergangenheit und *an* die Zukunft zu denken. An etwas zu denken vollzieht sich genau jetzt, in der Gegenwart. Sie sehen also, Sie „haben" keine Vergangenheit – Sie haben nur eine *Erinnerung* daran. Und diese Erinnerung haben Sie jetzt. Es ist eine Illusion, ein Traum, dass das „Ich" der Vergangenheit wichtiger sei als das „ICH" der Gegenwart. Falls Sie dieser Illusion Glauben schenken, leben Sie einen Traum. Falls nicht, sind Sie wach.

Ist die Erinnerung nicht für unser Überleben notwendig? Ja, die Erinnerung ist ein sehr wirkungsvolles Hilfsmittel oder Instrument und absolut notwendig für unser anhaltendes Wohlbefinden. Und da wir nun die Erinnerung sozusagen als „Schurken" ausgemacht haben, muss ich einräumen, dass die Erinnerung gar nicht schuld ist. Wenn Sie am Steuer Ihres Autos einschlafen und von der Straße abkommen, ist dann Ihr Auto schuld? – Ähnlich ist es mit der Erinnerung: Jemand ist eingeschlafen und lässt die Erinnerung „Amok laufen". Ihre Erinnerung ist, wie Ihr Auto, ein Instrument, ein Werkzeug. Sie muss gelenkt und gepflegt werden.

Wenn die Erinnerung die Führung übernommen hat, von wem hat sie sie dann übernommen? Wer passt da gerade nicht auf? – Was für eine Frage – das „ICH" natürlich. Das „ICH" ist gegenwärtiges

Gewahrsein. Wenn das „ICH" zu glauben beginnt, es habe eine Vergangenheit, wird es zum „Ich". Es fällt auf die Illusion herein und tüftelt eine komplizierte Matrix aus, die diese Illusion stützt. Wenn das „ICH" einschläft, schleicht sich unser alter Erzfeind, das Ego, herein und übernimmt die Führung. Während das „ICH" unaufmerksam ist, benutzt das Ego die Erinnerung: Mit ihrer Hilfe will es uns davon überzeugen, dass Vergangenheit und Zukunft wirklich existieren und dass beide eine für unseren inneren Frieden notwendige Substanz und Bedeutung haben.

Erkennen Sie mittlerweile, wie clever und verdreht unsere bedürftigen Egos sind? Die Vergangenheit macht uns weis, wir seien nicht so glücklich, wie wir jetzt sein könnten. Doch wenn wir die richtigen Dinge täten oder die richtigen Personen liebten, würden wir in der Zukunft glücklich sein. Viele von den Lesern möchten vielleicht jetzt, an dieser Stelle wieder „einschlafen". Vielleicht haben auch Sie sich schon einmal sagen hören: „Das stimmt, ich muss etwas dafür tun, dass ich in der Zukunft glücklich bin." Merken Sie, wie leicht wir in das übliche Bewusstsein rutschen? Weiter vorn in diesem Buch haben Sie den Zustand erlebt, in dem Sie „keine Gedanken" haben, und dann gelernt, Ihr Denken zu beobachten. Sie haben vielleicht an Dinge in der Zukunft oder in der Vergangenheit gedacht, aber Sie waren sich Ihres Denkens bewusst, während es stattfand. Das „ICH" beobachtete das „Ich". Sie waren Ihres Selbst gewahr.

Das übliche Bewusstsein ist das Gegenteil davon. Übliches Bewusstsein bedeutet: Sie *vergessen*, dass Sie denken. Dann tuckert Ihr Verstand in alle Richtungen los, und verschwendet dabei Lebensenergie an die Illusion, das Glück lauere unmittelbar hinter dem nächsten Gedanken. Das ähnelt einem verdurstenden Menschen, der in der Wüste auf eine Fata Morgana zukriecht. Er kann das kühle, lebensspendende Wasser unmittelbar vor sich sehen, erreicht es aber nie ganz.

Das folgende Beispiel soll den Unterschied zwischen Selbst-Bewusstheit und üblichem Bewusstsein verdeutlichen: Haben Sie schon einmal einen Absatz in einem Buch gelesen und konnten sich am Ende des Absatzes nicht mehr erinnern, was Sie eben gelesen hatten? Ihr Verstand schweifte in Zukunft und Vergangenheit und war nicht dessen gewahr, was Sie gerade taten. Auch wenn Sie das Gelesene analysierten oder beurteilten, hatte das übliche Bewusstsein doch die Führung übernommen. Sobald Sie einfach lesen *und* auf das *achten*, was Sie gerade lesen, sind Sie Ihres Selbst gewahr. Das ist alles. Das ist der „kleine Unterschied". Dieser kleine Unterschied wird uns kollektiv mit heiler Haut davonkommen lassen.

Nein, die Erinnerung ist nicht intelligent

Erinnerung ist wirklich nicht intelligent. Sie eignet sich hervorragend für Automatismen wie Gehen, Autofahren und Sicherinnern an den eigenen Namen. Wenn ich Sie etwa nach Ihrem Namen frage, antworten Sie schnell und ohne nachzudenken. Frage ich Sie aber , was Sie gestern zum Frühstück gegessen haben, so dauert Ihre Antwort einen kurzen Moment. Sie müssen Ihre Erinnerung nach der Antwort „durchsuchen". Dieser Vorgang ist erstaunlich und keineswegs so, wie er erscheint.

Bisher hielten wir die Erinnerung sozusagen für ein Foto eines beliebigen Augenblicks, für einen wirklichkeitsgetreuen Schnappschuss dessen, was ist. Forscher haben aber herausgefunden, dass Erinnerung ganz und gar nicht statisch ist. Wie sich herausstellte, ist sie ein sehr dynamischer Prozess. Als akkurate Abbildung der Wirklichkeit ist sie nicht verlässlich. Die Erinnerung verändert sich entsprechend unseren Bedürfnissen und Wünschen. In einer Studie schauten die Teilnehmer einen Film über sicheres Autofahren an, bei dem sie auf die Details achten sollten. Nach dem kurzen Film füllten die Teilnehmer einen Fragebogen aus. Eine der Fragen lautete: „Hat der Autofahrer vor oder hinter dem Stoppschild angehalten?" Einige Zuschauer markierten: *vor*, der Rest: *hinter* dem Schild. In Wirklichkeit war gar kein Stoppschild zu sehen. Um die Frage zu beantworten, musste jede Versuchsperson in der eigenen Erinnerung die fehlenden Einzelheiten ergänzen. Das Gedächtnis formte seine Antwort so, dass

9. Die Erinnerung ist nicht intelligent

sie zu den Gegebenheiten passte. *Unsere Erinnerung gleicht eher einem Digitalbild auf unserem Computerbildschirm als den fixierten Bildern auf einem Film.* Mit der richtigen Software bekommen wir die roten Augen weg, wir können das Bild heller oder dunkler machen, Menschen hinzufügen oder entfernen, bis das retuschierte Bild dem Original kaum mehr ähnelt ...

Wenn ich Sie frage, was Sie gestern zum Frühstück gegessen haben, dann entsteht eine kleine Lücke in Ihrem Denken, während Sie sich „erinnern". Diese Lücke ist nicht unähnlich derjenigen, die Sie erlebten, als Sie in *Erfahrung 1* Ihre Gedanken anhielten. Wenn ich Ihnen eine schwierigere Frage stelle, etwa: „Was ist der Sinn des Lebens?", wird die Lücke länger, die Stille tiefer. Im Allgemeinen achten wir nicht auf den Raum zwischen den Gedanken, weil wir darauf warten, dass die Antwort auftaucht. Ja, wir sind so gespannt auf die Antwort, dass wir den Raum zwischen dem Stellen der Frage und dem Auftauchen der Antwort fast als Ärgernis empfinden oder als unergiebig.

Haben Sie schon einmal Folgendes erlebt: Sie wussten, Sie kannten die Antwort, doch sie fiel Ihnen in diesem Moment nicht ein? Man sagt dann gern, die Antwort liege einem auf der Zunge. Je angestrengter Sie sich zu erinnern versuchen, desto weiter taucht die Antwort in die unzugänglichen Bereiche Ihres Geistes ab. Wenn Sie sich nicht mehr bemühen, stellt sich die Antwort ein. Warum? Warum erscheint die Antwort plötzlich so leicht und klar in Ihrem Bewusstsein, sobald Sie sie sich selbst überlassen? Weil die Erinnerung nicht statisch ist, nicht in Stein gemeißelt.

Ihre Erinnerung ist ein „fließendes", ein flexibles Hilfsmittel. Sie nimmt die Form an, die dem „Benutzer" die größten Vorteile bringt. Der Benutzer ist entweder Ihr Ego oder Ihr Selbst. Ihr Ego benutzt den Verstand, um zu sammeln und zu kontrollieren. Es kämpft gegen die Stille, wie ein Kind sich gegen den Schlaf wehrt. Es hüpft von einem Gedanken zum nächsten und sucht die magische Kombination, die es zum „King" macht. Das Ego ist chaotisch und zersplittert. Sobald Ihre Erinnerung jedoch in die Stille des Selbst gleitet, bekommt sie die

Unterstützung der grenzenlosen Ganzheit, des Friedens und der Ordnung. Genau genommen ordnet das Selbst die Erinnerung neu, sodass die Antwort zum Vorschein kommen kann. Die Erinnerung selbst ist nicht intelligent. Es ist das stille Selbst, das uns durch das Medium Erinnerung die Antwort liefert.

In einem Streit feuert Ihr Verstand Gedanken ab wie Geschosse, die in alle Richtungen stieben. Das Ego hat komplett die Führung übernommen. Die Stille ist zum Schweigen gebracht. Sie rasseln Ihre Erinnerungen herunter und die Erinnerung ist nicht intelligent. Sie sind ins übliche Bewusstsein verwickelt und ertappen sich dabei, wie Sie Lächerliches, Schmerzliches oder sogar Kindisches sagen, das Sie sonst nie von sich geben würden. Wenn Sie nach dem Streit auseinandergehen, beruhigen Sie sich ein wenig. Sobald eine relative Ruhe in Ihren Geist einkehrt, ertappen Sie sich bei der Aussage: „Ich hätte ihm … sagen sollen. Damit hätte ich ihn wirklich drangekriegt." Je mehr Zeit verstreicht und je ruhiger Sie werden, desto mehr Stille fließt in Ihren Verstand und desto weniger werden Sie von Ihrer emotionalen Vergangenheit angetrieben. An diesem Punkt empfinden Sie vielleicht sogar Mitgefühl mit Ihrem Gegenüber und finden allmählich Lösungen für das eigentliche Problem. Jetzt schaltet Ihre Erinnerung um von „ego-gesteuert" auf „Selbst-Unterstützung." Ein ruhiger, reflektierender Verstand kann keinen Schaden anrichten.

Die Erinnerung ist immer überholt

Sobald eine Erinnerung gebildet wurde, ist sie schon überholt. Die Informationen, die in eine Erinnerung einfließen, also das Denken und Fühlen, der Sinneseindruck und der Handlungsimpuls, verändern sich in jedem Moment. Sie könnten einwenden, manches ändere sich nie, doch das stimmt nicht. Alles verändert sich immerzu. Die Tatsache, dass wir die Veränderung vielleicht nicht wahrnehmen, bedeutet nicht, dass keine stattfindet. Es gibt den Ausspruch, man könne nicht zweimal in denselben Fluss steigen. Selbst wenn Sie aus dem Fluss heraussteigen und sofort wieder hinein, ist das Wasser, das

Ihre Füße das erste Mal umspülte, schon ein Stück weiter flussabwärts. Genauso ist es, wenn Erinnerungen geformt werden. Eine Millisekunde, nachdem die Erinnerung gespeichert ist, haben sich die Umstände, Gefühle, Menschen und Gegenstände, die mit dem Ereignis zu tun haben, bereits verändert. Man kann auch nicht zweimal in dasselbe Ereignis „hineinsteigen".

Das übliche Bewusstsein erkennt die Erinnerung als Gegenwart an. Das besagt, alle Dinge, die mich als „Ich" ausmachen, seien für den gegenwärtigen Moment aktualisiert worden. Doch das ist offensichtlich eine Illusion. Wenn die Erinnerung überholt ist und Sie Ihr Selbstgefühl aus Ihrer Erinnerung ableiten, dann sind Sie auch „überholt". Ja, Sie sind dann nicht aktuell und auf dem Laufenden. Sie können gar nicht aktuell sein, wenn Sie Ihrer Erinnerung die Kontrolle überlassen.

Da haben wir uns ganz schön in etwas „reingeritten". Die vom Ego gelenkte Erinnerung treibt uns in den Wahnsinn. Was können wir da tun? Können wir unsere Erinnerung auf die Couch legen und ihr Fragen zu ihrer Kindheit stellen? Natürlich nicht. Analyse ist in diesem Fall völlige Zeitverschwendung. Wenn unser Verstand nicht in Ordnung ist, können wir ihn nicht mithilfe des Verstandes in Ordnung bringen. Das ist wirklich verrückt. Und haargenau so gehen wir alle unsere Probleme an, nicht nur die mentalen. Wenn der mit der Erinnerung identifizierte Verstand die Probleme erzeugt hat, dann lassen sich die Probleme dadurch lösen, dass der Verstand wieder in Ordnung gebracht wird, nicht umgekehrt.

Wenn das übliche Bewusstsein das Problem darstellt, dann ist Selbst-Bewusstheit die Lösung. Selbst-Bewusstheit erkennt das Material der Erinnerung nicht als Gegenwart an. Sobald wir aufmerksam sind, werden wir nicht von der Erinnerung „betrieben" und sind wir nicht „überholt". Dann sind wir aktuell und auf dem Laufenden. Und wenn wir auf dem Laufenden sind, erkennen wir, dass die Erinnerung als Ratgeber zur Verfügung steht, nicht aber als höchste Autorität. Die Erinnerung macht uns einfach Vorschläge, die wir mit den momentanen

Gegebenheiten vergleichen. Wenn die Vorschläge der Erinnerung passen, nutzen wir sie; wenn nicht, ändern wir sie ab.

Eine Episode aus meinem Leben

Einmal begegnete ich einer kolumbianischen Friseurin. Sie war seit einigen Monaten in den USA und sprach kaum Englisch. Sie rauchte Zigaretten und trank von morgens bis abends starken kolumbianischen Kaffee. Außerdem arbeitete sie lange, aß wenig und ungesund und hatte aufgrund ihrer Lebensweise zahlreiche körperliche Beschwerden. Wenn ich sie aufsuchte, um mir die Haare schneiden zu lassen, nickten und lächelten wir und ich prahlte mit meinen Spanischkenntnissen, indem ich „hallo" und „vielen Dank" sagte. Bei einem meiner Besuche versuchte ich sie zu fragen, wie sie sich fühle [engl.: … *feeling bad* …?]. Tatsächlich sagte ich wohl eher etwas wie: „Ihr Bett hat Gefühle" [engl.: … *bed* … *feelings* …]. An ihrem verständnislosen Gesichtsausdruck erkannte ich, dass ich wohl besser bei der bisherigen Kommunikationsform geblieben wäre: zeigen, nicken und viel lächeln.

Sie war eine sehr angenehme Frau und irgendwie wollte ich mehr über sie erfahren. Ich erinnere mich, dass mein Ego unterschwellig an mir herumnörgelte: Es sei doch sinnlos, sie kennenzulernen, denn (– und jetzt ergriff das Ego den Moment und die Erinnerung, um sein Argument zu untermauern) ich solle mich nicht in der Gegenwart von Rauchern aufhalten oder von Menschen, die sich selbst missbrauchen, indem sie zu viel arbeiten und sich schlecht ernähren. Sie könne kein Englisch, ich könne kein Spanisch. Außerdem komme sie aus einer mir völlig fremden Kultur und aus einem eben solchen Beruf. Selbst wenn wir uns unterhalten könnten, worüber sollten wir reden? „Schließlich", so drängte mich mein Ego, „brauchst du doch tiefsinnige Gespräche, um deinen intellektuellen Appetit zu stillen, Frank. Und überhaupt, sind nicht die meisten Kolumbianer irgendwie in Drogenhandel verwickelt?"

Mann o Mann, was für ein Schwachsinn! Ich konnte meinen eigenen Gedanken nicht glauben. Es war schwer zu akzeptieren, dass die von mir kamen. Oder genauer gesagt: Sie kamen aus der vom Ego manipulierten Erinnerung des „Ich". Nun, ich beobachtete diese mentalen Streiche, die das Ego aufs Tapet brachte. Ich lief nicht in die Falle, mich damit zu identifizieren, wie ich die Dinge früher gesehen hatte. Ich griff nicht ein, als das Ego sein Netz spann und Fäden aus dem erinnerten Zeug zog. Ich beobachtete einfach einen Prozess, ohne irgendwie einzugreifen.

Die drei großen Vorteile von Selbst-Gewahrsein / Selbst-Bewusstheit

Selbst-Bewusstheit, also das Beobachten, ohne mich einzumischen, brachte mir drei immense Vorteile:

1. Indem ich mich nicht einmischte, überließ ich meine mentale Energie in diesem Moment nicht der Wucht meiner vergangenen Vorurteile. Diese alten, gespeicherten Gedankenschallplatten haben ihre eigene Energie. Früher ließ ich mir bereitwillig von meinem Ego weismachen, es nehme sie dazu her, mich glücklich zu machen. Das hinterlistige Ego nahm meine frische mentale Energie dazu her, die Illusionen Hoffnung und Glück zu stärken. Indem man das Ego „auf frischer Tat" ertappt, stoppt man das Absinken der Lebensenergie.

2. Weil man dem Ego keine Lebensenergie mehr zuführt, wird es schwach und kann unseren Geist immer weniger kontrollieren. Manchmal ist in unseren Erinnerungen sehr viel emotionale Energie gespeichert. Wenn Emotionen das Sagen haben, fühlen Sie sich machtlos. Vielleicht haben Sie sich entschlossen, eine Diät zu machen und keinerlei Zucker mehr zu essen. Wenn es dann Zeit für einen kleinen Imbiss ist, erklärt Ihnen Ihr Verstand vielleicht, es sei in Ordnung, ein Stück Kuchen zu nehmen, das Sie vom Kaffeetisch anlacht. Sie hören sich innerlich sagen: „Ich sollte gar keinen Zucker essen", und seine Antwort: „Ich war sooo brav, da wird ein Stück schon nicht viel ausmachen." Zwei Minuten später beißen Sie in Ihr drittes Stück – obwohl das Schuldgefühl bitter schmeckt.

Dieses gedankliche Tauziehen zwischen „Ich sollte" und „Ich sollte nicht" spielt sich ab zwischen Vergangenheit und Zukunft. In der Vergangenheit haben Sie zugenommen, deshalb wollen Sie künftig keinen Zucker mehr essen und diese Kilos wieder abnehmen. Sie glauben, der Teil Ihres Gehirns, der abnehmen will, sei stärker als der Teil, der Zucker essen will, deshalb würden Sie abnehmen und danach für immer glücklich sein. Sorry, Charlie, tut mir leid, aber das sind zwei Seiten derselben Medaille; selbst wenn Sie gewinnen, verlieren Sie.

Dieses Drama zwischen „Gut" und „Böse" inszeniert Ihr alter Erzfeind, das Ego. Es ist nichts als Blendwerk. Das Ego führt das Drama auf, um Ihre Aufmerksamkeit von der wahren Quelle von Freude und Liebe abzulenken, von der Aufmerksamkeit für die Gegenwart. Selbst wenn Sie sehr willensstark sind, alle Fettpolster loswerden und eine wandelnde Reklamepuppe für Gesundheit und Schönheit sind, werden die Polaritäten Ihres Verstandes Sie weiter hin- und herschleudern. Sie werden mit Stolz und Eitelkeit zu ringen haben. Und jetzt, da Sie körperlich wunderschön sind, müssen Sie darum kämpfen, so schön zu *bleiben* – ein aussichtsloser Kampf, wie wir alle wissen.

Indem Sie sich auf den Kampf des Ego einlassen, stärken Sie nur seine Ursache. Im Grunde genommen ist das Ego eine Nicht-Wesenheit. Es gleicht einem Schatten und existiert nur, weil wir es mit Energie füttern. Sobald wir es nicht mehr füttern, verliert es an Kraft und schwindet dahin. Es nicht zu füttern bedeutet, nicht zwischen Vergangenheit und Zukunft hin- und herzutanzen. Das Ego wird nicht gefüttert, wenn wir einfach nur beobachten, ohne uns in das Drama hineinziehen zu lassen.

Haben Sie schon einmal *einseitig* einen Streit ausgefochten? Das geht nicht. Wenn jemand mit Ihnen streiten will und Sie nicht darauf einsteigen, findet kein Streit statt. Anfangs wird ihn das verwirren. Ihr Widersacher wird versuchen, alle Ihre „Knöpfe" zu drücken, das heißt, Ihre neuralgischen Punkte zu treffen. Sobald er merkt, dass Sie nur beobachten und sich nicht einwickeln lassen, wird er doppelt angestrengt versuchen, Sie in den Kampf hineinzuziehen. Sein Ego befürchtet, dass Sie nicht einsteigen, denn das bedeutet für das Ego Kontrollverlust. Sollte Ihr Gegenüber auch anfangen zu beobachten, dann würde auch sein Ego aufhören zu existieren. Wenn Sie nicht auf ihn eingehen, wird Ihr Herausforderer sich schließlich erschöpfen und Sie in Ruhe lassen. Erwidern Sie jedoch nur eine einzige Salve an Beleidigungen, beklagen Sie sich oder versuchen Sie, Ihre Haltung zu erklären, dann wird der Gegner frisch gestärkt wiederkommen ... Genauso ist es mit dem Ego. Je mehr Sie es füttern, desto stärker wird es. Wenn Sie, ohne sich einzumischen, als Zeuge da sind und beobachten, wird es schwächer und stirbt schließlich. Das Gespenst des Ego wird dann für immer eine blasse Erinnerung an die Gefahren dieses Tanzes bleiben.

3. Der dritte Vorteil des Beobachtens ist absolut genial: Sobald Sie Ihres Selbst gewahr sind, wird die in der *Erinnerung* gespeicherte Energie, die bisher die Illusion des persönlichen Fortschritts vertiefte, umgewandelt und erhöht nun die reine Gegenwärtigkeit. Je mehr Sie beobachten, desto leichter wird es Ihnen fallen. Es ist wie Geld auf der Bank: Einmal umgewandelt, geht diese spirituelle Energie nie mehr verloren. Wenn Sie auch wieder einschlafen und den Ego-Traum träumen, verlieren Sie das bereits Erreichte nie. Es ist wie bei einer mehrtägigen Reise: Wenn Sie am Ende eines Reisetages einschlafen, wachen Sie am nächsten Morgen dort wieder auf, wo Sie eingeschlafen sind, und nicht wieder am Ausgangspunkt der Reise. Wenn Sie wieder zum Selbst erwachen, befinden Sie sich auf derselben Stufe des reinen Gewahrseins. Das Aufwachen wird zunehmend leichter, bis Sie Momentum erreichen, also von selbst wieder aufwachen. Dann wird es mühelos.

Und so ging die Episode weiter

Vor einigen Wochen bot sich mir die Gelegenheit, mit der kolumbianischen Friseurin im Raucherbereich eines vollen Restaurants an einem Tisch zu sitzen. Ich hörte geduldig zu, während mir mein Verstand die Gründe dafür herunterrasselte, warum ich mich mit einer

Raucherin, die kein Englisch sprach und mit der ich nur wegen des Haarschneidens zu tun hatte, nicht im Raucherbereich aufhalten sollte. Ich beobachtete weiterhin mein Denken, während ich dasaß und durch das lange, peinliche Schweigen hindurchlächelte. „Da ist die Speisekarte." – „Ja." – „Gutes Essen." – „Si." – „Volles Lokal." – „Ja." … So ging es weiter; Brösel unseres Lebens lagen zwischen dicken Scheiben des Schweigens eingeschoben wie Käse zwischen zwei Brotscheiben, bis wir mit dem Essen fertig waren.

Die ganze Zeit über verfolgte ich, wie überholte Einwände in meinem Verstand um die Vorherrschaft rangen. Ich mischte mich nicht ein, ich beobachtete nur, wie sie heraufsprudelten und an der Oberfläche meines Bewusstseins zerplatzten. Dann erkannte ich: Wenn eine Blase zerplatze, wurde sie zu Stille. Was für eine erstaunliche Beobachtung! Erinnerung war vergangene Energie, eingefangen und stagnierend. Sobald das manipulative Ego sie wieder in Bewegung versetzt, könnte mich die Energie dazu motivieren, diese schädigenden Gedanken auf ähnliche Art und Weise auszuagieren. Ich hätte auf diese gehässigen Gedanken reagieren können, die aus meiner Erinnerung aufstiegen und den verheerenden Kreislauf der Negativität stärkten, damit er immer wieder ausgelebt werde. Oder ich konnte ganz klar zusehen, wie die Gedanken kamen und gingen. Während ich wach blieb und diesen Prozess unbefangen beobachtete, fand eine wunderbare Verwandlung statt: Die in der Erinnerung gespeicherte negative Energie verwandelte sich, da ich sie *nicht* ausagierte, in zarte, heilende Energie, die ich als meine eigene innere Essenz, mein alles akzeptierendes Selbst erkannte.

Genau das ist gemeint mit der Wendung: die Samen des Karmas im Feuer der Aufmerksamkeit verbrennen. Spirituell Suchende, die die Maximen östlicher Philosophie befolgen, kann dieses Wissen befreien. In der reinen Gegenwärtigkeit zu leben befreit Sie aus der Illusion von Karma und von Geburt und Tod. Vielleicht haben Sie davon gehört, dass Erleuchtete das „Rad des Karmas" durchbrochen haben. Vielleicht haben Sie gelesen, dass die Weisen nicht mehr dem Einfluss der

Sterne unterliegen. Das heißt, die von der Astrologie beschriebenen Kräfte bestimmen nicht mehr Ihr Schicksal. Zu beobachten, was ist, das wird Sie befreien. Vielleicht haben Sie versucht, nur „positive" Gedanken zu denken und nur „gut" zu handeln, um Ihr schlechtes Karma durch gutes auszugleichen. Vielleicht haben Sie eine Atmosphäre der Gewaltfreiheit geschaffen und nicht einmal nach einer Stechmücke geschlagen, die sich ein kostenloses Mittagessen erschleichen wollte. Der Beleg für Gewaltlosigkeit zeigt sich nicht darin, wie viele juckende Beulen Sie vorweisen können. Ohne die reine Präsenz sind all diese Bemühungen leer. Sind diese Praktiken nicht nur Variationen des Tanzes zwischen Vergangenheit und Zukunft? Sagte Christus nicht, wir könnten nicht allein durch gute Taten in den Himmel kommen?

Als ich – damals im Restaurant – das Trinkgeld auf den Tisch legte, empfand ich eine tiefe Ruhe, als sei alles, wie es sein sollte. Hätte ich auf die Echos meiner Erinnerung gehört, dann hätte ich an meiner Kleidung gerochen wegen des Rauchs und hätte gedanklich die peinlichen Momente „aufgespießt", die in dem ansonsten harmlosen Abenteuer überwogen. Stattdessen war ich im Frieden. Im Laufe des Monats erfuhr ich mehr über die Kolumbianerin, mit der ich das Brot geteilt hatte. Wir wurden schließlich Freunde und einige Aspekte meines Lebens wurden sehr bereichert, weil ich mich dafür entschieden hatte, zu beobachten, statt auf meine verrückten Erinnerungen zu reagieren.

Kerngedanken von Kapitel 9

- Die Erinnerung ist das „Ich".
- Sie haben keine Vergangenheit, nur eine Erinnerung daran. Erinnerung bedeutet, in der Gegenwart über die Vergangenheit nachzudenken.
- Das übliche Alltagsbewusstsein gestattet den Gedanken aus der Vergangenheit, Ihr Handeln in der Gegenwart zu bestimmen.
- Erinnerung ist nicht intelligent.

- Die Erinnerung verändert sich entsprechend unseren Wünschen und Bedürfnissen.
- Die Erinnerung ist immer schon überholt.
- Wenn Sie sich des gegenwärtigen Moments bewusst sind, wird die Erinnerung einfach ein Werkzeug, ein Hilfsmittel, das Vorschläge liefert, die in diesem Augenblick nützlich sein können oder auch nicht.
- Die drei großen Vorteile von Selbst-Bewusstheit:
  1. Sie reduziert negative Energie.
  2. Sie schwächt den Einfluss des Ego.
  3. Sie fördert das Gewahrsein des Selbst.
- Das Selbst zu beobachten schwächt das Ego und eliminiert es letztlich.

10. Wie Sie Ihren Verstand „reparieren"

„Die Gattung Mensch macht es seit Ewigkeiten so. Sie merkt,
dass etwas schief läuft, findet aber nicht die richtige Ursache."

David Bohm

In meiner Familie regiert der Wahnsinn ... Nimm's leicht, Mutter – ich spreche hier von der *Menschheitsfamilie*, vom Menschengeschlecht. Früher einmal, als wir nur Keulen und Speere hatten, konnten wir uns selbst und der Erde nicht in großem Stil schaden. Falls die Menschheit tatsächlich ihren Geist aushaucht, dann wahrscheinlich nicht durch einen Atomschlag, wie wir in den Fünfziger- und Sechzigerjahren des 20. Jahrhunderts glaubten, sondern mit einem „Winseln". Falls die Menschheit nicht vorher durch eine Naturkatastrophe umkommt, etwa durch einen Asteroideneinschlag oder durch Feuer speiende Vulkane, wird sie sicher dem Virus „übliches Bewusstsein" erliegen.

In meiner Familie regiert der Wahnsinn

Das Gegenmittel ist Selbst-Gewahrsein. Es ist billig, ja kostenlos, und für alle erhältlich, die einen Geist haben. Wir beginnen, indem wir dem uns plagenden Verstand entwischen, um inneren Frieden zu erfahren. Es gibt keinen Grund, warum irgendein Mensch *keinen* inneren Frieden und keinen Wohlstand erleben könnte. Ein ruhiger Wechsel der Sichtweise ist alles, dessen es dazu bedarf. Lassen Sie uns

145

genauer betrachten, wie unser Verstand unwissentlich unser dringendstes Bedürfnis verrät.

David Bohm ist einer meiner Lieblingsphilosophen, er hat mein Leben tiefgreifend beeinflusst. Er war ein erstrangiger Theoretiker der Quantenmechanik. Einstein bezeichnete ihn als seinen „intellektuellen Sohn", weil seine Gedankengänge denen Einsteins verwandt waren. Niels Bohr und A. Einstein leisteten in der ersten Hälfte des 20. Jahrhunderts wertvolle Beiträge zur neuen Physik. Wegen ihrer schlechten Kommunikation miteinander haben sich die beiden gegenseitig nicht aktiv in ihrer Arbeit unterstützt. Bohm betrachtete das als schmerzliche Talentvergeudung und einen großen Verlust für die Menschheit. Er untersuchte in seinem Leben viele Jahre den Geist an sich und wie dieser zu sich selbst und der äußeren Welt in Beziehung tritt. Er hatte den Eindruck, wenn er herausfinden könnte, wie Einsteins und Bohrs Verstandeskräfte gescheitert waren, dann ließe sich ein derartiger Verlust künftig verhindern. Das Ergebnis seiner Untersuchung war, wie der Mann selbst, absolut genial. Bohm erkannte, dass der Verstand durch seine Denkweise ein Problem erzeuge. Dann werfe der Verstand dem Problem vor, es mache Schwierigkeiten. Und danach versuche der Verstand, das Problem zu beheben – das aber nur ein Anzeichen für die Fehlleitung des Verstandes sei. Laut Bohm glauben wir, die Probleme existierten wirklich da draußen. Der Verstand halte korrupte Politiker, schlechte Schulen, die sterbende Umwelt und Arbeitslosigkeit für Probleme, die in Ordnung gebracht werden müssten. Doch die *Einstellungen* der Menschen riefen die Probleme hervor und diese Einstellungen rührten von unserer *Art* zu denken her.

Wir glaubten, jemand sei so, wie wir ihn gefühlsmäßig wahrnehmen. Dabei würden wir nicht erkennen, dass unser Empfinden unser konstruiertes Bild sei – nicht real oder gar „realer" als das Empfinden eines anderen Menschen. Die Lösung bestehe darin, zu erkennen, wie wir *jetzt* denken, also unserem Verstand bei seinem Tun zuzuschauen. Bohm hatte damit die Selbst-Bewusstheit entdeckt. Er behandelte das

Thema originell und erkenntnisreich. Für den Rest dieses Kapitel ziehe ich David Bohms Vorstellungen hinzu, um meine eigenen zu unterstreichen und zu verdeutlichen.

Übliches Bewusstsein heißt, zu denken, ohne des eigenen Selbst gewahr zu sein. Wenn Sie über etwas nachdenken, überzeugt Ihr Verstand sich selbst, dass er den Gegenstand, über den Sie nachdenken, genauestens kennt. Da sind also nur Ihr Verstand und der Gegenstand. Niemand beobachtet diesen Denkprozess. Nehmen wir an, Sie schauen einen Stein an und Ihre Gedanken beschäftigen sich mit dem Stein. Ihre Gedanken über den Stein sind nicht der Stein selbst, nicht wahr? Ihre Gedanken über den Stein sind nur Ihre Gedanken – in Ihrem Geist. Der Stein ist nicht Ihr Geist. Das übliche Bewusstsein glaubt nun, Ihre Gedanken gäben den Stein genau so wieder, wie er ist. Der Stein in Ihrer Vorstellung entspreche genau dem wirklichen Stein. Sie glauben, wie Sie den Stein sähen, so sei er auch. Das Ego fördert eine derartige „Inbesitznahme". Doch in Wirklichkeit ist ein Stein ein Stein. Ein Stein ist nicht Ihr Gedanke über den Stein. Verwechseln Sie einen Gedanken nicht mit einem Gegenstand. Das bringt Sie nur in Schwierigkeiten.

Die Spirale des Wünschens

Wenn Sie einen Stein oder einen Menschen anschauen, dann übermitteln die Sinne dem Geist einen Eindruck dieses „Gegenstandes". Und von da aus wandert der Eindruck in die Erinnerung. Dort stimuliert er den Teil der Erinnerung, der mit diesem Eindruck zusammenhängt. Wenn Sie die Straße überqueren und einen Autofahrer hinter sich hupen hören, dann erzeugt das Hupen Eindrücke in der Erinnerung, die mit ähnlichen gespeicherten Erfahrungen mit hupenden Autos und so weiter zu tun haben. Ihre Erinnerung lässt Sie dann angemessen auf den Eindruck reagieren. Aller Wahrscheinlichkeit nach werden Sie rasch zur Seite springen, mit der Faust herumfuchteln, ein paar Kraftausdrücke Ihrer Wahl brüllen … und dann nach Hause gehen und sich den Schweiß des Erschreckens von der Stirn wischen.

Zwischen dem Zeitpunkt, zu dem ein Eindruck die Erinnerung weckt, und Ihrem entsprechenden Handeln löst die Erinnerung einen Wunsch aus. Im obigen Beispiel ist der Sprung, um sich in Sicherheit zu bringen, ein Reflex – zum Handeln war kein Wunsch notwendig. Der Wunsch stellte sich hinterher ein, als Sie dem Autofahrer an die Gurgel wollten.

Sehen wir uns ein anderes Beispiel an. Wenn Sie eine Pralinenschachtel auf dem Tisch stehen sehen und die Schokolade riechen, verspüren Sie wahrscheinlich den Wunsch, eine Praline zu essen. Sobald Sie die Schokolade sehen und riechen, gelangen diese Eindrücke mittels Ihres Seh- und Geruchssinns in Ihre Erinnerung. Diese erzeugt dann einen Wunsch und der Wunsch treibt Sie zum Handeln an:

Sinneswahrnehmung → Eindruck → Erinnerung
→ Wunsch → Handlung

Das Handeln, das einem Wunsch entspringt, erzeugt *neue* Eindrücke für die Erinnerung, was zu *weiteren* Wünschen und Handlungen führt, und so weiter. Dieser Prozess läuft automatisch ab, wie Sie sehen. Wenn er unbeobachtet anhält, handelt der „Besitzer" dieses Verstandes sich zahlreiche Probleme ein. In unserem Schokoladenbeispiel verdrücken Sie vielleicht die halbe Schachtel Pralinen, bevor der Wunsch zum Aufhören ausgelöst wird. Rein aus der Erinnerung heraus zu handeln ist Wahnsinn. *Gewahrsein* während dieses Prozesses ist das Gegenteil. Ich bin sicher, genau darauf wollte Sokrates hinweisen mit seiner Feststellung, das nicht hinterfragte Leben sei nicht lebenswert.

Kreativ sein – so geht's: Ein Wort aus der Stille von unserem Sponsor

Gestern Abend hörte ich auf zu schreiben und ging schlafen. Im Schlaf war ich mir meiner Träume bewusst, wie das vorkommen kann. Das surreale Traumgeschehen, das ich da verfolgte, erinnerte mich an eine Art grotesker Seifenoper im Fernsehen. (Eigentlich finde ich das Wort „grotesk" zur Beschreibung von Seifenopern ja redundant!) Während

10. Wie Sie Ihren Verstand „reparieren"

ich meinen Fernsehtraum anschaute, ertönte plötzlich eine Stimme, wie in einem Werbespot. Ruhig und glockenklar sagte sie: „Sag ihnen, warum Sie Wünsche haben."

Weitere Anweisung gab sie nicht, doch ich wusste, die Erklärung würde da sein, sobald ich mich heute Morgen wieder zum Schreiben hinsetzen würde. Ich bräuchte nur alles aufzuschreiben, was aus den Tiefen meines Selbst fließt. Dafür müsste ich meine Aufmerksamkeit auf die Stille zwischen den Gedanken richten und mich dabei an die Frage erinnern: „Warum haben wir Wünsche?" Genau das tat ich und die Stille begann zu sprudeln. Die Blasen begannen an der Oberfläche meines Bewusstseins zu platzen, während die getippte Erklärung auf meinem Bildschirm erschien. Die nachfolgenden Worte sind aufwallendes Bewusstsein. Gießen Sie sie in eine Tasse und trinken Sie sie langsam. Vermischt mit den Gewürzen aus Ihrem eigenen Geist, ergeben sie eine Medizinmischung, die Wunschschmerzen lindert. Sie sind ein Rezept für Frieden. Versuchen Sie, Ihre eigenen Zutaten zu verwenden.

Wir sind zwar ein wenig vom Thema abgekommen, doch ich würde gern noch etwas weiter in diese Richtung gehen und mit Ihnen über meine Wahrnehmung reden und darüber, wie sie Ihr Leben beeinflussen kann. Für Sie wird es anders sein, doch die Grundzüge sind gleich.

Beim Schreiben bin ich oft überrascht und begeistert, was auf meinem Bildschirm auftaucht. Ich bin gleichzeitig Autor und Leser. Diese Freude empfinden alle Künstler und Vortragenden, wenn sie ihre Kunst zum Ausdruck bringen. Schreiben macht mir so viel Spaß, dass ich es kaum erwarten kann, mich hinzusetzen und anzufangen. Bitte verstehen Sie, ich gehe nicht in Trance und rufe keine fremden Mächte, die nach meiner Pfeife tanzen sollen. Im Gegenteil, ich bin zutiefst und ganz einfach der Stille gewahr, das ist alles. Ich habe die Erfahrung gemacht, dass Stille die wunderbarsten Juwelen hervorbringt, wenn man einfach nur zuschaut und hinhört. Ich liebe Eckhart Tolles bereits erwähnte Beschreibung dieser Aufmerksamkeit, eines aufgrund seiner Unbefangenheit äußerst kraftvollen Zustands: Er sagt, wir sollten wie eine Katze sein, die ein Mauseloch beobachtet. Der Vergleich erfasst diesen subtilen Zustand von Neugier perfekt.

Wenn sie reine Stille erfahren, sagen die meisten von uns: „Na und?", und wenden sich mental wieder weltlichen Ablenkungen zu. Als Sie das erste Mal in *Erfahrung 1* Ihr Denken anhielten und mit den Nicht-Gedanken allein waren, haben Sie vielleicht nach „etwas", einem „Ding", Ausschau gehalten und nichts (das Nichts) oder „Kein-Ding" verpasst. Indem Sie die Übung immer wieder durchführten, wurden die Momente der Stille länger und tiefer. Ihr Körper entspannte sich nach und nach und Ihr Verstand ließ locker. Es folgte eine tiefe Wertschätzung für diesen einfachsten Seinszustand. In die Stille zu schauen ist, als würden Sie in einen tiefen, klaren Teich schauen. Auf den ersten Blick sehen Sie nur das Wasser an der Oberfläche. Doch wenn Sie Ihren Blick tiefer in das Wasser richten, entdecken Sie eine betörende Welt außerhalb Ihrer Reichweite. So ist es auch mit der inneren Stille.

✳

Ich suche nichts. Ich warte einfach, was aus der Stille kommt. Ich glaube, das ist die tiefste Bedeutung des Spruchs: „Alles kommt zu dem, der wartet", oder: „… zu dem, der still ist." Was Form annimmt, ist für mich. Ich schreibe für mich und teile es Ihnen mit. Wenn Sie diese Worte lesen, nehmen Sie die Essenz der reinen Stille auf, wie sie sich in mir spiegelt. Sie werden mit einigem von dem, was ich sage, in Resonanz gehen, aber nicht mit allem. Sie brauchen sich nicht anzustrengen, um von diesem Buch zu profitieren, ganz im Gegenteil. Nehmen Sie einfach das an, womit Sie in Resonanz gehen, und lassen Sie den Rest beiseite. Wenn Sie dieses Buch zum zweiten Mal lesen, werden Sie staunen, wie viel mehr inneren Frieden Sie empfinden. Und zwar deshalb, weil das, womit Sie in Resonanz gegangen sind, jetzt aufgeblüht ist wie die Blütenblätter einer Blume. Und diese Schönheit weckt andere schlafende „Knospen" in Ihnen, sich ebenfalls zu öffnen bzw. aufzuwachen.

Wenn ein Musiker ein Stück schreibt und aufführt, dann prägt er seinen persönlichen Ausdruck der inneren Stille diesem Musikstück auf. Wenn die Zuhörer das Werk hören, gehen sie mit der individuellen Widerspiegelung dieses Werkes in Resonanz. Die Stimmung der Musik bringt einen mitschwingenden Akkord in uns zum Schwingen und wir werden die Musik. Die reine Stille erschuf den Musiker, die Musik und die Zuhörer. Die Musik ist das Lied, das die Stille singt und durch das sie in uns unser eigenes Selbst erweckt.

Statt Musik zu hören, lesen Sie dieses Buch. Der „Mechanismus" ist der gleiche. Vielleicht ist Ihnen aufgefallen, dass Sie sich bei der Lektüre dieser Seiten leichter, friedlicher oder sogar spirituell inspiriert fühlen. Wie jede Musiknote, so schlägt auch jedes einzelne Wort die Saiten der Stille in Ihnen an. Bei der weiteren Lektüre wird Ihre Fähigkeit, gegenwärtig zu sein und im täglichen Leben die Stille in sich zu spüren, exponentiell zunehmen. Diese stille Ordnung wohnt den Worten inne, weil das „Ich" sich hingesetzt und beobachtet hat, während die Stille das Schreiben übernahm.

Ich schreibe das, was ich Ihnen mitteile, nicht einem höheren „Wesen" zu. In meiner Welt gibt es keine höheren Wesen. Wir sind alle gleich. Wir alle sind das höhere Wesen. Das muss so sein. Wenn Gott immer überall ist, dann muss er/sie/es *wir* sein. Ich glaube, wir sind einfach hier, um uns gegenseitig an diese Tatsache zu erinnern.

Dass ich dieses Buch schreibe, ist meine Art, mich selbst daran zu erinnern. Dass Sie dieses Buch lesen, ist Ihre Art, sich selbst daran zu erinnern. So ist dieses Buch unsere Musik.

Wie Sie die „Wunschsucht" überwinden

Wir untersuchten vorhin, wie ein Eindruck von unseren Sinnen oder anderen Gedanken und Gefühlen in der Erinnerung ein Handeln auslöst, das wiederum einen Wunsch hervorruft. Der Wunsch erzeugt dann Gefühle und Gedanken, die uns zum Handeln anregen. Gefühle, Gedanken und Handlungen öffnen den Verstand für neue Eindrücke und der Kreislauf beginnt erneut. Gedanken und Handlungen zielen darauf ab, unsere Wünsche zu verringern. Doch genau das geschieht nicht.

Der Verstand im üblichen Bewusstsein ist die Werkstatt des Ego. In diesem Bewusstseinszustand gelangen Eindrücke in die Erinnerung und geraten unter den Einfluss des Ego. Wie ein böser Zauberer manipuliert das Ego die Auswirkung des Eindrucks auf die Erinnerung meisterhaft und erschafft so die große Illusion, einen neuen Wunsch. Diese Wünsche wie „Ich brauche mehr Geld" oder „Ich möchte geliebt werden" dienen dazu, das „Ich" zu stärken und das „ICH" zu schwächen. Jeder Wunsch gleicht einem Stein, der eingemauert ist in das Fundament eines Gebäudes, das da heißt: Misserfolg bei der Suche nach Harmonie.

Nehmen wir uns einen Moment Zeit, um zwischen einem Wunsch und einer Vorliebe zu unterscheiden. Eine Vorliebe ist etwas, was Sie lieber mögen. Von den Farben Blau und Grün bevorzugen Sie vielleicht das Blau. Ein Wunsch ist eine vom Ego gesteuerte Emotion. Er ist etwas, was Sie Ihrem Gefühl nach wollen oder brauchen, damit sich ein Teil von Ihnen „vollkommener" fühlt. Wünsche entspringen der Erinnerung und bringen eine Unmenge sie unterstützender Gedanken und Emotionen mit sich. Falls Sie sich schon einmal etwas gekauft haben, was Sie nicht brauchten oder was Sie sich nicht leisten konnten, dann kennen Sie den Unterschied zwischen einer Vorliebe und einem Wunsch. Eine Vorliebe ist einfach und rein. Ein Wunsch ist vernebelt und verworren. Eine Vorliebe können Sie annehmen oder sein lassen. Ein Wunsch ruft ein Sehnen und Verlangen hervor.

Eindrücke brauchen nicht über Sinnesreize zu kommen oder aus Handlungen zu resultieren. Auch ein bloßer Wunsch kann sie hervorrufen. Ein unerfüllter Wunsch erzeugt Eindrücke für Erfüllung in der Zukunft. Ein erfüllter Wunsch erzeugt Eindrücke, die immer größere und stärkere Wünsche wecken. *Es spielt keine Rolle, ob Sie einen Wunsch erfüllen oder nicht – das übliche Bewusstsein produziert unablässig neue Wünsche.* Wir sind in einem Kreislauf gefangen, aus dem wir nicht herauskommen, indem wir an einem einzelnen Aspekt

10. Wie Sie Ihren Verstand „reparieren"

herumdoktern. Vergeblich ist unser Versuch, unsere Wünsche oder Eindrücke zu kontrollieren oder die Art, wie wir in der Erinnerung darauf reagieren. Der „unbeobachtete" Verstand wird vom Ego beherrscht. Das Ego ist krank, aber nicht dumm. Das Ego bringt uns dazu, uns mit dem „Ich" zu identifizieren, und es scheint, als hätten Sie eine getrennte Identität. Doch falls Sie glauben, Sie seien Ihre früheren Erfahrungen, dann sind Sie und das Ego eins. Ich habe den Feind gesehen, es ist das „Ich". Es ist brillant. Es ist verrückt.

Die Wünsche brauchen wir also nicht zu kontrollieren. Ein Wunsch zeugt nur von einem Denken, das sich verselbstständigt hat. Ein Wunsch entsteht, wenn wir nicht mit dem zufrieden sind, was wir haben. Unbehagen in irgendeiner seiner zahllosen Erscheinungsformen ermuntert den Verstand, anderswo Trost zu suchen. Er geht dann vielleicht in die Vergangenheit zurück, als die Dinge besser waren. Ihr Verstand erinnert sich vielleicht, wie herrlich das Leben war, als Sie das erste Mal verliebt waren, oder wie viel Geld Sie verdienten, bevor Sie „gesundgeschrumpft" wurden. Ihr Verstand blickt aber vielleicht auch in die Zukunft, wenn Sie sicher sind, eine aufmerksamere, dauerhafte Liebe zu finden oder einen besseren Arbeitsplatz mit besserer Bezahlung.

Wie heißt es? „Geld kann keine Liebe kaufen." Geld kann keine bedingungslose Liebe kaufen. Bedingungslose Liebe ist ein Eu-Gefühl, an das Geld oder Manipulation nicht herankommen. Doch an Bedingungen geknüpfte Liebesbeziehungen drehen sich oft um Geld. Am häufigsten wird in Beziehungen wegen Geld gestritten. (Mehr darüber in Kapitel 13)

Warum empfinden wir unser Leben als nicht vollkommen? Was treibt den Verstand in die Zukunft oder ermuntert ihn, hilflos in die Vergangenheit zu driften? Bei seiner „Zeugung" trennt sich das Ego vom Selbst und verliert sofort die Unterstützung des schöpferischen Mitgefühls dieser Einheit. Es spürt den Verlust tief und

> versucht, sich selbst zu vervollständigen, indem es Dinge ansammelt, etwa Autos, Häuser, Ideen, Vorstellungen oder Menschen. Das Ego sammelt immer mehr an und hofft, das Optimale zu bekommen – genau das, was es verlor, als es sich vom Selbst trennte.

Wünsche entspringen dem gespaltenen Herzen des Ego. Auf seiner Suche nach Ganzheit biegt das Ego den Verstand in die eine und dann in die andere Richtung. In der einen Richtung wendet das Ego Energie auf, um mehr Dinge anzuhäufen und mehr Kontrolle auszuüben. In der anderen Richtung verbraucht es Unmengen an Energie bei dem Versuch, sich vor trügerischen Monstern zu schützen, die es sich selbst ausgedacht hat.

*

Das Ego hat das Bedürfnis, vollständig zu sein, doch es hat ein Problem: Nur sein eigener Untergang macht es *ganz*. Es möchte seinen Thron der Macht nicht verlassen, doch gleichzeitig wird es getrieben, sich vor dem Selbst zu verbeugen. Kein Wunder, dass das heute am häufigsten verwendete Wort „Stress" ist. Die Vielzahl individueller Egos, die aneinanderstoßen und um einen Platz ganz oben rangeln, führt zu hektischen Reibereien, die sich jederzeit spontan entzünden können. Sie erkennen das Dilemma des Ego. Es hat einen unstillbaren Wunsch. Wenn Sie sich mit dem Ego identifizieren, wird das auch Ihr Dilemma.

Solange wir uns mit dem Ego identifizieren, empfinden wir eine vage Unzufriedenheit, von unserer inneren Quelle getrennt zu sein. Sie kann sich äußern als allgemeines Unbehagen, Ruhelosigkeit, Langeweile oder Angst. Dieses disharmonische Gefühl versuchen wir ständig abzustellen, indem wir Dinge tun. Dieses Gefühl gleicht einem leisen Geräusch, das wir zu übertönen versuchen, indem wir noch mehr Lärm machen, indem wir zu viel arbeiten, oder durch Drogen,

Sex und so weiter. Selbst „gute" Aktivitäten erzeugen Stress, solange sie „unbeobachtet" bleiben.

Wann immer Sie präsent, gegenwärtig sind, haken Sie sich vom Ego los. In diesem Moment der ruhigen Aufmerksamkeit erfüllen sich, während Sie „das Mauseloch beobachten", alle Ihre Wünsche. Jeder Wunsch entstand aus dem Bedürfnis des Ego nach Vollkommenheit. Sobald Sie beobachten, sind Sie vollkommen im Sinne von vollständig. Gedanken, Gefühle und Handlungen werden zweitrangig. Entscheidungen im Leben werden zu Vorlieben. Weil Sie des Ganzen gewahr sind, wünschen Sie sich nicht die Teile. Die Teile stehen Ihnen zur Verfügung und werden zur Quelle von Kreativität und Freude. Es besteht keine Notwendigkeit, nach einem flüchtigen Glücksgefühl zu streben. Ihre Wünsche sind erfüllt in dem Moment, in dem sie auftauchen.

So „reparieren" Sie Ihren Verstand

Geht im Motor Ihres Autos ein Teil kaputt, dann ersetzen Sie das defekte durch ein neues. Das defekte Teil stellt eine Störung des ganzen Mechanismus, einen Zusammenbruch der Ordnung dar. Das neue Teil entspricht dieser Ordnung mehr als das ältere, kaputte, weil es sich reibungslos einpasst in das geschlossene System, das wir Motor nennen. Wenn das neue Teil das alte ersetzt, kommt das ganze System wieder in (größere) Ordnung und Ihr Motor schnurrt wieder wie ein Kätzchen.

Als Sie das neue Teil in der Autowerkstatt kauften und einbauen ließen, traten Sie damit genau genommen aus dem defekten geschlossenen System heraus, um es in Ordnung zu bringen. Sie konnten den Motor nicht reparieren, indem Sie das defekte Teil herausnahmen und sofort wieder einbauten. Ebenso wenig Erfolg hätten Sie, wenn Sie es durch ein neues, aber defektes Teil ersetzen würden. Ihr Motor würde nicht funktionieren und Ihre Nachbarn kämen dann auch nicht mehr vorbei ... So würden Sie Ihren Automotor nicht behandeln. Wer das so machte, der wäre in Ihren Augen wie jemand, der beispielsweise mit

155

nur *einem* Ruder im Wasser ruderte ... Doch genau das machen Sie mit Ihrem Verstand, wenn Sie ein Problem „in Ordnung bringen"!

Zugegeben, ich schätze, wir können nicht einfach in einen örtlichen Laden gehen, der „Ersatzteile" für den Verstand verkauft, um dann ein defektes Teil des Verstandes zu ersetzen. Oder vielleicht doch? Können wir aus dem Verstand heraustreten und mit einem Ersatz für das Ego zurückkommen? In gewisser Weise: ja! Selbst-Gewahrsein bedeutet, aus dem Verstand herauszutreten, während er noch „läuft". In unserem Vergleich mit dem Automotor wäre das so, als würden wir den kaputten Motor anlassen, um zu schauen, wo das Problem liegt. Und ab hier „stottert" diese Analogie ein wenig. Wir *können* aus dem Verstand heraustreten und ihm „bei der Arbeit" zuschauen. Doch wir können nirgends Ersatzteile kaufen. Man kann nichts *tun*, um den defekten Verstand zu reparieren. Denn Tatsache ist: Ein defekter Verstand wird durch „Nicht-Tun" in Ordnung gebracht. Allein das *Beobachten* eines defekten Verstandes wird ihn „reparieren".

Darum geht es! Nicht das *Tun* bringt alles in Ordnung. Oder genauer gesagt, gerade beim Beobachten erkennen Sie, dass er bereits in Ordnung ist. Sobald man dem Ego bei seinen teuflischen Tricks zuschaut, kommt es damit nicht mehr durch. Das Ego muss in den geheimen, dunklen Winkeln des Verstandes werkeln. Das Ego ist Schatten. Durch das Beobachten verdirbt man ihm seinen Spaß. Wenn Sie Ihre Aufmerksamkeit auf Ihren tätigen Verstand richten, ist das, als würden Sie den Dimmer einer Glühbirne auf volle Helligkeit drehen: Je heller das Licht, desto schwächer die Schatten, bis sie schließlich verschwinden. Es gibt nichts zu reparieren. Erhöhen Sie einfach das wachsame Gewahrsein und Sie werden die Schatten als das erkennen, was sie in Wirklichkeit sind: die Abwesenheit von Licht.

Ihr Verstand ist die Glühbirne. Der Strom, der das Licht in der Glühbirne erzeugt, ist das Gewahrsein. Antworten kommen nicht aus Ihrem Verstand. Sie kommen aus dem Gewahrsein. In Kreativität und Ordnung kommt das Gewahrsein ganz rein zum Ausdruck. Falls Sie glauben, Ihre Antworten kämen aus Ihrem Verstand, hat dieser Ihnen wieder ein Schnippchen geschlagen. Der Verstand verwandelt Bewusstheit in Gedanken, wie die Glühbirne Strom in Licht umwandelt. Das Licht kommt von dem Strom, der durch die Birne fließt. Gedanken kommen aus dem Gewahrsein, das durch den Verstand strömt. Die Antworten auf die Probleme, vor denen die Menschheit steht, kommen aus dem Selbst-Gewahrsein, was einfach heißt: Man beobachtet lediglich, wie das reine Gewahrsein offensichtlich die Form eines Gedankens annimmt und einem „durch den Kopf geht".

Die Speisekarte ist nicht das Essen

Wenn wir bewusst eines Steins gewahr sind, glauben wir, wir wüssten, was der Stein ist. Wir nennen ihn „Stein" und legen ihn in der Erinnerung im Ordner „Steine" ab. Etwas zu benennen, zu etikettieren, das vermittelt uns das Gefühl, wir *besäßen* es dadurch. Das verleiht uns ein Gefühl von Macht über den Gegenstand. Das erinnert mich an die Kulturen von Ureinwohnern, die glauben, ein Foto fange ihre Seele und sperre sie in den Film ein. Je älter wir werden, desto mehr Dinge haben wir benannt. Recht bald springt der Verstand über das Leben wie ein flacher Stein über das Wasser. Weil er glaubt, er kenne den etikettierten Gegenstand schon, verliert er das Interesse. Der Verstand sagt: „Das kenne ich schon. Ich brauche es nicht mehr anzuschauen." Der Ausspruch, den ich so oft höre und der diese Haltung am besten wiedergibt, lautet: „Kenne ich schon!" Das ist das übliche Bewusstsein: zu glauben, wir hätten die Seele des Gegenstandes erfasst, weil wir in unserer Erinnerung ein Foto von ihm haben.

Wenn etwas etikettiert und in der Erinnerung gespeichert wird, ist es sofort überholt und unterliegt den Täuschungen, die in der Erinnerung zurechtgebastelt werden. Wer nur nach Etiketten lebt, verpasst den Genuss des Jetzt. Das ist recht ähnlich, wie wenn Sie in einem Restaurant ein köstliches Essen serviert bekommen, aber dann …: Während das dampfende Essen direkt vor Ihnen steht, vergleichen Sie es eifrig mit der Speisekarte. „Das sieht nicht so gut aus wie Nr. 7", verkünden Sie. „Aber es muss besser sein als Nummer 14. Das nächste Mal probiere ich Nr. 43. Das sieht absolut super aus." Mittlerweile haben Sie jegliches Interesse an dem realen Essen vor Ihnen verloren. Es ist inzwischen kalt und fade. Ein kaltes Essen kann mit mentalen Essensfantasien nicht mithalten.

Wenn wir „selbst-bewusst" sind, bleiben die Etikettierungen zwar bestehen, aber sie beeinflussen nicht, was wir in diesem Moment erleben. Mit anderen Worten, das Etikett aus der Vergangenheit schmälert nicht die Freude daran, den Gegenstand anzuschauen, wie er jetzt ist. Schauen Sie einem kleinen Kind zu, das das Benennen noch nicht gelernt hat. Es interessiert sich für *alles*. Selbst-Gewahrsein schaltet die Erinnerung auf „Stand-by", während es den Verstand und den Gegenstand beobachtet, als sähe es sie zum ersten Mal.

Mit praktisch jedem Gedanken ist ein Gefühl verknüpft und umgekehrt. Indem Sie auf die Emotion schauen, die den Gedanken begleitet, erkennen Sie nach und nach die Motivation hinter der Logik. Darauf weise ich Sie nicht hin, damit Sie Ihr Leben besser unter Kontrolle bringen, sondern damit Sie beobachten können, wie sich Ihr geniales Selbst im Geist widerspiegelt. Es ist wahrlich bemerkenswert.

Wie Sie Ärger loswerden

Ist Ihnen schon aufgefallen, dass Sie sich *erneut* ärgern, wenn Sie an etwas *denken*, worüber Sie sich früher einmal geärgert haben? Der Vorfall ist vorüber, liegt mitunter Jahre zurück und Sie ärgern sich immer noch, wenn Sie daran denken. Wie kommt das? Das trifft auch auf andere Gefühle zu, etwa Schuld, Eifersucht, Angst oder Rache. Wie sind Sie überhaupt in diese Bredouille geraten? Wie sollen Sie da je herauskommen?

Das Problem besteht darin, dass wir *an* unsere Gefühle denken. Wenn wir an etwas denken, machen wir es zu einem Gegenstand. An den Ärger zu denken trennt uns von ihm und lässt uns glauben, wir könnten ihn genauso „reparieren", wie wir es bei einem Automotor täten. Wir haben den Eindruck, wir bräuchten nur unser Verhalten zu verändern, den Quell des Ärgers zu beseitigen oder friedliche Gedanken zu denken, um die ärgerlichen zu neutralisieren. In diesem Fall ersetzten wir nur *ein* kaputtes Teil durch ein *anderes*. Nichts davon wird letztlich helfen. Vielleicht gelingt es uns, unseren Ärger, unsere Trauer oder unseren Schrecken eine Zeit lang in Schach zu halten oder zu unterdrücken, doch dieses Vorgehen packt diese dem Leben abträglichen Emotionen nicht an der Wurzel.

David Bohm schlägt vor, statt *an* den Ärger zu denken, sollten wir *Ärger denken*. Denn: *An* den Ärger zu denken ist nur ein erneuter Besuch bei den Emotionen, die schon da sind. Im Wesentlichen verwenden wir beim Denken *an* etwas die Etikettierungen, die bereits in der Erinnerung gespeichert sind. Wir sind überzeugt, wir erhielten neue, wertvolle Informationen über diesen Menschen, diesen Gegenstand oder dieses Ereignis. In Wirklichkeit ist das, was neu erscheint, nur ein Remix dessen, was schon in unserem Verstand gespeichert ist.

Ärger denken hingegen gestattet uns, die Begebenheit erneut zu durchleben, sodass wir den ablaufenden Mechanismus beobachten können. Beim Beobachten werden wir natürlich hineingezogen. Wir durchleben die gleichen Gefühle wie in der ursprünglichen Situation und unser Körper reagiert auf die gleiche Art und Weise. Alle negativen Emotionen wühlen den Verstand auf und lassen den Körper altern. Wenn wir eine schmerzliche Situation erleben (wie Ärger, Angst oder Trauer), dann neigen wir dazu, sie in unserer Vorstellung immer wieder zu durchleben. Das ist Lebensenergie für das Ego. Auch wenn wir nicht daran denken wollen, kann die Situation uns „packen". Wir sind machtlos und schaffen es nicht, damit aufzuhören. Unerwünschten Emotionen begegnen die meisten von uns mit dem Versuch, sie mit Drogen, übermäßigem Schlaf, mit hirnlosen Videospielen oder Fernsehen zuzudecken oder indem sie sich permanent beschäftigen. So versuchen wir, vor unserem Verstand davonzulaufen. Wir wollen *den* Teil des Verstandes herausschneiden, der den Schmerz verursacht. Wir versuchen, das „Ich" vom „Ich" zu trennen.

Das wird nie funktionieren. Die Trennung vom Verstand ist schon die richtige Idee, doch so geht es nicht. Jetzt möchten Sie mich sicher fragen: Wie können wir uns von der Vorherrschaft des Verstandes über uns trennen? Natürlich durch Selbst-Gewahrsein, also, indem wir aus dem Verstand heraustreten, indem wir zum Beobachter werden.

Wenn der Ärger das erste Mal auftritt, ist er sehr schnell da. Er kommt über uns, und bevor wir uns versehen, beginnen wir, unseren Ärger auszuagieren. Irgendwann im Laufe dieser Begebenheit oder kurz danach merken wir, dass wir uns ärgern. Indem wir Ärger *denken*, beobachten wir das Ereignis ein zweites Mal, nur diesmal in Zeitlupe. Wenn ein Ventilator sich schnell dreht, dann erscheinen seine Blätter wie eine feste Scheibe. Wenn wir den Ventilator ausschalten und den Blättern weiterhin zuschauen, sehen wir, dass diese optische Täuschung durch einzelne, separate Blätter zustande kam. Ärger denken bedeutet, des Selbst gewahr zu sein, während der Ärgermechanismus langsamer als beim ersten Mal ablaufen darf.

Greifen Sie nicht ein und bewerten Sie sie nicht, wenn Sie der Ärgermaschinerie zuschauen. Sehen Sie ihrem automatischen Ablauf einfach zu. Hegen Sie nicht die Absicht, den Ärger loszuwerden. Falls Sie versuchen, diesen speziellen Vorfall „auszubügeln", haben Sie nichts zu beobachten. Eine bestimmte ärgerliche Situation rührt von allgemeineren, tief verborgenen Emotionen her. Das konkrete Ereignis „auszulöschen" beseitigt noch nicht die Ursache des Ärgers. Es verändert nur Ihr Empfinden zu dieser einen Situation. Der Wunsch, zu analysieren und den Ärger chirurgisch zu extrahieren, ist vom Ego beeinflusst und wird Sie bis zu Ihrem letzten Atemzug nach den Symptomen jagen lassen.

Stattdessen verspüren Sie vielleicht das Bedürfnis, zu verstehen, *warum* der Ärger in Ihnen ist. Auch dann spielen Sie dem Ego in die Hände und lassen sich über die intellektuelle Schiene des Verstandes in die Illusion zurückziehen. Wenn Sie also ein Gefühl wie Ärger nicht in Ordnung bringen können oder seinen Mechanismus nicht

verstehen, was können Sie dann tun? – *Beobachten.* Mehr braucht es einfach nicht. Wenn Sie Ärger ganz unbefangen beobachten, passiert etwas Wundersames, Zauberhaftes:
Die rotierenden Blätter des Ärgers drehen sich langsamer und kommen zum Stehen. Wenn Sie eine Erinnerung an Ärger, Angst oder Schuld auf diese Art und Weise regelmäßig beobachten, werden Sie bald das Ereignis beobachten können, während es sich zuträgt. Der Ärger wird automatisch entschärft, sobald er zu einer Erinnerung wird. Sie erinnern sich zwar immer noch an das Ereignis, aber es trägt dann nicht mehr die erdrückenden Emotionen in sich, die Ihre schöpferische Lebensenergie schröpfen. Das ist, als würden Sie zuschauen, wie der beschlagene Badezimmerspiegel wieder klar wird. Ohne dass Sie sich anstrengen, spiegelt sich Ihr Selbst schon bald klarer wider.

Kerngedanken von Kapitel 10

- Der Verstand erschafft ein Problem durch seine Denkweise. Dann wirft der Verstand dem Problem vor, es mache Schwierigkeiten. Und danach versucht der Verstand, das Problem, das er selbst hervorgerufen hat, zu beheben; dabei lässt er die Grundursache des Problems außer Acht, nämlich sich selbst.
- Eindrücke in der Erinnerung erzeugen Wünsche, die uns zum Handeln antreiben. Dieses Handeln erzeugt neue Eindrücke in der Erinnerung, die weitere Wünsche hervorrufen und so weiter.
- Das Ego produziert Wünsche, weil es sich unvollständig, unvollkommen fühlt. Wünsche stärken das „Ich" und schmälern unsere Wertschätzung für das „ICH".
- Wünsche rufen letztlich immer mehr und immer größere Wünsche hervor.
- Solange wir uns unvollständig und unvollkommen fühlen, spielt es keine Rolle, ob ein Wunsch erfüllt wird oder nicht – es tauchen unablässig neue Wünsche auf.
- Wenn Sie des Ganzen gewahr sind, wünschen Sie sich nicht die Teile.

- Etikettierungen schmälern unsere Wertschätzung für den Gegenstand, wie er genau jetzt ist.
- Wenn wir ein Gefühl *beobachten*, ohne es zu analysieren oder zu bewerten, kann es in der Erinnerung bleiben, ohne dass ihm schwächende Emotionen anhaften.

11. Wie Sie psychischen Kummer und Schmerz zum Verschwinden bringen

„Ich empfinde das Leben immer mehr als freudvoll."

Johan Peter Muller

Für mich ist Gott formlos, frei von Grenzen, und er durchdringt doch alle Formen. Aber das war nicht immer so. Es gab eine Zeit, als mein Gottesbild sehr persönlich und praktisch war. Damals verfolgte ich aufmerksam, wie sich die Herrlichkeit der Engelreiche vor mir entfaltete, und ich nahm in Kleingruppen die Lehren aufgestiegener Meister in mich auf. Sowohl über wie auch unter meiner körperlichen Existenz gab es zahllose Ebenen des Lebens und ich lernte von allen, die ich kennenlernte. Diese Welten waren für mich so real wie die materielle, in die ich hineingeboren wurde. Vielleicht tun Sie diese Welten rasch als Flucht in eine fantastische Fantasterei ab, wie ich es anfangs tat. Das stünde Ihnen natürlich frei, gäbe es nicht die außerordentlichen Methoden und Techniken, die mir von diesen Reichen der Fülle durchgegeben wurden. Ich trage sie auch heute noch in mir, ähnlich wie Erinnerungen an Orte, die ich auf dieser Erde besucht habe. Diese Reiche existieren, doch sie ziehen mich nicht an. Ich bevorzuge die ungemein einfache Schönheit dieser Welt. Sie ist vollkommen, so wie sie ist.

In den späten 1980er-Jahren, als Gott für mich noch eine Form hatte, bat ich um eine Technik, die den Verstand leicht und schnell zur Ruhe bringt. Die Antwort war die „Tor-Technik" (vgl. nächste Seite). Einige Jahre lang hatte ich in meiner Chiropraktiker-Praxis für eine Gruppe engagierter spirituell Suchender Treffen veranstaltet. An jenen Abend erinnere ich mich besonders deutlich. Es war ein bitterkalter, grauer Januartag gewesen und ich war überrascht, dass an diesem Abend überhaupt jemand dem „grau-samen" Wetter in Michigan getrotzt hatte. Gleichwohl hatten wir ein volles Haus. Ich hatte mich schon ein paar Tage vorher mit den Gruppenmitgliedern in Verbindung gesetzt und mitgeteilt, dass wir eine neue Art der inneren Erforschung ausprobieren würden, teilte aber keine Einzelheiten mit. Und zwar deshalb, weil ich keine Ahnung hatte, was sich an diesem Abend zeigen würde – falls überhaupt etwas.

Die Gruppe machte es sich auf den Sitzen bequem und blickte mich erwartungsvoll an. Ich saß da und zwinkerte zurück. Gott sprach nicht mit mir. Er war ungewöhnlich ruhig. Weil ich nicht wusste, was ich sonst hätte tun sollen, bat ich die Anwesenden, die Augen zu schließen. Wir saßen scheinbar lange mit geschlossenen Augen da, doch in Wirklichkeit waren es nur ungefähr zehn Minuten. Ich suchte in der Stille sorgsam nach irgendeinem Zeichen göttlicher Aktivität. Je angestrengter ich schaute, desto mehr entzog die Stille sich mir.

Schließlich gab ich auf. Ich erinnere mich noch an meinen Gedanken, dass dieser Abend wohl recht kurz werden würde; zumindest wären Kekse und Tee nahrhaft. Dann erregte eine Form innerhalb des Formlosen meine Aufmerksamkeit. Aus dieser Stille heraus erschien mein Gott plötzlich. Mit blitzartiger Intuition wurde mir bewusst: Ich hatte darauf gewartet, dass „meine" Technik sich zeige, damit „ich" mir eine weitere Feder an „meinen" Hut stecken könne! Sobald ich wieder demütig genug geworden war, trat Gott ein. Auf dieser Grundlage der Demut begann die Unterweisung.

Nachdem sich seine großartige Form ganz manifestiert hatte, verschwand er völlig unerwartet wieder in die Stille. Ich dachte, er verlasse mich. Und in gewisser Weise tat er das wirklich. *Er* wurde zu *es*, zu einem Prozess, der erst sieben Jahre später zum Abschluss kam. Aus dieser Stille heraus kam die Tor-Technik. Die Gruppe saß ruhig da und ich führte sie durch diesen Prozess, der mentales Leiden beseitigt.

Erfahrung 4: Die Tor-Technik

Setzen Sie sich bequem auf einen Stuhl, an einem Ort, wo Sie zehn bis zwanzig Minuten lang nicht gestört werden. Schließen Sie Ihre Augen und lassen Sie Ihre Gedanken zehn bis zwanzig Sekunden lang umherschweifen. Achten Sie jetzt auf Ihre Gefühle. Vielleicht empfinden Sie Gefühle wie Besorgnis, Frustration oder vielleicht sind Sie ein wenig kribbelig. Es spielt keine Rolle, was Sie fühlen; beobachten Sie einfach weitere zehn bis zwanzig Sekunden, was da ist.

Schauen Sie jetzt nach einem Eu-Gefühl. Beispielsweise könnten Sie wahrnehmen: Ruhe, Stille, Gelassenheit, Frieden, Freude, Glückseligkeit oder Ekstase. Vielleicht sehen oder hören Sie andere Wörter, wie: Licht, Liebe, Mitgefühl, Raum, Unendlichkeit, reine Energie, Existenz oder Gnade. Sie werden da sein und eines davon wird aus den übrigen herausstechen. Falls kein bestimmtes Eu-Gefühl auftaucht, suchen Sie sich behutsam eines aus und schenken Sie ihm Ihre ganze Aufmerksamkeit. Mischen Sie sich nicht ein, beobachten Sie einfach.

Ihr Eu-Gefühl verändert sich vielleicht, während Sie es beobachten. Es wird vielleicht größer oder lauter oder es verklingt, verwandelt sich in ein anderes Eu-Gefühl oder verschwindet völlig. Unter Umständen wendet sich Ihr Verstand anderen Gedanken zu oder Sie fangen an, auf die Geräusche in Ihrer Umgebung zu lauschen. Vielleicht vergessen

Sie sogar eine Zeit lang, dass Sie die Tor-Technik machen. In diesem Fall sind Sie schon wieder aufmerksam, sobald Sie das Abschweifen bewusst wahrnehmen. Beobachten Sie einfach weiterhin Ihr Eu-Gefühl, ohne sich einzumischen. Sie können behutsam nach einem anderen Eu-Gefühl suchen und den Prozess von vorn beginnen. Es spielt keine Rolle, was passiert, solange Sie nur *beobachten*, was sich vor Ihnen abspielt. Es geht darum, nur zu beobachten, was geschieht, ganz egal, was vorgeht.

Führen Sie die Tor-Technik zehn bis fünfzehn Minuten lang durch. Öffnen Sie nach dem Abschluss Ihre Augen nicht zu schnell und springen Sie ebenso wenig sofort auf, um sich anderen Dingen zuzuwenden. Halten Sie Ihre Augen noch geschlossen. Nehmen Sie sich eine oder zwei Minuten Zeit, um sich zu strecken und in die äußere Welt zurückzukehren. Schlüpfen Sie dann ganz gelassen wieder in Ihr aktives Leben.

Körperlich werden Sie entspannt sein, vielleicht entspannter, als Sie es lange Zeit waren. Psychisch werden Sie im Frieden sein. Und was haben Sie getan, um so zu werden? Nichts! Sie haben nur beobachtet. Die Tor-Technik lehrt uns, uns allein auf die Beobachtung zu verlassen. Was da passiert, ist fast wie „Magie", denn ohne einen Funken Anstrengung setzt eine tiefe Heilung ein. Ja, jegliches *Bemühen* ist kontraproduktiv. Tatsächlich bewirkt die Tor-Technik, dass Sie Ihre Psyche in den Heilwassern des Selbst baden. Das Selbst weiß es am besten. Im Grunde genommen richten wir uns auf die Weisheit des ICH BIN aus.

Bei regelmäßigem Praktizieren werden Sie körperlich und psychisch mehr Energie verspüren, Sie werden entspannter sein, weniger krank, widerstandsfähiger gegen mentalen und emotionalen Stress und Ihre Beziehungen werden sich verbessern. All das erreichen Sie einfach durch Achtsamkeit. Sie werden sehr schnell merken, dass Sie auch „außerhalb" der Tor-Technik in Ihrem Alltag immer mehr beobachten. Die Tor-Technik ist in sich vollständig. Sie können sie aber auch anderen Praktiken voranstellen, um deren Wirkung zu steigern.

Indem Sie sie täglich durchführen, wird es Ihnen bald zur Gewohnheit werden, auch während anderer Tätigkeiten zu beobachten.

Schlechte Stimmungen „wegschmelzen"

Bisher ist schon viel über das Thema psychischer Schmerz geschrieben worden. Der Verstand ist für seinen eigenen Schmerz verantwortlich. Der Schmerz kommt nirgendwo anders her und kann nur geheilt werden, indem man über den Verstand hinausgeht, hinein in die Freude, die Mutter des Geistes. Freude und Friede, Glückseligkeit und Ekstase sind unterschiedliche Widerspiegelungen des ausdruckslosen Selbst im Geist. Diese Eu-Gefühle sind, wie Sie sich erinnern, immer da, ob wir sie bemerken oder nicht. Sie hängen nicht von unseren Stimmungen ab, die sich wie unsere Gedanken und bedingten Gefühle verändern. Es ist ganz einfach. An Bedingungen geknüpfte Gefühle, die nicht von Eu-Gefühlen getragen werden, verursachen die menschliche Verfassung, die als „Problemorientierung" bezeichnet wird. Der „problembehaftete" Verstand ist verwirrt, wütend, ängstlich, misstrauisch und zerstörerisch.

Es ist an der Zeit, dass Sie mit dem Leiden aufhören. Die Lösung ist einfach und zum Greifen nah, erfordert aber ein wenig Engagement Ihrerseits. Es ist nur eine Frage der Prioritäten. Wollen Sie ein so freudvolles Leben, wie Sie es sich gar nicht vorstellen können, oder wollen Sie weiterhin mit dem Rest von uns leiden? Nur Sie können diese Entscheidung treffen. Und Sie treffen sie nicht nur einmal, sondern jede Sekunde an jedem Tag Ihres Lebens. Betrachten Sie es einmal so: Die meisten von uns verwenden mehr Zeit darauf, ihre *Kleidung* für den Tag auszuwählen, als dass sie sich damit beschäftigen, das Leiden zu beenden. Beginnen Sie da, wo Sie jetzt stehen. Was Sie in spiritueller Hinsicht erreichen, das kann Ihnen nie mehr genommen werden und Ihre Entwicklung wird exponentielle Fortschritte machen. Das verspreche ich Ihnen.

Einen Moment bitte, bis ich von meinem improvisierten Rednerpodest wieder heruntergestiegen bin! So …, lassen Sie uns nun mit dem anstehenden Thema fortfahren: Psychischen Schmerz lindern. Stellen Sie sich einen Schlauch mit einer Düse vor. Die Düse regelt, wie das Wasser aus dem Schlauch austritt. Wenn Sie den Regler in die eine Richtung drehen, tritt feiner Nebel aus. Drehen Sie ihn in die andere Richtung, spritzt das Wasser in einem kräftigen Strahl. Dieses Wasser steht für Ihren Bewusstseinsstrom; es kommt darauf an, wie Ihr Verstand ihn nutzt. Bei der Sprüheinstellung gelangt der Dunst dahin, wohin der Wind ihn trägt. Stellen Sie aber auf „Wuuuschschsch …“, dann reinigt der Strahl Ihre Gehsteige und Fahrbahnen von Schmutz. Meistens ist unser Verstand auf Sprühen eingestellt. Die Winde eines nicht fokussierten Verstandes blasen unsere Gedanken umeinander. Wir lernen, unser Bewusstsein vorübergehend genau *so* auf „eng“ zu stellen, dass der emotionale Schmutz abgewaschen wird.

Denken Sie daran, ich breche hier keine Lanze für Konzentration, Analyse, freie Assoziation oder eine andere strukturierte, mentale Technik oder Therapie. Der Trick besteht darin, zu beobachten, ohne zu steuern. So geben wir uns der unendlichen, Ordnung schaffenden Intelligenz des Selbst hin. Eine psychische Missstimmung entsteht dadurch, dass das „Ich“ die Weisheit des „ICH“ außer Acht lässt. Eine am „Ich“ orientierte Technik heranzuziehen würde nur weitere Probleme heraufbeschwören. Wir setzen den Mechanismus in Gang und lassen dann das *Selbst* die ganze Arbeit machen. So hätten wir es von Anfang an machen sollen, bevor wir so viel Schmerz in unsere psychische Tasche packten. Das ist nun wie ein Sprung in ein kühles, sauberes Schwimmbecken: Wir brauchen uns nur auf dem Sprungbrett weit genug nach vorn zu lehnen und die Schwerkraft für uns wirken zu lassen.

Stimmungen „wegschmelzen“: So geht's

Bei dieser Übung wenden Sie die Gabe des Sich-nicht-Einmischens darauf an, bestimmte negative Emotionen zu beseitigen, die in der Erinnerung abgelagert sind. Diese Emotionen wirken weiterhin zerstörerisch und beeinträchtigen Ihre Lebensqualität.

Erfahrung 5: Negative Emotionen auflösen

Sorgen Sie dafür, dass Sie mindestens 15 Minuten lang nicht gestört werden, und setzen Sie sich in einer bequemen Haltung hin. Schließen Sie die Augen und beobachten Sie Ihren Gedankenfluss. Rufen Sie sich nun eine leicht bis mittelmäßig negative Situation ins Bewusstsein. Das kann irgendetwas aus Ihrer Vergangenheit sein oder eine absehbare angstbesetzte Situation in der Zukunft. Führen Sie sich diese Situation sehr klar vor Augen. Erleben Sie die Situation, die Personen und die Orte so intensiv, wie Sie das möchten. Identifizieren Sie Ihre Emotionen, eine nach der anderen; halten Sie dabei nichts zurück. Lassen Sie zu, dass sich die Emotionen nach Belieben verstärken. Stufen Sie nun die Intensität dieses Ereignisses, das Sie gerade erleben, auf einer Skala zwischen 1 und 10 ein. Zehn ist dabei das intensivste Gefühl, das Sie empfinden könnten.

Beobachten Sie weiterhin Ihre Emotionen. Eine von ihnen wird ausgeprägter sein als die anderen. Untersuchen Sie diese Emotion eingehend. Vielleicht können Sie sie irgendwo in Ihrem oder um Ihren Körper empfinden. Finden Sie heraus, wo im Körper die Emotion lokalisiert ist. Betrachten Sie sie genauer. Welche Farbe hat sie? Welche Form? Welche Beschaffenheit? Geht sie mit einem Geräusch oder Ton oder mit einem Geschmack einher?

Sobald Sie die Emotion lokalisiert haben, holen Sie Ihr mentales Vergrößerungsglas heraus und schauen Sie genau an. Am besten achten Sie sehr genau darauf, wie sich dieses Gefühl äußert, indem Sie seine Eigenschaften betrachten, wie eben beschrieben. Nehmen Sie das Gefühl auf diese Art und Weise immer genauer wahr ... und schon bald wird es anders auf Sie wirken. Es könnten sich beispielsweise Farbe, Lokalisation oder Form ändern. Die Emotion könnte sich abschwächen oder verstärken oder in eine ganz andere verwandeln. Vielleicht müssen Sie sie einige Minuten lang beobachten, bevor sich etwas verändert, aber sie wird sich ändern. Und wenn sie sich verwandelt, dann betrachten Sie sie noch genauer. Schauen Sie, ob sich Form, Größe, Farbe oder Beschaffenheit ebenfalls verändert haben.

Beobachten Sie weiterhin aufmerksam alle Veränderungen nacheinander. Mit der Zeit, manchmal schneller, mitunter nicht so schnell, wird spontan ein Eu-Gefühl auftauchen. Beobachten Sie das Eu-Gefühl genauso, wie Sie es bei der negativen Emotion getan haben, indem Sie seine Form, Beschaffenheit, seine Lokalisierung im Körper und Ähnliches ermitteln. Schon bald werden Sie sich rundum leicht und voll inneren Friedens fühlen. Praktizieren Sie dieses Wegschmelzen negativer Stimmungen mindestens zehn Minuten lang. (Sie können es auch so lange machen, wie es Ihnen behagt – bis zu einer Stunde.) Machen Sie sich keine Gedanken, falls Ihr Verstand anfängt, umherzuschweifen; das wird er. Finden Sie einfach das Gefühl wieder und beginnen Sie den Beobachtungsprozess erneut.

Wenn Sie Ihre Sitzung beenden möchten, dann nehmen Sie sich unbedingt etwa fünf Minuten Zeit, um mit geschlossenen Augen einfach nur dazusitzen oder zu liegen. So können sich Ihre noch nicht aufgelösten Emotionen zerstreuen. Gehen Sie danach gedanklich noch einmal zu dem ursprünglichen Ereignis zurück, wie zu Beginn dieser Übung. Stufen Sie es erneut zwischen 1 und 10 ein. Ihr emotionales Unbehagen wird signifikant nachgelassen haben.

An diesem Wegschmelzen negativer Emotionen ist mehr dran, als man auf den ersten Blick sieht. Freilich, Sie fühlen sich wunderbar und sind auf Ihrer emotionalen Messlatte jetzt bei einer niedrigeren Punktzahl. Doch ist die Übung wirklich noch etwas anderes als nur

11. Wie Sie psychischen Kummer und Schmerz zum Verschwinden bringen

ein „Generator" für ein warmes und wohliges Gefühl? Die Antwort ist ein eindeutiges Ja!

Sobald Sie auf diese Art und Weise beobachten, werden die Emotionen, die dieses Ereignis ausmachen, in ihrer Intensität beträchtlich nachlassen. Viele von Ihnen werden feststellen, dass die ursprüngliche negative Emotion auf der emotionalen Skala schon nach wenigen Minuten nicht einmal mehr bei 1 ist. Die Intensität der Begebenheit wird immer zurückgehen, wenn Sie *beobachten* und dabei nicht versuchen, etwas in Ordnung zu bringen oder vor etwas davonzulaufen. (Davonlaufen ist auch eine Art, etwas in Ordnung zu bringen.) Es ist wirklich erstaunlich. Allein dadurch, dass Sie sich von dem kochenden Eintopf entfernen, können Sie den Geruch und Geschmack genießen, den die übrige Erinnerung durch die Luft trägt. Sie gehören nicht mehr zu den „Zutaten". Sie konsumieren und geraten nicht mehr unter die Räder. Jetzt können Sie genießen, *ohne* zu leiden – welches Gericht das Leben Ihnen auch auftischt. – So, genug Analogien mit Essen; ich schätze mal, ich habe Hunger bekommen. Entschuldigen Sie mich mal kurz, ich hole mir rasch einen Happen zu essen. –

Hallo, hier bin ich wieder. Das Wegschmelzen negativer Gemütslagen löscht also alte emotionale „Tonbänder". Sie können dieselbe unangenehme Situation morgen oder nächste Woche oder nächstes Jahr wieder hervorholen und sie bleibt am unteren Ende der Emotionsskala. Nicht nur das, dieses Wegschmelzen griff auch tief in die Erinnerung, packte Emotionen bei der Wurzel und neutralisierte sie dadurch; und zwar Emotionen, die mit dem ursprünglichen Ereignis zusammenhingen, die Sie aber nicht bewusst damit assoziierten.

Denken Sie daran, Ihre Erinnerung verändert sich ständig. Eine bestimmte Begebenheit wie die, die Sie in Übung 5 heranzogen, wird von eher allgemeinen Emotionen beeinflusst, etwa von Ärger, Eifersucht oder Trauer. Mit einer allgemeinen emotionalen Erinnerung können viele verschiedene Ereignisse verknüpft sein. Diese allgemeinen Emotionen wiederum entspringen der einzigen Ur-Emotion, der

Angst. Falls Sie die Übung des Wegschmelzens bis zum Ende durchgeführt und festgestellt haben, dass ein Eu-Gefühl die negative Emotion abgelöst hat, haben Sie die allgemeinen Emotionen wirksam aufgelöst; ebenso die Angst, die sich in der ursprünglichen Situation widerspiegelte und in anderen Ereignissen, die mit diesem Erinnerungsbereich zusammenhingen. Das ist sehr gut. Es bedeutet: Verborgene Erinnerungen können Sie nicht mehr tyrannisieren. Die Erinnerungen bleiben bestehen, doch ohne ihre emotionale Ladung.

Ähnlich ist es, wenn man ein Seil verbrennt. Wenn Sie ein dickes Stück Seil in die Flammen werfen und zuschauen, bis es völlig verbrannt ist, bleibt nur Asche übrig. Die Asche sieht dem ursprünglichen Seil sehr ähnlich, aber sie kann Sie nicht mehr binden. Sobald Sie die Asche des Seils aufheben wollen, zerfällt sie in Ihrer Hand. Ihre beobachteten Erinnerungen behalten ihre Form, sind aber nicht mehr in der Lage, Sie zu binden. Vielleicht ertappen Sie sich sogar bei einem Lächeln, wenn Sie eine ehemals leidvolle Erinnerung „besuchen". Sie hat ihren Zweck erfüllt. Sie hat Sie *bewusst* gemacht.

Von allen Übungen erfordert das Wegschmelzen die größte Sorgfalt, damit Sie von dieser „Nicht-Arbeit" profitieren können. Bitte denken Sie daran, es ist eine Beobachtungsübung, deshalb sollte sie mühelos sein. Der Schlüssel liegt darin, nicht bestimmte Ergebnisse zu erwarten, sondern die zu akzeptieren, die Sie bekommen. Jegliches Bemühen, die Kontrolle zu behalten, wird nur mehr Leiden bringen.

Am besten beginnt man mit kleineren Störungen im Leben. Sobald Sie den Dreh heraushaben, können Sie sich lästigeren Ereignissen zuwenden und sie neutralisieren. Anfangs könnten Sie auch eine Freundin oder einen Freund um Unterstützung bitten. Sie oder er können Fragen stellen wie: „Was *fühlst* du? (Achten Sie darauf, dass Sie ein *Gefühl* beschreiben und nicht einen allgemeinen Zustand. Letzterer wäre wie ein Nebelschleier, der von den Gefühlen ablenkt. Schauen Sie tief in den Zustand hinein, um das Gefühl zu finden. Beispiele für unspezifische Zustände sind: unglücklich, müde, verwirrt, gefühllos, unentschlossen, gereizt.) Ist das Gefühl *im* Körper oder

11. Wie Sie psychischen Kummer und Schmerz zum Verschwinden bringen

außerhalb? Wo? Welche Form, Farbe und Beschaffenheit hat es? Macht es ein Geräusch? Hat es einen Geruch? Wie würde es sich anfühlen, wenn du es anfassen könntest? ..." Der Freund oder die Freundin, stellt nur diese Fragen, keine anderen. Entscheidend ist, dass sie keine Analyse, Bewertung, Bildersprache oder eine andere verstandesorientierte Technik hineinbringen.

Diese Art von Hilfestellung wird Sie kontinuierlich an das Beobachten erinnern. Anfangs lassen Sie sich vielleicht von Gedanken und Emotionen davontragen und halten sich überwiegend im üblichen Bewusstsein auf. Die andere Person kann den Prozess verkürzen. Sie braucht nicht zu wissen, was Sie gerade beunruhigt. Alle *Inhalte* können Sie vertraulich in Ihrem Inneren verstauen. Ich habe schon Hunderten Menschen geholfen, sich von blockierenden Gefühlen zu befreien, und wusste nie, was sie im Einzelnen plagte. Die Einzelheiten sind unwichtig. Ein gesundes Gefühlsleben beginnt mit dem Gewahrsein des Selbst. Mehr brauchen Sie nicht zu erkennen. Ihr „Helfer" braucht nur diese einfachen Fragen zu Farbe, Lokalisation und Ähnlichem zu stellen, dann haben Sie es leichter, Ihren mentalen Wasserschlauch „voll aufzudrehen".

Mitunter mögen Sie den Impuls haben, sich von einer Erinnerung oder von einer Situation in der Zukunft *abzuwenden*, wenn Sie sie erstmals angehen. Denken Sie daran, das Ego braucht die Dunkelheit. Bewusstes Gewahrsein ist Licht. Wenn Sie anfangs Negativität wahrnehmen, ertappen Sie sich vielleicht bei dem Satz: „Besser keine schlafenden Hunde wecken", und Sie stellen den Wasserschlauch wieder auf „Sprühstrahl". Das ist in Wirklichkeit das Ergebnis der finsteren Umtriebe des Ego. Beim ersten Annähern erscheint das Problem vielleicht unüberwindlich. Es könnte Sie das Gefühl beschleichen, es habe ja doch keinen Sinn, die Dinge aufzurühren, weil Sie sich nie durch ein so unangenehmes und verzwicktes Problem hindurcharbeiten könnten.

Das träfe auch zu, wenn Sie Ihre Probleme „durcharbeiten" würden. Doch das überlässt man besser Fachleuten wie Psychologen und

Psychiatern. Hier wenden Sie keine Analyse oder andere verstandesgelenkten Verfahren an. Sie gehen über den Verstand hinaus und *beobachten* einfach, was geschieht. Das Ego hofft, dass Sie sich von einem grässlichen „schwarzen Mann" aus Ihrer Vergangenheit abschrecken lassen. Anfangs empfinden Sie vielleicht mehr Angst, vor allem, wenn sich das Ego sehr verletzlich fühlt. Angst ist die Grundemotion, die Emotion, aus der alle anderen hervorgehen. Wenn Sie an ihr zu nah dran sind, löst das Ego einen Angstschauer aus, der Sie bis ins Mark erschüttern kann. Wenn Sie diesen wieder „in Ordnung" zu bringen versuchen, bekämpfen Sie Angst mit Angst. Sie versuchen, die Angst wegzubekommen, weil Sie sich vor ihr fürchten. Das kann natürlich nicht klappen.

Wenn wir beobachten, versuchen wir nicht, irgendetwas in Ordnung zu bringen. Wir beobachten, um zu schauen, was geschieht. Sie sehen, wir leben *normalerweise* irrtümlich nach Gesetzen, die erst das *Ego* mit seiner verzerrten Wahrnehmung aufgestellt hat. Aber indem wir den Prozess verfolgen, *ohne* uns einzumischen, entfernen wir den verzerrten Einfluss des Ego. *Beobachten* ist der Beginn eines Lebens frei von Problemen. Dann braucht nichts in Ordnung gebracht zu werden. Wir sind schon angekommen. Alles, was auf Täuschung aufgebaut war, wird klar. Wir brauchen nichts zu tun.

Es gibt einen alten Spruch zum Triumph des Selbst über das Ego: „Alle Dinge, gute wie schlechte, zerfallen zu Staub vor den Füßen des nahenden Herrn." Wenn wir „schlecht" durch „gut" ersetzen wollen, müssen wir erst bestimmen, was gut ist und was schlecht. Dann müssen wir überlegen, was zu tun ist, um das Schlechte durch das Gute zu ersetzen. Das sind Entscheidungen, die der begrenzte menschliche Verstand nicht treffen kann. Doch das Ego hat uns vom Gegenteil überzeugt. Das reine Beobachten bringt uns davon weg, „Gott zu spielen", und lässt uns zuschauen, wie sich die Schöpfung mühelos entfaltet. Wenn wir von dem Versuch ablassen, das, was ist, in Ordnung zu bringen, sind wir frei, das Leben so zu beobachten, wie es ist. Und während wir das, was ist, beobachten, verlieren wir das Interesse an dem, was sein könnte oder was war. Dann entgleitet das Leiden still und leise unserem Zugriff.

„Gib mir mein Leiden!"

Wenn Sie den Wert des Beobachtens schätzen lernen, merken Sie sofort, wenn sich das Ego wieder ins Spiel geschlichen hat. Der Unterschied ist auffällig. Mit dem Ego kommt die Anstrengung. Dass das Ego die Fäden in der Hand hält, lässt sich zuverlässig daran erkennen, dass das Leben anstrengend wird. Sie konzentrieren sich dann auf ein Ziel und legen sich mächtig ins Zeug, um dieses Ziel zu erreichen. Anstrengung ist die Reibung, die das Gefühl von Dualität hervorruft. Sie haben den Eindruck, Sie würden *gegen* einen Gegenstand, eine Person oder eine Vorstellung oder Situation ins Rennen geschickt. Dann kommt es zu der Vorstellung: „ich" gegen die Hindernisse auf dem Weg zum Ziel – in der Tat eine Zentnerlast. Die Sichtweise, das Leben stelle Sie vor Hindernisse, die Sie überwinden müssten, damit Sie die Umstände besser kontrollieren könnten, ist gefährlich. Sie beschwört Probleme herauf und blüht angesichts von Problemen auf. Sie lebt von Problemen.

Wenn wir das Selbst nicht kennen, empfindet das „Ich" keine Ganzheit. Ohne Anker im Gewahrsein, das das „Ich" am reglosen Selbst festmacht, wird das „Ich" von den Wellen des Zufalls und der Umstände hin- und hergeschleudert. Das kleine „Ich" prallt immer wieder gegen das felsige Ufer der Relativität – und das liebt es. „Gib dein Bestes!", übertönt das „Ich" das wilde Durcheinander der Qualen. „Gib mir mein Leiden!" Klingt das in Ihren Ohren absurd? Erzählt Ihnen Ihr Verstand ganz ruhig, niemand würde sich für das Leiden entscheiden? Vielleicht sollten wir uns die Motivation des „Ich" einmal genauer ansehen.

Kennen Sie jemanden, der seine Probleme liebt? Kennen Sie Menschen, die in Krisen aufblühen, deren Leben eine waschechte Seifenoper ist? Der Friede wird zu ihrem Feind; gegen jede Lösung ihrer Probleme kämpfen sie an. Das sind die Menschen, über die Sie selbst vielleicht sagen: „Lernen die nie etwas dazu? Sie machen die gleichen Fehler immer und immer wieder." Ihr Selbstgefühl ist untrennbar mit Chaos verwoben. Sie hören nicht auf die Vernunft. Wenn sie nur auf *Sie* hören würden, Sie könnten ihnen sehr wohl sagen, wie sie sich über ihr Leiden erheben könnten ... Könnten Sie es wirklich? Unterscheiden Sie sich so sehr von ihnen?

Die letzte Frage kann ich nicht beantworten. Sie vielleicht ebenso wenig. Doch Sie müssen sich diese Frage stellen. Machen Sie in Ihrer Wahrnehmung den gleichen Kardinalfehler wie jemand, der emotionalen Schmerz *braucht*, um seinem Leben einen Sinn zu geben? Ist Ihr Leben anders, nur weil Sie darauf vertrauen, dass die Familie, Geld, die Politik oder die Religion Ihnen Sinn und Bedeutung vermitteln?

Das Leben ist wie eine lange Autofahrt

Das Leben gleicht einer langen Autofahrt. Wir fahren freudig dahin und achten nicht sonderlich auf dies und das. Unser bewusster Verstand, der ziellos wie ein Schmetterling von Thema zu Thema flattert, hat keinen offensichtlichen Nutzen von dieser Fahrt wird bei dieser Fahrt anscheinend nicht *gebraucht*, weil das Unterbewusste den Weg zu kennen scheint. Weil der bewusste Verstand ja bewusst ist, fragt er sich schon bald: „Was ist der Sinn dieser Fahrt?" Falls die Antwort lautet: „An meinem Ziel anzukommen", dann kann der bewusste Verstand das Leben weiterhin vorüberfließen lassen, gewohnheitsmäßig unbeobachtet, denn auf der Straße des Lebens kann man meist auf Autopilot fahren.

Schon bald wird ihm langweilig und er beginnt, sich Spiele auszudenken, wie es Kinder auf langen Autofahrten tun. Die Spiele verhelfen ihnen zu dem Gefühl, dass die Zeit schneller vergehe. Es können Wettbewerbsspiele sein, etwa: Wer als Erster eine rote Corvette sieht, hat gewonnen. Oder die Kinder spielen gemeinsam gegen die Zeit. Oder man hilft sich gegenseitig, vor der nächsten Raststätte zehn Autokennzeichen einer bestimmten Stadt zu entdecken. Das ist wahrscheinlich keine besonders schwierige Aufgabe, wenn man zufällig in

11. Wie Sie psychischen Kummer und Schmerz zum Verschwinden bringen

der Gegend dieser Stadt unterwegs ist, doch darum geht es nicht. Hier geht es um Folgendes: Alle Spiele sind *gegen* etwas. Die Spiele können heißen „ich gegen sie" oder „ich und sie gegen *es*", doch egal, welches Spiel gespielt wird, das „Ich" ist immer in Kämpfe verwickelt.

Falls der Verstand nicht an den Spielen teilnimmt, denkt er sie sich aus. Er mag einfach keine Langeweile. Für manche Menschen ist die Langeweile schlimmer als der Tod. Sie spielen vielleicht sogar lebensbedrohliche Spiele, damit sie sich „lebendiger" fühlen. Bedauerlicherweise bildet sich bei ihnen eine mentale Hornhaut. Um sich immer lebendiger zu fühlen, müssen sie das Risiko immer weiter erhöhen, damit sie es durch die Hornhaut hindurch noch spüren. Paradoxerweise führt das Bemühen, sich lebendiger zu fühlen, oft dazu, dass sie sich immer weniger spüren – wie körperlich abgestorben.

Ganz egal, wofür sich der gelangweilte Verstand entscheidet, er muss immer *mehr* leisten. Die mentalen Hornhäute bilden sich in jedem so gearteten Verstand, unabhängig davon, wie das Spiel aussieht. Falls Ihr Spiel sich um Geld dreht, müssen Sie immer *mehr* davon haben. Wird um Macht oder Lust gespielt, müssen Sie davon immer *mehr* haben. Vollbringen Sie gute Taten, so müssen Sie immer mehr Güte zeigen, um sich lebendig zu fühlen. Um mit dem Schmerz einer sinnlosen Existenz fertig zu werden, werden wir süchtig nach „Gefühlen". Wir sind süchtig nach dem Spiel.

Im Grunde sind die mentalen Hornhäute etwas Gutes. Wenn wir sie nicht ausbilden würden, würden wir uns immer wieder mit dem gleichen Spiel begnügen – bis zum Ende unserer Fahrt. Und das wäre der größte Schaden überhaupt.

Früher oder später müssen Sie sich fragen, warum eine Hornhaut überhaupt entsteht. Sie will Ihnen mitteilen, dass die Spiele, die Sie spielen, nicht der Grund für Ihre Fahrt sind. Die Hornhaut macht es Ihnen immer schwerer, den wahren Grund zu ignorieren. Zu irgendeinem Zeitpunkt, irgendwo auf dem Weg, müssen Sie sich fragen: „Was gibt es sonst noch im Leben?" Viele von Ihnen haben diese Frage schon gestellt und sich dann als Lösung für ein anderes Spiel

177

entschieden. Sie sahen die beiden Optionen, Langeweile oder Spiele zu spielen, und entschieden dann, Sie spielten nicht das richtige Spiel. Es gibt jedoch noch eine dritte Möglichkeit. Und diese löst die Disharmonie der dualistischen Sichtweise auf, die Sicht von „ich gegen den Rest der Welt".

Für den am Ego orientierten Verstand ergibt diese dritte Option keinen Sinn, deshalb wird sie als nicht wirklich wertvoll verworfen. Tatsächlich aber können wir uns nur für die dritte Möglichkeit entscheiden, wenn wir in Frieden leben wollen. Ich bin sicher, Sie sind mir an diesem Punkt weit voraus. Die dritte Möglichkeit, die uns auf dieser langen Autofahrt offensteht, ist die der Selbst-Bewusstheit, also mit vollständigem Gewahrsein aufmerksam zu sein. Worauf richten wir unsere Aufmerksamkeit? Auf alles, was das Leben uns präsentiert – was auch immer es sei. Ob es regnet oder ob die Sonne scheint, ob es heiß ist oder kalt – wir beobachten genau das. Wenn wir eine Spazierfahrt auf der Autobahn machen oder im Berufsverkehr im Stau stehen – wir bleiben gewahr. Wenn der Tag der Nacht weicht und die Nacht wieder zum Tag wird, dann beobachten wir auch das. Wir hören den Gesprächen der Beifahrer zu und spüren, wie das Auto die Straße des Lebens entlangschaukelt oder -hoppelt. Wir brauchen nur gegenwärtig zu sein.

Einem Außenstehenden, der mit Selbst-Gewahrsein nicht vertraut ist, mag das langweilig erscheinen. Doch damit läge er falsch. In Wirklichkeit ist Langeweile ein verräterisches Zeichen, dass Sie Ihres Selbst nicht mehr gewahr sind. Wenn Sie Ihres Selbst nicht gewahr sind und kein Spiel spielen, *dann* langweilen Sie sich. Langeweile ist Ihr Warnsignal. Sobald das Leben nicht sonderlich interessant ist und Sie eine leichte Unruhe spüren, sollten Sie sich den Satz sagen hören: „Ach, ich bin meines Selbst nicht mehr gewahr." Und dann fahren Sie damit fort, die Fahrt zu beobachten.

Sobald wir auf das achten, was auf unserer langen Autofahrt passiert, zeigt sich etwas Verborgenes. Zuerst überkommt uns eine angenehme Stille. Fahren wir fort mit dem Selbst-Gewahrsein, wird diese

Stille zu Frieden, Freude, Glückseligkeit und schließlich Ekstase. Eu-Gefühle weisen auf eine Seele hin, die ihres Selbst gewahr ist. Sofern wir die auftretenden Eu-Gefühle wertschätzen, dämmert uns allmählich, dass wir kein Spiel zu gewinnen brauchen, um glücklich zu sein. Ebenso wenig braucht die Fahrt zu Ende zu gehen, damit wir uns siegreich und vollkommen in Ordnung fühlen. Wir sind mitten auf unserer Lebensreise und ohne irgendeinen ersichtlichen Grund sind wir im Frieden, der uns automatisch vollkommen, ganz macht.

Nachdem Sie die Ganzheit bemerkt haben, fragen Sie sich vielleicht: „Wenn ich schon ganz bin, welchen Wert haben dann die Lebensumstände?" Und dann verstehen Sie urplötzlich, nicht vom Verstand her, sondern aus einem unmissverständlichen „inneren Wissen", das von überallher gleichzeitig aufsteigt. Sie erkennen, dass *Sie* das Spiel sind. Mit dieser Erkenntnis wird Ihnen noch etwas bewusst. Sie sind auch der Spielleiter. Das Spiel entsteht aus Ihnen heraus. Sie sind sowohl sein Schöpfer wie auch sein Spieler. Wenn Sie sich nur als *Spieler* erkennen, geben Sie Ihren höheren Status auf. In dem Augenblick, in dem sich Ihr Gewahrsein öffnet, um Ihrer Rolle als Spielleiter Rechnung zu tragen, ist das Spiel für Sie vorüber. Sie haben gewonnen und Ihr Preis ist … nichts. Ihre rückhaltlose und anhaltende Aufmerksamkeit war alles, was nötig war. Sie haben Ihre Spielsachen weggegeben zugunsten dessen, was ist.

Nichts ändert sich wirklich. Das Leben rumpelt weiter und führt Sie mit sich. Doch *Sie* sind anders. Sie haben nun einen Fuß in *zwei* Welten, der irdischen und der göttlichen. Das irdische, profane Leben mit Schlaglöchern und Verkehrschaos existiert neben dem göttlichen Wissen, dass alles genau so ist, wie es sein sollte.

Die Angst hat Angst davor, zu sterben

Das Ende der langen Autofahrt ist nur eine weitere Gelegenheit, gegenwärtig zu sein. In der Gegenwart gibt es keine Angst vor dem Tod. Das ist Ihre eigene Erfahrung ebenso wie meine. Falls Sie an meinen Worten zweifeln, überprüfen Sie sie gleich jetzt:

Führen Sie eine Sitzung mit *Erfahrung 5* durch (Wegschmelzen negativer Emotionen) und denken Sie dabei an den Tod. Beginnen Sie mit dem Tod von etwas, woran Sie emotional nicht hängen, beispielsweise eine Blume, ein Tier oder sogar eine Jahreszeit wie der Sommer. Steigern Sie in den nachfolgenden Sitzungen Ihre emotionale Verbundenheit, indem Sie Haustiere und Menschen beobachten, die Ihnen nahe stehen. Beobachten Sie Ihre Emotionen aufmerksam. Beobachten Sie schließlich Ihren eigenen Tod. Falls Sie stark emotional reagieren, machen Sie kurze Sitzungen mit längeren Pausen dazwischen. Das ähnelt einer Technik aus dem tibetischen Buddhismus, der Suchenden hilft, ihr Selbst zu erkennen.

Bringen Sie bitte nichts durcheinander. Die Gefühle, die Sie empfinden, während Sie äußerst bewusst sind, sind unangenehm, aber Sie rufen kein Leiden hervor. Die Erfahrung ist eher so, wie wenn man einen Film anschaut. Sie sind ein distanzierter Zeuge oder Beobachter. Die Filme, die da auf der Leinwand Ihres Verstandes ablaufen, sind alte Filme, die aufgenommen wurden, als Sie unaufmerksam waren. Als Ihr Verstand mit etwas anderem beschäftigt war, haben sich diese Ereignisse in Ihrem Verstand breitgemacht. Schauen Sie sie jetzt mit einer natürlichen Distanz an, aus der heraus Sie mühelos zwischen Ihrem Selbst und Ihren kontrollierenden Erinnerungen unterscheiden können. Sie *sind nicht* Ihre Emotionen; Sie sind nicht Ihre Gedanken; Sie sind außerhalb der Reichweite beider. Sie sind reine Stille und Friede und grenzenloses Mitgefühl. Ja, das sind Sie. Falls Sie daran zweifeln, müssen Sie sich mehr Zeit dafür nehmen, Ihr Selbst kennenzulernen.

Es ist die Angst, die sich vor dem Tod fürchtet. Das Ego ist Angst. Die Angst vor dem Tod, die Sie spüren, ist in Wirklichkeit die irrationale Angst des Ego, seine Identität zu verlieren, wenn es mit dem Selbst verschmilzt. Der Tod der psychologischen Zeit ist der Tod der Angst. Selbst-Bewusstheit tötet die Zeit, die Angst und das Ego mit einem Schwerthieb des Gewahrseins. Ich staune, wie leicht alles verschwindet, sobald ich zu beobachten beginne. Jedes Mal, wenn wir auf

11. Wie Sie psychischen Kummer und Schmerz zum Verschwinden bringen

das Hier und Jetzt achten, töten wir das Leiden. Ist das nicht unglaublich? Mühelos stirbt das Leiden einen schnellen Tod. Mehr ist nicht dran. Wir haben alles, was wir brauchen, genau in diesem Moment, um das Leiden zu beenden, und zwar nicht nur für uns selbst, sondern für die ganze Menschheit. Es ist dringend erforderlich, dass wir jetzt aufwachen.

Wenn wir auf unserem Weg bisher zum Zeitvertreib *gespielt* haben, dann haben wir bei unserer Ankunft am Ziel nur unsere Erinnerungen. Sind sie überwiegend gut, dann sagen wir uns, wir hätten ein gutes Leben geführt. Nur zu wahr, vielleicht haben wir viele Freunde erworben, viel Geld und Ruhm; doch betrachten Sie diese Dinge als Maßstab dafür, wie gut Ihr Leben war? Es sind gar nicht wirklich Ihre, oder? Sie *glauben* nur, sie gehörten Ihnen. Wie eine Amöbe schließt das Ego sie ein und assimiliert sie, um seine Vorstellung von „Ich" zu stärken. Am Ende Ihrer langen Autofahrt entziehen sich Ihre Besitztümer und selbst Ihre Erinnerungen dem Zugriff des Ego und vermischen sich mit dem Vergessenen. Während sich die ewige Kälte des Todes in Ihrem Körper und Verstand ausbreitet, haben Sie eine letzte Gelegenheit, sich an Ihr Selbst zu erinnern. Ihre Geschichte wird sich in Ihren Augen widerspiegeln. Sehen wir in diesem flüchtigen Moment unmittelbar vor dem Übergang Verwirrung, die Angst vor dem Unbekannten? Oder wird sich das tiefe Geheimnis des Selbst in Ihren Augen widerspiegeln, wie die glitzernde Morgensonne auf einem stillen Teich?

Als Besso, ein langjähriger Freund Einsteins, starb, schrieb Einstein an Bessos Schwester: „… Nun ist er mir auch mit dem Abschied von dieser sonderbaren Welt ein wenig vorausgegangen. Dies bedeutet nichts. Für uns gläubige Physiker hat die Scheidung zwischen Vergangenheit, Gegenwart und Zukunft nur die Bedeutung einer wenn auch hartnäckigen Illusion." [Zitiert nach: http://www.zdf.de/ZDFxt/module/einsteinbio/pdf/biografie]

Ich weiß nicht, was nach dem körperlichen Tod mit dem persönlichen Bewusstsein passiert. Darüber dachte ich in einer bestimmten

Lebensphase viel nach. Es war mir wichtig, weil ich nicht verlieren wollte, was ich hatte: meine Familie, meine gesellschaftliche Stellung, meine Jugend und alles andere, was mein Verstand für sich beanspruchte. Seit ich jeden Tag der Angst „entsterbe" [mich der Angst entziehe], fürchte ich mich nicht mehr vor dem Tod. Früher war ich sehr motiviert, meinen Körper in Form zu halten, weil ich Angst davor hatte, es *nicht* zu sein. Ich wollte lange leben. Ich litt in jedem Lebensbereich und wünschte mir mehr Zeit, um die Dinge gut hinzubekommen.

Dieses Denken ist nicht nur fehlgeleitet, es ist verrückt. Genau diese *Zeit* verursachte den Schmerz. Sehen Sie, wie clever das Ego ist. Es lässt uns nach genau den Dingen verlangen, die die Krankheit verursachen. Zeit ist eine echte Sucht. Jetzt kümmere ich mich um meinen Körper und um alles andere, um das ich mich kümmern muss, weil das *natürlich* ist; ebenso natürlich, wie das Wasser natürlicherweise bergab fließt und eine Blume sich zur Sonne hin öffnet. Ich bin mir sicher, wenn ich mir heute eine tödliche Erkrankung zuzöge, würde ich mich anfangs sehr ängstigen. Auf einer gewissen Ebene würde ich mich mit meiner eigenen Sterblichkeit schwertun. Doch weil ich Momentum erreicht habe, würde die Angst vor dem Tod automatisch einen tieferen Frieden hervorrufen, der meiner gesteigerten Aufmerksamkeit entspringt. Ich würde den Tod als den natürlichen Vorgang betrachten, der er ist. Er würde mich nicht zu abstoßendem Verhalten verleiten, das der Angst entspringt. Er würde als ein natürliches Fortschreiten des Lebens beobachtet, wie wenn Früchte von einem Ast fallen.

Probleme sind die Spiele, die wir spielen

Einige mögen nun einwenden, ihre Probleme seien keine Spiele. „Meine Probleme", so verkünden sie mit einem gewissen Stolz, „sind kein Kinderspiel. Sie sind ernst und manchmal sogar lebensbedrohlich." Wer könnte diese Aussage bestreiten? Die Probleme, vor denen die Menschheit steht, sind sehr ernst. Zu keiner anderen Zeit in der Geschichte hatten wir die Mittel, unsere Spezies auf diesem üppigen

11. Wie Sie psychischen Kummer und Schmerz zum Verschwinden bringen

und nährenden Planeten völlig auszurotten. Früher konnte eine Keule in der Hand eines Menschen dem Leben zehn anderer ein Ende setzen, an einem „guten Tag" vielleicht dem Leben von fünfzehn anderen. Aber heute: Ein Knopfdruck *eines* Fingers eines Zeitgenossen könnte *alles* Leben beenden, außer vielleicht das der anpassungsfähigsten Bakterien. „... und die Sanftmütigen werden das Land erben." Globale Probleme entspringen dem individuellen Verstand, will sagen: dem individuell leidenden Verstand. Probleme sind die Spiele, die wir spielen. Sie machen uns aufmerksam. Durch Probleme fühlen wir uns lebendig. Wenn Sie einen Freikletterer fragen, warum er klettert, wird er antworten, er fühle sich dann lebendig.

Was bedeutet das? Das heißt, Klettern bringt ihn dazu, ganz aufmerksam zu sein bei dem, was er tut. Wenn seine Finger sich anspannen, um in einer einzigen Felsspalte 300 Meter oberhalb der tieferen Felsen Halt zu finden, dann ist er aufmerksam. Dächte er in diesem Moment an seine Beförderung oder an seine scheiternde Beziehung, dann würde er keinen sicheren Halt finden und ins Vergessen hinunterfallen. (Das ist übrigens die einzige Art, wie das übliche Bewusstsein Leiden beendet.) Das Klettern zwingt ihn ins Beobachten. Das tun auch andere Sportarten, eine Gehaltserhöhung oder Verkehrsrowdytum. Das Problem daran ist: Wenn wir etwas tun, was uns zur Achtsamkeit auffordert, dann schreiben wir es der Aktivität zu, dass *sie* in uns das Gefühl der Ganzheit hervorrufe. In Wirklichkeit verschafft uns das Selbst-Gewahrsein das Gefühl von Lebendigkeit, also unsere Aufmerksamkeit, während eine Tätigkeit sich manifestiert.

Zwar hält uns das Problem dazu an, aufmerksam zu sein, *doch die Aufmerksamkeit erzeugt die Eu-Gefühle.* Deshalb kreieren sich die meisten von uns Probleme. Sie vermitteln uns ein Gefühl von Lebendigkeit. Und um die Illusion aufrechtzuerhalten, überzeugt uns das Ego davon, dass wir unsere Probleme in Wirklichkeit gar nicht selbst erschaffen. Wir glauben, sie kämen von irgendwo „dort draußen". Nach unserer Überzeugung sind andere Menschen oder Umstände, Organisationen oder Regierungen an unserem Leiden schuld. Oder wir glauben, ein defekter Anteil unseres Verstandes sei dafür verantwortlich, und den könnten wir durch richtiges Denken in Ordnung bringen. Niemals. So war es nie und so wird es nie sein.

Lassen Sie uns wieder ins Auto einsteigen und unsere lange Fahrt fortsetzen. Diesmal sitzen *Sie* am Steuer. Ihnen wird allmählich langweilig und Sie werden ein wenig müde. Ihr Geist schweift in die Zukunft oder die Vergangenheit und Sie werden wieder bewusst, als das Auto vor Ihnen plötzlich anhält. Schlagartig ist Ihr Geist wieder in der Gegenwart. Sie brauchten sich nicht selbst aufzufordern, zurückzukommen, auf die Bremse zu treten und auszuweichen. Das hat einfach stattgefunden. Sie haben im richtigen Moment das Richtige getan, sobald Sie wieder „geistesgegenwärtig" wurden. Wäre Ihr Geist dann immer noch im üblichen Bewusstsein gewesen, wäre Ihnen die Veränderung im Straßenverkehr gar nicht aufgefallen und Sie hätten nicht die notwendigen Schritte unternommen, um die Gefahr abzuwenden. Selbst-Bewusstheit beseitigt also nicht nur Leiden, indem es die Ganzheit ins Tun einfließen lässt, sondern es sorgt auch für Sie, während Sie präsent sind. Selbst falls Sie auf das Auto vor Ihnen auffahren, leiden Sie währenddessen nicht. Erst nachher, wenn das Ego wieder die Kontrolle übernimmt, beginnen wir zu leiden. Erst *nach* dem anfänglichen Trauma, wenn der Verstand unsere Vergangenheit und Zukunft betrachtet, empfinden wir Angst, Selbstmitleid und Ärger.

Selbst-Gewahrsein erzeugt eine Unterströmung von Frieden und Schutz. Um diese Segnung zu erfahren, brauchen wir nur aufmerksam zu sein. Doch das sind wir normalerweise nicht. Wir sind auf Autopilot unterwegs und wachen gerade nur so rechtzeitig auf, dass wir vermeiden können, von der Straße abzukommen, bevor wir wieder in unseren verführerischen Schlummer der Zukunft oder Vergangenheit verfallen. Wir fühlen uns nur lebendig, wenn uns etwas aus unserer Benommenheit wachrüttelt. Falls wir uns nicht die Mühe machen wollen, die es kostet, Bergsteiger zu werden, keine Sorge! Wir haben immer noch unsere Probleme, die Methode der Faulen, sich lebendig zu fühlen. Irgendwo in der Weite unseres Geistes spüren wir eine Unzufriedenheit, die fortwährend am Rand unseres Bewusstseins nagt. Wir lernen, diese Unzufriedenheit ruhigzustellen, indem wir uns Probleme erschaffen, die uns lebendig fühlen lassen. Wir erzeugen Probleme, um den Schmerz der Entfremdung zu lindern. In unserer Analogie von der Autofahrt wäre das so, als verließen wir die Straße und führen querfeldein: Dann mag unsere Welt interessanter, ja gefährlich sein; zumindest ist uns nicht langweilig. Doch es gibt eine Möglichkeit, auf der Autobahn zu bleiben und sich ebenfalls nicht zu langweilen. Wenn wir *aufmerksam* sind, beginnt sich alles zu fügen. Das Leben entfaltet sich für uns in seiner Frische und Schwingung und wir fühlen uns ganz. Sobald wir ins Jetzt erwachen, fühlen wir uns lebendig, egal, was unser innerer Zustand oder äußere Umstände uns vorschreiben.

Warum sind Witze lustig?

Vor einigen Jahren hielt ich auf einer internationalen Konferenz der *Coptic Fellowship* einen Vortrag über das Einheitsbewusstsein. Vor mir saßen spirituell Suchende von vielen fremden Orten. Irgendwann in der Mitte des Vortrags hatte ich mich in der Theorie verheddert und war vom roten Faden des Themas abgekommen. Weder ich selbst noch meine hoffnungsfrohen Zuhörer empfanden viel Einheit. Ich beschloss, einen anderen „Gang" einzulegen, und erzählte eine Geschichte davon, dass wir alle im Grunde aus derselben Essenz bestehen. Ich sagte dem Publikum, wir seien alle eins. Anhand einer Zeichnung wies ich darauf hin, dass es keine Rolle spiele, ob wir der Dalai Lama seien oder ein Würstchenverkäufer. Zwischen den beiden bestehe kein grundsätzlicher Unterschied. „Ja", so fuhr ich fort, „wenn Sie einen Tag mit dem Dalai Lama verbringen könnten und einen Tag mit einem Würstchenverkäufer, würden Sie feststellen, dass die Menschen, die zu Ihnen kommen, nach dem *Gleichen* fragen. Sie alle würden sagen: „… eins mit allem." – Nachdem das anfängliche Lachen abgeebbt war, schlug jemand aus dem Publikum vor, ich sei das

„Würstchen", was erneut Gelächter hervorrief. Als auch dieses Lachen verklungen war, antwortete ich: „Das muss der Grund dafür sein, warum man mich Frank nennt." [Er meint wohl: „Frank" als Abkürzung für Frankfurter Würstchen; Anm. d. Übers.] Unnötig zu erwähnen, dass es danach nicht mehr in Betracht kam, auf die Theorie des Einheitsbewusstseins zurückzukommen. Das wäre an diesem Punkt ohnehin kontraproduktiv gewesen. Die *Theorie* der Einheit war der *Erfahrung* von Einheit gewichen.

Haben Sie sich je gefragt, warum ein Witz lustig ist? Ein Witz „funktioniert" genauso wie ein Problem: Beide verzerren das Alltägliche. Probleme und Witze verzerren, was wir als normal empfinden. Ein Witz löst aufgrund seiner Absurdität so viel Unbehagen aus, dass er uns vorübergehend aus den Fesseln des üblichen Bewusstseins befreit.

Und zwar so: Während der Witz erzählt wird, hören wir aufmerksamer zu. Ist Ihnen schon einmal aufgefallen, wie ruhig und konzentriert jemand ist, wenn er einem Witz lauscht? Die Aufmerksamkeit spiegelt sich im Verstand als leichtes Eu-Gefühl wider, als Stille und Vorfreude. Dabei verspüren wir eine Erleichterung von der stillen *Verzweiflung*, die den Verstand durchdringt, der sich ständig im üblichen Bewusstsein aufhält. Dann kommt die Pointe. Nun empfinden wir die stärkste Verzerrung, unmittelbar bevor der Verstand „kapiert". Man kann bei manchen Menschen sehen, wie sie schauen und darauf warten, dass „der Groschen fällt". Das ist die Zeit des „No-mind". Sobald der Erkenntnisblitz den Verstand erhellt, breitet sich eine gewisse Erleichterung aus, weil die Ordnung wiederhergestellt ist und die Aufmerksamkeit sich vertieft hat. Das plötzliche Loslassen des so verdrehten Chaos löst Lachen aus, eine beschwingte Reaktion in Geist und Körper, weil das Selbst für einen Augenblick den Thron bestiegen hat, den das Ego räumte.

Fälschlicherweise schreiben wir dem Witz selbst diesen Ausbruch von Heiterkeit zu, der das Lachen begleitet. In Wirklichkeit kommt das gute Gefühl von der *Lücke* zwischen Witz und Lachen. Achten Sie darauf, wenn Sie das nächste Mal über einen Witz lachen. Unmittelbar vor dem Lachen werden Sie einen Raum oder eine Lücke in Ihrem Denken wahrnehmen. Dieser Stille entspringen Fröhlichkeit und Heiterkeit. Sie bildet den Kontrast zwischen dem bizarren Aufbau des Witzes und der nachfolgenden völligen Ordnung in der Stille, die zu dem plötzlichen Ausbruch führt, den wir Lachen nennen.

Genau das passiert, wenn ein Zenmeister einem Schüler eine Frage stellt, die sich nicht beantworten lässt, ein Koan. Beispiele dafür sind etwa: „Wie klingt das Klatschen einer einzelnen Hand?", oder: „Welche Farbe hat der Wind?" Das Koan scheint keinen Sinn zu ergeben und der Schüler muss sich eingehend damit befassen. Der Verstand ist zum Analysieren oder zumindest zum Rationalisieren da. Und genau das tut er. Er strengt sich an, die Antwort zu finden. Doch erst wenn er aufgibt, taucht die Lösung auf. Diese erhöhte Aufmerksamkeit bringt eine geordnete Stille mit sich, auf die die Übung abzielt. Bevor der Schüler auf die Pointe kommt, ist sein Verstand in der Lücke, die das reine Gewahrsein widerspiegelt. Das regt zu einer spirituellen Einsicht an, einem Satori. Beim Witz lassen wir die verdrehte Spannung rasch nach der Pointe los und erkennen unser stilles und geordnetes Selbst. Die Verzerrung ist so stark, dass wir lachen, wenn die Ordnung wiederhergestellt ist.

Das heißt nicht, dass Sie Witze nicht mehr lustig finden, wenn Sie Ihres Selbst gewahr sind. Witze sind immer noch lustig, aber nicht mehr auf die gleiche Art. Ein Witz löst eine Art kosmisches Lachen aus, das gleichzeitig örtlich und universal ist. Der Friede wird von der Freude überrascht. Der Witzbold wird von seiner eigenen Schöpfung überrascht.

Ein Strich in der Luft

Je mehr Zeit Sie mit Ihrem Selbst verbringen, desto mehr lässt der psychische Schmerz nach und desto weniger hemmt er Sie. Nehmen wir zur Erklärung dessen einmal an, Sie bekommen ein Gerät, das das momentane Selbst-Gewahrsein erhöhen kann. Mit dem Drehen an einem Knopf erhöhen Sie die Gegenwärtigkeit. In dem Maß, in dem die Präsenz zunimmt, bemerken Sie als Erstes ein Wohlgefühl. Während es sich verstärkt, erweitert es sich zu einer Art innerem Wissen, dass alles in Ordnung ist, so, wie es ist. Sie wissen intuitiv, dass Ihr Leben, dass alles Leben vollkommen ist. Sie brauchen nirgendwo hinzugehen und nichts in Ordnung zu bringen. Wenn Sie sich umsehen, fällt Ihnen ein scheinbarer Widerspruch auf. Alles lebt als Individuum in seiner Einzigartigkeit und gleichzeitig ist alles ein harmonischer Teil des Ganzen. Sie nehmen diesen Widerspruch wahr als vibrierende, dreidimensionale Ebenheit. Sie haben das Gefühl, wenn Sie sich auf die Zehenspitzen stellen würden, könnten Sie mit Ihren Fingerspitzen den Himmel berühren. An diesem Punkt ist die Gegenwärtigkeit so stark, dass sie stärker ist als Ihre Sinneseindrücke. Das ist so, als würden Sie sich in grellem Sonnenlicht aufhalten. Das Sonnenlicht ist heller als die Gegenstände, die Sie anschauen. Nur strahlt dieses Licht von innen aus den Gegenständen heraus, wird also nicht von ihnen reflektiert. Gleichzeitig sind Sie sich der inneren Gegenwärtigkeit so stark gewahr, dass sich Ihre Aufmerksamkeit in allererster Linie *darauf* richtet. Ihre Gedanken und Emotionen sind zweitrangig in ihrer Wirkung und Bedeutung. Sie fühlen sich von einer Kraft genährt und beschützt, die nichts anderes ist als Ihr Selbst. Diese Erfahrung beendet Sucht und Abhängigkeit, Kampf und Leid. Sie ist das Ende psychischen Schmerzes.

Psychischer Schmerz lässt nach, weil der Impuls, den ein Wunsch erzeugt, schwächer wird. Ohne Gegenwärtigkeit hinterlassen diese Impulse tiefe Eindrücke im Verstand. Dann könnte es zu Folgendem kommen: Sie sehen einen roten Sportwagen, den Sie so begehren, dass Sie Ihr ganzes Leben ändern, um ihn zu bekommen. Dafür können Sie sich selbst und anderen sogar erhebliche Unannehmlichkeiten bereiten. Doch es scheint, als hätten Sie keine Wahl. Der Impuls, der den Wunsch ausgelöst hat, ist sehr stark. Falls Sie nicht beobachten, sind Sie Ihren Wünschen ausgeliefert.

11. Wie Sie psychischen Kummer und Schmerz zum Verschwinden bringen

Indem Sie Präsenz praktizieren, werden alte Wünsche weggeschwemmt und neue bilden sich nicht mehr. Im Osten heißt es: Ein Impuls, der in einem Geist auftaucht, in dem keine Gegenwärtigkeit herrscht, gleicht einem in Granit gemeißelten Strich. Je stärker sich Gegenwärtigkeit im Geist ausbreitet, desto weniger stark wirkt ein Wunsch. Er gleicht dann eher einer in Sand gezogenen Linie. Und eine Linie im Sand lässt sich leichter löschen als eine in Granit. Noch mehr Gegenwärtigkeit entspricht einem Strich im Wasser. Und in einem *ganz* gegenwärtigen Geist wird ein Wunsch zu einem Strich in der *Luft*. Psychischer Schmerz vergeht dann fast unbemerkt.

Kerngedanken von Kapitel 11

- Angst liegt allen anderen Emotionen zugrunde. Wenn die Angst sich auflöst, tritt an ihre Stelle ein nicht an äußere Bedingungen geknüpftes Eu-Gefühl, etwa Friede, Freude oder Liebe.
- Man kann Angst nicht mit Angst bekämpfen, um Frieden zu erlangen.
- Das Beobachten des Selbst ist stärker als die Angst vor dem Tod.
- Zeit ist eine Sucht.
- Mehr Zeit und ein längeres Leben lindern die Angst nicht. Das Ego lässt uns nach genau dem verlangen, was unsere Angst auslöst.
- Durch *Achtsamkeit* fühlen wir uns lebendig, nicht durch ein Problem oder eine Aktivität.
- Probleme sind die Spiele, die wir spielen. Sie verlangen unsere Aufmerksamkeit.
- Probleme, Witze und Zen-Koans ähneln einander insofern, als sie unser Gefühl für Normalität verzerren und zu mehr Bewusstheit führen.
- Während die Gegenwärtigkeit in unserem Gewahrsein zunimmt, verschwindet psychischer Schmerz und schließlich verliert er seine Macht.

189

12. Wie Sie körperlichen Schmerz zum Verschwinden bringen

„Die Kunst, des inneren Körpers gewahr zu sein, wird sich zu einer ganz neuen Lebensweise entwickeln, einem Zustand ständiger Verbundenheit mit dem Sein, und das wird deinem Leben eine bisher nie gekannte Tiefe verleihen.“

Eckhart Tolle

Vor etlichen Jahren, ich glaube, es war schon in den 1960er-Jahren, sah ich den Film *Die phantastische Reise* von Isaac Asimov. Er handelt von einer großartigen Fantasiereise in den menschlichen Körper: Ein U-Boot mit Besatzung wurde fast auf die Größe von Mikroben verkleinert und in die Blutbahn eines Menschen injiziert, der unter einem inoperablen Blutgerinnsel im Gehirn litt. Die Idee dahinter war folgende: Das Miniatur-U-Boot sollte mit seiner Besatzung durch die Blutbahnen ins Gehirn fahren und den lebensbedrohlichen Blutklumpen auflösen. Das musste passieren, bevor der Miniaturzustand nachließ und die Besatzungsmitglieder wieder ihre normale Größe annahmen. Das wollten sie vermeiden, solange sie sich noch im Körper des Patienten aufhielten ... (Ich werde Ihnen den Ausgang nicht verraten, für den Fall, dass Sie das Buch noch lesen oder ein altes Video anschauen wollen.) Bei diesem Stoff macht sich Asimov unser natürliches Interesse für die Körperabläufe zunutze. Ein U-Boot mit Besatzung ist eine geniale Art, unser Gewahrsein in unseren Körper zu

12. Wie Sie körperlichen Schmerz zum Verschwinden bringen

lenken. Mich ergriff ein Gefühl der Ehrfurcht, als die Crew die Arterienautobahnen entlangsauste, und ich nahm die Erhabenheit, die unserem Körper eigen ist, am eigenen Leib wahr.

Der menschliche Körper kann starke Faszination ausüben. Diese kann so stark werden, dass sie eine Fixierung auslöst. Die Fixierung auf den Körper kann viele Formen annehmen: Eitelkeit und Narzissmus oder die Angst vor Krankheit und Altern ... Fixierungen jeglicher Art nähren das „Ich" und hungern das „ICH" aus. Solange Sie sich mit Ihrem Körper identifizieren, werden Sie mehr leiden und Ihr Körper wird schneller altern. Der Alterungsprozess wird dann zu einer lebenslangen „Verletzung" statt zu einem natürlichen Aufblühen des „Selbst-Ausdrucks". Sie nehmen sich als verletzt war, wenn Ihr Körper verletzt ist. Und eine körperliche Verletzung verändert Ihre Selbstwahrnehmung. Im Laufe eines Lebens hat der auf den Körper fixierte Verstand den „Sachschaden" eingestuft. Dazu ein Beispiel: Falls Sie sich mit Ihrem Körper identifizieren, glauben Sie vielleicht, eine Schnittwunde am Finger gestatte Ihnen, sich zu ärgern oder ein wenig Mitgefühl zu bekommen; ein *gebrochener* Finger berechtige Sie zu mehr Mitgefühl und unter günstigen Umständen eventuell zu mehr Ärger; ein *amputierter* Finger verleihe Ihnen auf Lebenszeit das Recht auf Mitgefühl und die Option, auf die Welt wütend zu sein, wegen des Schadens, den sie Ihnen ungerechterweise zugefügt habe.

In vielen spirituellen Disziplinen ist der Körper der Feind. Er wird als Hindernis für spirituelles Wachstum gesehen und als Gegenstand des Ekels. Ja, in einigen Disziplinen verletzt man den Körper sogar, in dem Bemühen, den Geist von seiner Anhaftung an das Fleisch zu befreien. Den Körper zu *verleugnen* ist lediglich eine negative Art der Anhaftung. Es spielt keine Rolle, ob man eine Anhaftung an den Körper hat oder eine Abneigung gegen ihn hegt – keine von beiden wird Sie zum unveränderlichen, unberührbaren Selbst führen.

Ihr Körper kann Ihr Gefängnis sein. Oder aber er kann der „Wind unter Ihren Flügeln" sein. Ihr Körper ist, wie Ihr Geist, ein wunderbarer Ausdruck des Selbst. Er ist ein Tor zum Frieden, das sich leicht öffnen lässt. Lassen Sie uns Ihren Körper genauer betrachten. Lassen Sie uns unsere eigene fantastische Reise unternehmen.

Geist und Körper – wie die Hand im Handschuh

Weiter oben sind wir die verschiedenen Ebenen des Geistes durchgegangen, um das ICH BIN zu finden, den „Grundstoff" des Geistes. Ihr Körper besitzt ebenfalls Ebenen, die zum selben Ziel führen, zum ICH BIN. Wenn „Ich bin Körper" und „Ich bin Geist" schließlich wegfallen, beobachten wir das reine ICH BIN. *Erfahrung 1* veranschaulicht, was dabei im Geist vorgeht. In Kürze werden wir einen ähnlichen Prozess mit dem Körper erleben.

Auf Ihrer eigenen fantastischen Reise werden wir nicht *durch* den Körper reisen, sondern tief in ihn hinein, Schicht für Schicht. Was ist Ihrer Vermutung nach die letzte Schicht des Körpers? Das wollen wir herausfinden.

Die offenkundigen Aspekte unseres Körpers sind uns allen vertraut. Ganz offensichtlich sind Haut, Haare, Augen, Mund, Hände, Füße und Ähnliches. Was *unter* der Haut abläuft, ist schon etwas geheimnisvoller. Wir wissen aus der Medizin, dass wir Organe haben, Weichteile, Knochen, Nerven, Blut ... Wenn wir auf tiefere Ebenen gehen, sehen wir die Zellen, die diese Strukturen bilden. Auf dieser Ebene sind in Symbiose auch Organismen sowie schädliche Bakterien und Viren zu finden. In den Zellen erkennen wir Mitochondrien, die DNA und anderes und darin wiederum entdecken wir chemische Reaktionen, die auf der molekularen Ebene ablaufen. „Hinter" den Molekülen finden wir Atome, subatomare Teilchen, Wellen und schließlich das ICH BIN, das undifferenzierte Selbst.

Diese letzten Schichten des Körpers sind die gleichen wie beim Geist! Der Körper passiert sozusagen den Geist, die Seinsebene des Geistes auf seinem Weg in die Materie. Der Geist beginnt auf der Ebene der feinsten erschaffenen Welle. Wenn sich die Frequenz der Welle verringert, wird sie „schwerer". Der Geist differenziert sich durch seine Schwingungsfrequenz von der Materie und besonders

12. Wie Sie körperlichen Schmerz zum Verschwinden bringen

vom Körper. Eine gute Art, den Körper zu betrachten, besteht darin, ihn als verfestigten Geist zu sehen. Diese Sichtweise ist zweifellos stark vereinfacht, doch für unsere Zwecke ist sie recht dienlich.

Übrigens, verwechseln Sie den Geist nicht mit dem Gehirn. Das Gehirn ist eine im Schädel angesiedelte materielle Struktur. Der Geist hat nur die Begrenzungen, die der Verstand ihm auferlegt. Falls Sie glauben, Ihr Geist befinde sich in Ihrem Gehirn, dann werden Sie ihn dort finden. Der Geist unterliegt nicht den physikalischen Gesetzmäßigkeiten. Doch Sie können ihm Begrenzungen auferlegen und er wird innerhalb dieser Beschränkungen agieren wie ein wohlerzogener Hund.

> Der Geist passt in den Körper wie eine Hand in einen Handschuh. Wenn Sie mit den Fingern Ihrer Hand wackeln, bewegen sich auch die Finger Ihres Handschuhs. Was der Geist erlebt, das erlebt auch der Körper. Ein Gedanke im Verstand erzeugt sofort ein Neuropeptid im Körper. Ein Neuropeptid ist ein Molekül, das weitere chemische und physikalische Reaktionen im Körper in Gang setzt. Das ist recht bemerkenswert, wenn man darüber nachdenkt. Das ist ein konkretes Beispiel dafür, wie Geist Materie erschafft (– und dieser Vorgang läuft genau jetzt zwischen Ihrem Geist und Körper ab).

Ein Neuropeptid wird *sofort* gebildet; bei anderen körperlichen Veränderungen, die Ihr Geist anregt, kann es Tage und Wochen dauern, bis sie sich im Körper manifestieren. Und die mentalen „Befehle" müssen ständig wiederholt werden, damit sie Ihrer Physiologie eine beobachtbare Wirkung aufprägen. Das sind die „Schallplatten" mit den immer gleichen Gedanken, die im üblichen Bewusstseinszustand permanent laufen.

Manche Lehren oder Systeme ermuntern uns dazu, die negativen Schallplatten durch positive zu ersetzen. Doch wie wir im letzten Kapitel festgestellt haben, können wir gar nicht wissen, wie tief und wie verwickelt die Ranken eines beliebigen negativen Verhaltens hinabreichen können. Wer Probleme auf diese Art und Weise angeht, beschwört damit nur die hundertköpfige Schlange aus der Mythologie herauf. Sowie man ihr einen Kopf abhackt, wachsen zwei neue an dessen Stelle.

Mentale Disharmonien manifestieren sich im Körper auf vielfältige Weise: als gebückte Schultern, weil man die Welt auf den Schultern trägt, als Geschwüre aufgrund von Sorge, als Kopfschmerzen aufgrund von Spannung, als Asthma aus Angst, als blockiertes Becken aufgrund einer sexuellen Störung; das sind nur einige wenige Beispiele. Als Methode der Diagnose bringen alte und alternative Heilmethoden immer schon Organe mit Emotionen in Verbindung. Mit solch einem Ansatz stellt man vielleicht fest, dass Wut ihren Weg in die Leber findet, Trauer in die Lungen, Angst in die Nieren, Stolz in die Gallenblase, niedriges Selbstwertgefühl in die Milz und Sorge ins Herz.

Eine alte Weisheit aus dem Ayurveda trifft heute besonders zu: Wenn Sie wissen wollen, was früher Ihren Verstand beherrschte, dann schauen Sie heute Ihren Körper an. Wenn Sie wissen wollen, wie Ihr Körper in der Zukunft aussieht, dann achten Sie auf Ihre Gedanken von heute ... Zumindest schon vor 5000 Jahren (und ich würde wetten, noch viele Jahrtausende vorher) erkannten die Menschen, dass der Geist den Körper prägt. Deshalb lautet die Frage: „Was können wir *jetzt* tun?" Selbst-Gewahrsein praktizieren, natürlich! Ich möchte noch ergänzen: Es spielt keine Rolle, was Sie in der Vergangenheit dachten; auch um die Zukunft brauchen wir uns keine Sorgen zu machen – wenn wir *heute* unseres Selbst gewahr sind. Einer der geeignetsten Zugänge zum Selbst ist derjenige durch den Körper. Der Körper ist wie ein Tor, das sich in beide Richtungen öffnet. Nach innen öffnet er sich zum Geist und nach außen zur Welt der Erscheinungen, zur Schöpfung. In beiden Richtungen finden Sie das Selbst und Frieden. Die ganze Schöpfung ist buchstäblich und im übertragenen Sinn vor Ihren Füßen zu finden.

Der feinstoffliche Körper

Von seiner Schwingung her liegt der feinstoffliche Körper zwischen dem Geist und dem physischen Körper. Der feinstoffliche Körper ist eine Matrix von Energiemustern für die nächste Schicht der grobstofflichen Körpermanifestation. Auf Schwingungsebene ist er „schwerer" als der Geist und „leichter" als der physische Körper. Er ist Geist, der körperliche Form annimmt. Der feinstoffliche Körper ist in Wirklichkeit eine unbegrenzte Anzahl von „Energiekörpern", die ich der Einfachheit halber insgesamt als den feinstofflichen Körper bezeichne. Die unzähligen Schichten des feinstofflichen Körpers wirken als ein Körper und übermitteln Informationen zwischen Geist und physischem Körper.

Die „schwereren" Aspekte des feinstofflichen Körpers können Sie sogar mit Ihren physischen Augen sehen: Halten Sie Ihre Hand mit ausgestrecktem Arm vor Ihren Körper und betrachten Sie Ihre Finger vor einem ganz schwarzen oder ganz weißen Hintergrund, dann sehen Sie, wovon ich spreche. Konzentrieren Sie Ihren Blick auf eine Ihrer Fingerspitzen. Lassen Sie Ihren Augen Zeit, sich darauf einzustellen. Dann können Sie eine feine, klare Schwingung erkennen, etwa 1,5 mm breit um den Rand Ihrer Fingerspitze herum. Falls Sie vor einem dunklen Hintergrund nichts sehen, wechseln Sie vor einen weißen (oder umgekehrt). Lassen Sie sich Zeit. Sie werden die Schwingung sehen. Bewegen Sie Ihre Hand und die energetische Interferenz, die Ihr feinstofflicher Körper ist, wird sich ebenfalls bewegen. Sobald Sie damit vertraut sind, diese „dünne" Erscheinungsform Ihres feinstofflichen Körpers zu sehen, schauen Sie ein wenig weiter über Ihren Finger hinaus. Dort erkennen Sie ein breiteres, aber schwächeres Energieband. Das ist ein weiterer Ihrer feinstofflichen Körper, der auf einer *höheren* Frequenz schwingt. Ja, sie reichen immer weiter über Ihren Körper hinaus, bis ins Unendliche.

Seien Sie nicht bestürzt, wenn Sie anfangs Ihren feinstofflichen Körper *nicht* an Ihren Fingerspitzen sehen. Ihr Verstand hat sich vielleicht noch nicht an die Vorstellung gewöhnt, doch das wird er noch tun. Manche Menschen können viele Ausdrucksformen des fein-stofflichen Körpers sehen, darunter auch Farben. Dadurch, dass sie diese verschiedenen Ausdrucksformen des feinstofflichen Körpers wahrnehmen, erhalten sie viele Informationen über den physischen Körper und den Verstand und den Geist. Diese Fertigkeit können auch Sie bis zu einem gewissen Grad entwickeln, doch um in Frieden zu sein, brauchen Sie überhaupt nicht *mehr* zu sehen, als Sie bereits sehen.

Leicht lässt man sich davontragen in aufregende und geheimnis-volle unsichtbare Welten, die sichtbar werden – sie können jedoch auch zur Falle werden. Ich kenne viele sehr talentierte Menschen mit erstaunlichen besonderen „Kräften", die genauso leiden wie wir übri-gen. Falls Sie ein Talent haben, sollten Sie es entwickeln. Die Ent-wicklungskräfte der Natur treiben Sie an, Ihre Talente zu entdecken und zum Ausdruck zu bringen. Doch wenn Sie sich zu sehr an diese Talente hängen und ihren Sinn nicht verstehen, können Sie auch viel Leid hervorrufen. Falls Sie sich dabei ertappen, dass Sie darauf aus sind, im Rampenlicht zu stehen, dann sollten Sie genauer unter die Lupe nehmen, aus welcher Motivation heraus Sie handeln. Tauschen Sie niemals Ihren Frieden für ein bestimmtes Ziel, für einen Zweck ein.

Wie auch immer, wenn Sie die feinstoffliche Welt sehen wollen, inklusive Engel und Auren und nicht verkörperte Lehrer, dann kön-nen Sie sich eine Spezialbrille anfertigen lassen, mit einem dritten Glas in der Mitte über den beiden üblichen Gläsern. Dieses dritte Glas ist für Ihr „drittes (spirituelles) Auge" in der Mitte der Stirn gedacht. Diese Spezialbrille korrigiert spirituelle Kurzsichtigkeit. Mit ihr sieht die spirituelle Welt nicht mehr verschwommen und unscharf aus ... Halt, ich mache nur Spaß, probieren Sie das *nicht* aus, ich mache doch nur Spaß! Sie vergeuden nur Ihre kostbare Zeit, genauso, wie ich es eben tat.

Wenn ich sage „Ihren Körper spüren", dann meine ich damit Ihren feinstofflichen Körper. Denn in ihm, im feinstofflichen Körper, finden

12. Wie Sie körperlichen Schmerz zum Verschwinden bringen

wir den Dreh- und Angelpunkt für Frieden. Indem Sie Ihr Gewahrsein für den feinstofflichen Körper öffnen, erzeugen Sie eine überaus belebende Atmosphäre für den physischen Körper. Dieser Zustand fördert Heilung und Wachstum, er verlangsamt den Alterungsprozess und erfüllt unseren Alltag schneller mit Frieden. Den feinstofflichen Körper zu finden und zu spüren beginnt damit, dass wir unseren physischen Körper aufmerksam wahrnehmen.

Erfahrung 6: Ihren feinstofflichen Körper wahrnehmen

Nehmen Sie eine bequeme Haltung ein, egal, ob im Sitzen oder im Liegen. Schließen Sie Ihre Augen und beobachten Sie Ihre Gedanken.

Richten Sie nach ungefähr zehn Sekunden Ihre Aufmerksamkeit auf Ihre rechte Hand. Bewegen Sie Ihre Hand nicht, achten Sie nur sehr genau auf das, was Sie fühlen.

Werden Sie aller Empfindungen in Ihrer rechten Hand gewahr. Spüren Sie den Blutstrom, die Muskelspannung oder die Anspannung der Sehnen? Ist Ihre Hand schwer oder leicht? Können Sie ein Kribbeln, Entspannung oder Lebendigkeit in Ihrer rechten Hand spüren?

Vielleicht empfinden Sie einen schwachen Strom oder ein Vibrieren in den Zellen. Nehmen Sie Ihre rechte Hand ganz genau wahr. Da ist eine ganz allgemeine Empfindung. Achten Sie einfach ruhig darauf, sie wird da sein.

Wenn Sie sich ihrer bewusst werden, verlagern Sie Ihre Aufmerksamkeit auf Ihre linke Hand. Fühlt die sich anders an, weniger lebendig, weniger pulsierend oder schwerer? Spüren Sie nun der gleichen allgemeinen Empfindung in Ihrer linken Hand nach, die Sie auch in der rechten hatten.

> Nehmen Sie dann die Empfindung in beiden Händen gleichzeitig wahr. Achten Sie schließlich darauf, wie Sie Ihren feinstofflichen Körper in Ihrem ganzen physischen Körper spüren können.

Die Empfindung, die Sie gerade in Ihren Händen verspürten, ist Ihr pulsierender feinstofflicher Körper. Sie können ihn als Leichtigkeit wahrnehmen, als pulsierende Energie, als Kribbeln, Entspannung, Wärme, Lebendigkeit oder in Form anderer allgemeiner Empfindungen. „Allgemein" bedeutet, die Empfindung ist nicht nur in einem Teil der Hand wahrzunehmen wie ein Puls oder nur an einer kleinen Stelle. Der feinstoffliche Körper ist erfüllt von Bewusstsein und Energie. Sie haben Ihrem Verstand gerade bewusst gemacht, dass dieser feinstoffliche Körper in Ihrem Körper existiert. Und sofort sind alle drei, Verstand, physischer Körper und feinstofflicher Körper, in Übereinstimmung.

Wenn Sie Ihre Aufmerksamkeit auf Ihren feinstofflichen Körper richten, dann ist das so, als wenn Sie das Selbst wie einen Magneten an die Eisenspäne des Verstandes, des Körpers und des feinstofflichen Körpers halten. So kann das Selbst zwischen ihnen harmonisch zu fließen beginnen. Nun beschleunigen sich Heilung und Wachstum auf allen drei Ebenen. Gut, lassen Sie uns zu *Erfahrung 6* zurückkommen. Nehmen Sie sich zwanzig Minuten Zeit, in denen Sie nicht gestört werden, um die Erfahrung zu Ende zu führen:

Ihren feinstofflichen Körper wahrnehmen (Fortsetzung)

Sitzen oder liegen Sie weiterhin wie vorher. Werden Sie sich Ihres feinstofflichen Körpers in Ihren Füßen bewusst. (Sie können ihn wieder als Kribbeln, Entspannung oder Lebendigkeit wahrnehmen, als schwaches Vibrieren oder Strom oder als irgendeine andere allgemeine, durchgängige Empfindung.)

Wenn Sie die energetisierende Präsenz Ihres feinstofflichen Körpers in Ihren Füßen wahrnehmen, dann richten Sie Ihr Gewahrsein auf Ihre Fußknöchel. Sobald Sie Ihren feinstofflichen Körper in Ihren Knöcheln spüren, nehmen Sie ihn als Nächstes in Ihren Unterschenkeln, Knien und Oberschenkeln wahr. Bleiben Sie mit Ihrer Aufmerksamkeit einfach drei bis vier Sekunden lang in jeder Körperregion, sobald Sie Ihren feinstofflichen Körper dort spüren.

Richten Sie nun Ihr Gewahrsein auf Ihr Becken, Ihren unteren Rücken, den oberen Rücken, den Schulterbereich, die Arme, Hände, Finger, auf Ihre Seiten, Ihren Bauch und dann auf Ihre Brust.

Spüren Sie danach Ihren feinstofflichen Körper in Ihrem Nacken, Ihren Lippen, Ihrer Nase, den Augen und Ohren. Dann auf Ihrer Stirn, Ihrem Kopf, am Hinterkopf … und nehmen Sie schließlich Ihren feinstofflichen Körper in Ihrem gesamten Körper wahr.

Werden Sie sich zum Schluss bewusst, wie Ihr feinstofflicher Körper in Ihrem ganzen Körper gleichzeitig leicht pulsiert. Spüren Sie Ihren ganzen Körper auf diese Weise, solange Sie wollen. So kann der Körper wunderbar heilen – lassen Sie sich also Zeit. Nehmen Sie sich auch genug Zeit, wenn Sie zum Schluss kommen wollen, damit Ihre Rückkehr zur Aktivität nicht unangenehm wird.

Sie werden möglicherweise eine ganze Reihe von Empfindungen in Ihrem Körper und Geist spüren, indem Sie einfach Ihres feinstofflichen Körpers gewahr werden. Haben Sie vor der Erfahrung ein körperliches Unbehagen verspürt, so ist es wahrscheinlich verschwunden oder hat zumindest nachgelassen. Vielleicht waren Sie mental gestresst oder Sie haben sich Sorgen gemacht vor dieser Übung – und nun stellen Sie fest, dass sich die Belastungen komplett in den feinstofflichen Körper aufgelöst haben. Zumindest fühlen Sie sich körperlich zutiefst entspannt und Ihr Geist ist in Frieden.

Ich möchte Sie daran erinnern: Unser Ziel war nicht, den Körper zu entspannen oder mentalen bzw. emotionalen Stress abzubauen. Sie sind nur Ihres feinstofflichen Körpers in Ihrem physischen Körper gewahr geworden. Mehr nicht. Jeglicher körperliche oder mentale Nutzen, den Sie bemerken, kam ganz von selbst – aus diesem Gewahrsein. Etwas anderes war nicht erforderlich.

Gute Taten können Schlimmes anrichten

Verwechseln Sie diese Erfahrung (Ihren feinstofflichen Körper spüren) nicht mit Entspannungs- oder Meditationstechniken. Sie haben lediglich Ihr Gewahrsein auf Ihren feinstofflichen Körper gerichtet und die natürliche, harmonisierende Heilwirkung dieses unmittelbaren Gewahrseins hat die „Führung übernommen". Tatsächlich *wirken* Entspannungs- und Meditationstechniken genauso. Die Ergebnisse treten nicht ein, weil man eine bestimmte Aufgabe erledigt, wie es üblicherweise gelehrt wird. Die Ergebnisse, die man nach irgendeiner Technik wahrnimmt, resultieren aus dem *erhöhten Gewahrsein* und nicht aus einer strukturierten Vorgehensweise. Richteten Sie Ihr Gewahrsein nämlich nicht auf den Prozess, dann würde nichts passieren. Sobald Sie aber gewahr sind, wird alles „belebt", worauf Sie Ihre Aufmerksamkeit richten.

Falls Sie etwas Negatives bemerken, bedeutet das nicht, dass die Negativität zunimmt. Vielmehr trifft das Gegenteil zu. Indem Sie der Negativität, ohne sie zu beurteilen, Bewusstheit „einflößen" (nämlich

12. Wie Sie körperlichen Schmerz zum Verschwinden bringen

dadurch, dass Sie sie anschauen), reduzieren oder beseitigen Sie die wahrgenommene Negativität. Das funktioniert genauso, wie die *Erfahrung 6* auf die negativen Bestandteile in Ihrem Körper und Geist einwirkte. Wirklicher Schaden entsteht, wenn Sie *ohne* Bewusstheit auf die Negativität einwirken. Ohne Bewusstheit können Sie katastrophale Ergebnisse hervorrufen, selbst wenn Sie positiv handeln. Eine Handlung, die ohne reines Gewahrsein ausgeführt wird, kann nur zu mehr Negativität führen.

Christus sagte uns, wir kämen nicht allein durch gute *Taten* in den Himmel. Die *Bewusstheit* heilt, nicht die Philosophie, die Konzepte oder die guten Absichten an sich. Deshalb sehen wir so viel Leiden, obwohl die Mehrheit der Menschen auf der Welt gute Absichten hegt und gut handelt. Die Menschen schicken ihre „guten Taten" von der Ebene des üblichen Bewusstseins in die Welt hinaus, also von der Ebene des zerstreuten Verstandes aus. Ohne die Weisheit des Selbst, das das Handeln unterstützt, verfehlen selbst die besten Absichten das Ziel.

Bei *Erfahrung 6* bat ich Sie, Ihres feinstofflichen Körpers gewahr zu werden. Sie haben den feinstofflichen Körper nicht gestärkt; Sie wurden sich lediglich seiner Existenz stärker bewusst. Der feinstoffliche Körper blieb unverändert. Ihr Gewahrsein war es, das sich stärker dafür öffnete, den feinstofflichen Körper wahrzunehmen. Dabei erhöhte sich die Harmonie zwischen Geist, Körper und feinstofflichem Körper entsprechend. Bei etwas Übung werden Sie auch mit offenen Augen Ihren Körper spüren können, etwa während Sie im Berufsverkehr Auto fahren oder angeregt mit einem Freund oder einer Freundin diskutieren. Bei anderen Tätigkeiten Ihren gesamten Körper zu spüren, das hält Sie in Ihrem Selbst verankert.

Ich empfehle Ihnen, sich anfangs hinzusetzen und die *Erfahrung 6* zu praktizieren, sooft es Ihnen bequem möglich ist. Falls Sie nur wenig Zeit haben, können Sie auch Ihren Körper gleich insgesamt erspüren und nicht die einzelnen Körperteile. Oder Sie können den feinstofflichen Körper in größeren Arealen Ihres physischen Körpers *auf einmal* spüren. Beispielsweise könnten Sie bei Ihren Füßen beginnen, dann Ihre Beine spüren, Ihren Bauch, Brustkorb, Arme und mit Ihrem Kopf aufhören. Diese kürzere Variante wirkt auch sehr gut. Denken Sie einfach daran, jede Sitzung damit zu beenden, dass Sie Ihren gesamten Körper zwei oder drei Minuten lang spüren.

Diese Übung führen Sie am besten vor dem Einschlafen und morgens unmittelbar nach dem Aufwachen durch. Ist das nicht eine tolle Übung: Sie brauchen dafür nicht einmal aufzustehen! Sobald Sie sie mit offenen Augen durchführen können, machen Sie sie, sooft sie Ihnen einfällt. Spüren Sie Ihren Körper, während Sie Auto fahren, reden, lesen, singen, essen und bei allen anderen Gelegenheiten. Ich möchte Ihnen das Ergebnis davon nicht verraten, doch Sie werden bald eine wunderbare Veränderung erleben, eine köstliche Überraschung, wie eine Kirsche in einem Stück Schokolade ...

„Heile, heile Segen ..."

Eines Tages schaute ich im Wohnzimmer meinem dreijährigen Sohn zu, wie er hinter der Terrassentür mit seinem Löschzug und mit Spielzeugautos spielte. Was für ein Wunder er war, mit seinen blauen Augen und blonden Haaren, völlig ins Selbst versunken. Er saß auf dem Boden und ließ seine Autos auf Schotterstraßen und um Steinhäuser fahren. Es muss Zeit gewesen sein, ein Feuer in einem der Häuser zu löschen, denn ich sah, wie er nach seinem hellroten Feuerwehrauto suchte. Als er es entdeckt hatte, stand er rasch auf, stolperte über seine eigenen Füße und fiel auf seine Knie und Hände. Sofort griff er nach einem Knie, während Krokodilstränen beide Wangen hinunterliefen. Ich widerstand dem Drang, in eine Telefonzelle abzutauchen, um als Super-Papa wieder zu erscheinen und ihn vor dem Erzschurken Leben zu retten. Ich sah ja, er hatte sich nicht schlimm verletzt, und mich interessierte, wie er damit umgehen würde, dass Schmerz in seine friedliche Welt eingedrungen war.

Brad blickte sich um, ob ihm jemand zuschaute, doch er sah mich nicht. Als er niemanden bemerkte, schluchzte er zweimal schnell, griff

12. Wie Sie körperlichen Schmerz zum Verschwinden bringen

nach seinem Löschzug und wandte sich wieder seinem Spiel zu, um das Feuer zu löschen. Fünfzehn oder zwanzig Minuten später stand er auf, ging zur Tür und schob sie auf. Er sah mich immer noch nicht, blieb stehen und trank den restlichen Apfelsaft, den er auf dem Boden hatte stehen lassen, bevor er zum Spielen hinausgegangen war. Vorsichtig stellte er mit beiden Händen das Glas ab und blickte auf. Da sah er, dass ich ihn beobachtete. Sobald unsere Blicke sich trafen, brach er in Tränen aus, griff mit seinen dicklichen Händen nach seinem verletzten Knie und weinte: „Papi, bin hinfallen ...“ Ah, diese Elternfreuden! Ich nahm ihn auf den Arm und drückte ihn fest an mich. Dann setzte ich ihn auf mein Knie, strich den Schmutz aus seinem Kratzer, gab ihm einen Kuss und machte so alles besser.

Schmerz ist nicht Leiden. Schmerz ist körperlich. Erst wenn der Verstand eine Emotion untermischt, wird Schmerz zu Leiden. Die emotive Kraft kommt aus Zukunft oder Vergangenheit. Mein Sohn verspürte sofort einen Schmerz, als er hinfiel. Da er sich nur leicht verletzt hatte, der Schmerz rasch nachließ und niemand in der Nähe war, dem er sein Missgeschick hätte mitteilen können, widmete er sich ruhig wieder seinem Spiel. Sein Schmerz war vergessen, bis er mich einige Zeit später sah. Bereits im unschuldigen Alter von drei Jahren hatte mein Sohn gelernt, wie er es anstellen musste, seine emotionalen Bedürfnisse zu befriedigen. Bei einem Kind ist das „süß“. Es verschafft Eltern eine Ausrede, diese liebe Seele mit allen möglichen Arten von Liebe zu überschütten. Bei Erwachsenen hingegen ist Leiden alles andere als putzig.

Jede Verletzung beinhaltet drei verschiedene Komponenten: die körperliche, die mental-emotionale und die chemische. Eine wird dominieren, doch es sind immer alle drei im Spiel. Es spielt keine Rolle, ob Sie ein gebrochenes Bein oder ein gebrochenes Herz haben, Sie werden diese Triade bei allen Verletzungen finden. Vielleicht fragen Sie sich nun nach dem emotionalen oder chemischen Aspekt eines Beinbruchs; oder nach der körperlichen oder chemischen Komponente eines gebrochenen Herzens; und was „chemisch“ hier überhaupt bedeute.

203

Bei einem Beinbruch haben Sie eine körperliche Verletzung davongetragen. Der körperliche Bruch ist zwar die vorherrschende Komponente in der Heilungstriade von Körper-Geist-Chemie, doch eine Verletzung kann nur dann vollständig heilen, wenn auch die Komponenten Chemie und Geist mit einbezogen werden. Der Knochen wird sich physisch wieder richten, indem er Nährstoffe wie Kalzium mobilisiert oder verstoffwechselt, um den Bruch zu „kitten" und die Gesundheit des Knochens wiederherzustellen. Eine Entzündung ist eine chemische Reaktion, die an der verletzten Stelle Wärme erzeugt. Indem man die Entzündung verringert, lindert man den Schmerz und fördert die Heilung, körperlich wie mental. Am häufigsten wird bei einer körperlichen Verletzung der emotionale Aspekt vergessen, den sie hervorruft, wie gering er auch sein mag. Wahrscheinlich wird er vergessen, weil die meisten Ärzte ihn für unwichtig halten. Sie verstehen nicht, warum es notwendig ist, einen Patienten dabei zu unterstützen, emotional von einer körperlichen Verletzung zu heilen.

Es gibt aber einige Heilverfahren, die den Beitrag des Heilens der emotionalen Komponente zu schätzen wissen. Verschiedene Techniken aus der Chiropraktik gehen auf den emotionalen Aspekt ein. In den frühen 1990er-Jahren besuchte ich ein Seminar zu einer dieser Techniken. Der Arzt, der die Technik entwickelt hatte, fragte, ob jemand im Raum eine körperliche Verletzung oder Beschwerden habe, die trotz der herkömmlichen physikalischen Therapie und einer entsprechenden Ernährung nicht heilten. Mehrere Teilnehmer meldeten sich, *ich* wurde als Versuchskaninchen ausgewählt.

Ich beschrieb meine Schulterschmerzen, die sich im Laufe der vergangenen Jahre ständig verschlimmert hatten. Doch ich war mir keiner bestimmten Verletzung bewusst, die sie hätte auslösen können. Ich sollte dem Arzt die schmerzende Stelle zeigen und auch meine Bewegungseinschränkung von Arm und Schulter. Seine Diagnose ergab eine emotionale Komponente bei der Verletzung, die nicht behandelt worden war. Außerdem stellte er fest, dass es sich um eine intensive

12. Wie Sie körperlichen Schmerz zum Verschwinden bringen

Emotion handele, wahrscheinlich eine Liebe-Hass-Beziehung und wahrscheinlich hätte ich mir die Verletzung als junger Mann zugezogen.

In der Tat hatte ich mich mit knapp zwanzig unsterblich in eine rothaarige Schönheit verliebt. Das war damals meine erste richtige Erfahrung mit dem Gefühlsstrudel, der mit der bedingten Liebe einhergeht. Ich konnte mich an keine bestimmte Verletzung in dieser Lebensphase erinnern, doch ich war sehr sportlich und hätte mich damals auf vielerlei Arten verletzen können. Ich hatte nicht viel darüber nachgedacht. Dann führte der Arzt eine „emotionale" Korrektur durch. Anschließend sollte ich mit meinem Arm erneut die schmerzhaften Bewegungen ausführen. Von den Ärzten im Publikum war erstauntes Gemurmel zu hören, als sie sahen, wie ich meinen Arm unbehindert und schmerzfrei in alle Richtungen bewegen konnte. Irgendwie fühlte ich mich auch emotional leichter. Dieser spezifische Schmerz ist bis heute nicht wieder aufgetreten.

An die erwähnte Beziehung hatte ich jahrelang nicht gedacht. Die unerlöste Emotion hatte sich wohl irgendwie entschieden, sich in meiner Schulter niederzulassen. Die Technik, die der Arzt anwandte, war ein wenig kompliziert, doch im Wesentlichen hatte er mich dazu gebracht, mein Gewahrsein dem Problem gegenüber zu öffnen. Die Technik des emotionalen Loslassens ermittelte das Problem und mein Gewahrsein löste es auf. Doch denken Sie daran: Verlieren Sie sich nicht in Techniken. Verlieren Sie sich in Gewahrsein!

Unbehagen oder Schmerzen an bestimmten Stellen des physischen Körpers können verschwinden oder nachlassen, wenn Sie dieser Körperregion einfach Ihre Aufmerksamkeit schenken. Die im Folgenden beschriebene Erfahrung wird die körperlichen, mental-emotionalen und chemischen Anteile von Schmerz und Stress in Ihrem Körper verringern oder beseitigen. „Scannen" Sie Ihren Körper, bevor Sie anfangen, um sich unbehaglich anfühlende oder schmerzende Körperpartien zu ermitteln. Achten Sie darauf, wie Sie emotional zu diesen Stellen und zu Ihrem körperlichen Allgemeinzustand stehen.

205

Stufen Sie Ihr körperliches Unbehagen zwischen 1 und 10 ein, wobei 10 für unerträgliche Schmerzen steht. Auf geht's!

Erfahrung 7: Körperlichen Schmerz auflösen

Liegen oder sitzen Sie, ganz wie Sie mögen. Schließen Sie Ihre Augen und werden Sie sich einer allgemeinen Präsenz in Ihrem physischen Körper bewusst. Diese kann sich anfühlen wie Kribbeln, Entspannung, Lebendigkeit, schwaches Vibrieren, Strom oder wie eine andere allgemeine Empfindung. Dieses allgemeine, durchgängige Gefühl ist der feinstoffliche Körper. Widmen Sie ihm eine Minute oder länger Ihre Aufmerksamkeit, bis Sie den feinstofflichen Körper so intensiv wahrnehmen, wie es Ihnen jetzt möglich ist.

Lassen Sie nun Ihr Gewahrsein zu einer bestimmten Körperregion wandern, in der Sie Schmerz oder Unbehagen spüren. Achten Sie genau auf diesen Schmerz. Wie fühlt er sich an: scharf, reißend, pochend, dumpf, einschießend ...? Wo genau ist der Schmerz? Welche Form hat er? Hat er eine Farbe oder Struktur? Geht er mit einer Emotion einher? Was können Sie sonst noch zu diesem Schmerz feststellen?

Wirken Sie nicht ein auf den Schmerz; beobachten Sie ihn einfach sehr genau. Anfangs mag er sich verschlimmern; machen Sie sich deshalb keine Sorgen. Seien Sie einfach weiterhin ganz selbstverständlich offen für das, was Sie fühlen.

Wenn sich der Schmerz verlagert, dann folgen Sie ihm an seine neue Stelle und beginnen von Neuem. Beobachten Sie den Schmerz weiter, bis er vergangen ist, oder folgen Sie ihm an die neue Körperstelle.

Bevor Sie Ihre Sitzung beenden, spüren Sie noch einmal zwei bis fünf Minuten lang Ihren feinstofflichen Körper, bis Sie sich

12. Wie Sie körperlichen Schmerz zum Verschwinden bringen

ganz erholt und im Frieden fühlen. So geben Sie dem Schmerz, der sich bereits auflöst, Zeit, sich sanft aus Ihrem Körper zu entfernen. Öffnen Sie Ihre Augen und kommen Sie langsam in Ihren normalen Alltag zurück.

Bevor Sie sich wieder Ihren Aktivitäten zuwenden, gehen Sie – immer noch bei geschlossenen Augen – mit Ihrer Aufmerksamkeit noch einmal an die sich ursprünglich unbehaglich anfühlende oder schmerzende Stelle zurück und stufen Sie sie erneut ein. Ihr Schmerz wird vergangen sein oder merklich nachgelassen haben. Außerdem wird sich Ihr Körper fließender und energiegeladener anfühlen und Sie werden sich emotional leichter fühlen. Mitunter empfinden Sie auch eine Zeit lang *mehr* Schmerzen. Das ist ein Hinweis darauf, dass tiefe Heilung stattfindet. In solchen Fällen ist es gut, Ihren Körper am Ende der Sitzung etwas länger zu spüren. Stärkere Schmerzen werden sich in dieser Zeit von selbst auflösen oder dann, wenn Sie wieder Ihren Alltagsaktivitäten nachgehen. Sie können dazu beitragen, dass sich der Schmerz in dieser Körperregion rascher auflöst, indem Sie einfach Ihre Aufmerksamkeit auf ihr ruhen lassen.

Während Sie das Erspüren Ihres (feinstofflichen) Körpers praktizieren, werden Sie feststellen, dass Ihr feinstofflicher Körper nicht in Ihrem physischen Körper „gefangen" ist. Schon bald werden Sie Ihren feinstofflichen Körper außerhalb Ihres physischen Körpers spüren. Dann werden Sie die Erfahrung machen, dass Ihr feinstofflicher Körper den ganzen Raum ausfüllt. Wenn Sie aus der Tür treten, erfüllt er den Himmel. Im Laufe der Zeit werden Sie die ganze Schöpfung als Ihren feinstofflichen Körper wahrnehmen, weil Ihr Gewahrsein feiner wird und sich erweitert. Je weiter entfernt vom physischen Körper Sie Ihren feinstofflichen Körper wahrnehmen, desto feiner wird er sein. Schließlich werden Sie beobachten, wie Ihr feinstofflicher Körper mit dem uneingeschränkten, grenzenlosen Gewahrsein des Selbst jenseits aller Dinge verschmilzt. Ganz egal, was Ihre Sinne noch wahrnehmen, sie werden auch das Selbst wahrnehmen. Was immer Sie denken oder fühlen, wird auf dem ruhigen Meer des Selbst treiben. Sie haben das Selbst in der Stille entdeckt, die den Geist durchdringt und jenseits der Dinge ist. Sie haben es entdeckt *in* allen Dingen und Gedanken und *jenseits* davon, sogar jenseits der Möglichkeit des Leidens; Sie *sind* Selbst.

Spirituelle Wissenschaftler

Wie sich die eher starren Konstrukte Newtons in die fließenden, stets hin und her „schwankenden" Wahrscheinlichkeiten der Quantenphysik auflösen, so wird sich das unnatürliche medizinische Modell vom Körper als einer Maschine in den Fluss der unveränderlichen Veränderung auflösen. Ihr Körper *erscheint* nur fest. Die Quantenphysiker sagen uns, unser Körper sei, wie eine Galaxie, größtenteils leerer Raum. Selbst die festen Teile seien nicht wirklich fest. Sie flimmern so schnell in die Existenz und wieder hinaus, dass sie fest erscheinen. In Wirklichkeit ist der physische Körper sozusagen gefrorenes Denken. Und Denken ist, wie wir bereits festgestellt haben, wie flüssiges Licht, wie Sonnenstrahlen des Selbst.

Candace Pert, Harvard-Medizinerin und Pionierin in der Körper-Geist-Forschung, hat den Niedergang des starren medizinischen Modells massiv vorangetrieben. Sie erklärte: „Ich kann nicht mehr zwischen Gehirn und Körper unterscheiden. ... Forschungsergebnisse belegen, dass wir darüber nachdenken müssen, wie das Bewusstsein in verschiedene Körperteile projiziert werden kann." Wir brauchen kein komplett ausgestattetes Medizinlabor, um die Seele im Körper zum Vorschein zu bringen. Als spirituelle Wissenschaftler kamen wir schon mit allem, was wir brauchen, zur Welt. Der seines Selbst bewusste Geist ist das Labor. Die hier vorgestellten Übungen sind die Experimente.

Noch nie in der Geschichte der Menschheit war es so dringend nötig, zu verstehen, dass Erkenntnis im Selbst angelegt ist. Ohne Erkennen des Selbst hat alles andere Wissen keine Grundlage und ist

12. Wie Sie körperlichen Schmerz zum Verschwinden bringen

gefährlich. „Erkenne dein Selbst" ist die Parole des spirituellen Wissenschaftlers. Das Streben der Wissenschaften, die den Körper erforschen, hat unserem Leben viele Wunder beschert, doch keine einzige Wissenschaft hat die Ursache von Angst und Leiden ausgemerzt. Denn dauerhafter Friede ist nur durch Loslassen zu erlangen. Die Wissenschaft vom Selbst ist die Subtraktion, die Reduzierung aller Dinge auf ihren einfachsten, kraftvollsten Ausdruck. Das Selbst erkennt man durch Subtraktion. Wenn alles, was nicht Selbst ist, entfernt wird, bleibt nur das Selbst. Doch eine letzte Entdeckung steht noch aus, und zwar folgende Erkenntnis: Das Selbst ist auch der Verstand, der Körper und die Welt der Erscheinungen. Sobald inneres und äußeres Selbst sich verbinden, weichen Angst und Leiden einem unerschütterlichen Frieden und letztlich der Unsterblichkeit.

Kerngedanken von Kapitel 12

- Solange Sie Ihren Körper mit Ihrem Selbst verwechseln, wird der Alterungsprozess zu einer lebenslangen Verletzung.
- Ihr Körper ist ein wunderbarer Ausdruck Ihres Selbst und ein Tor zum Frieden, das sich leicht öffnen lässt.
- Der Körper ist ein Tor, das sich in zwei Richtungen öffnet: nach innen zum Geist und nach außen zur Welt der Erscheinungen.
- Der feinstoffliche Körper, der Geist und physischen Körper verbindet, ist eine Matrix aus Energiemustern für den physischen Körper und der Dreh- und Angelpunkt, um inneren Frieden zu finden.
- Sobald wir unser Gewahrsein für den feinstofflichen Körper öffnen, verlangsamt sich der Alterungsprozess und der innere Friede nimmt rasch zu. Damit begünstigen wir Wachstums- und Heilungsprozesse in Körper, Geist und feinstofflichem Körper.
- Das Entdecken des feinstofflichen Körpers beginnt mit dem aufmerksamen Beobachten des physischen Körpers.
- Auch *positives* Handeln kann zu katastrophalen Ergebnissen führen, sofern man ohne Selbst-Bewusstheit handelt.

Dr. Frank Kinslow: Suche nichts – finde alles!

- Schmerz ist nicht Leiden. Schmerz ist körperlich, Leiden ist emotional.
- Jede Verletzung beinhaltet drei verschiedene Komponenten: die körperliche, die mental-emotionale und die chemische.

13. Die „perfekte" Beziehung

„Zieh, wenn du kannst, die geheimnisvolle Grenze,
trenne gebührend, was sein, was dein,
was menschlich und was göttlich ist."

Ralph Waldo Emerson

Beziehungen gibt es in unzähligen Variationen von Größe, Art und Form. Da gibt es die Feld-Wald-und-Wiesen-Beziehungen zwischen Mann und Frau, Eltern und Kind, Lehrer und Schüler und so weiter. Menschen kommunizieren mit Tieren und sogar mit dem Wind, mit Wellen, Wäldern und Bergen. Uns fasziniert die Vorstellung, wonach unsichtbare Wesen unseren Raum auf höheren oder niedrigeren Frequenzen mit uns teilen: Kobolde, Gespenster und Engel. Und dann ist da noch das höchste und unsichtbarste Wesen, Gott.

Während die beteiligten „Parteien" oder Personen die *Art* einer Beziehung definieren, bestimmt die Kommunikation deren *Qualität*. Kommunikation ist der Leim, der die Teile, das heißt hier: die Partner, verbindet, und dadurch entsteht ein Ganzes, das größer ist als seine Teile. Wir benutzen viele verschiedene Kommunikationsformen, darunter auch Kunst, Musik, Zeichensprache, Körpersprache oder gar Rauchzeichen. Die Form ist das „Wie" der Kommunikation. Das Herzstück ist der Inhalt. Wenn unsere Kommunikationsform ein Auto wäre, dann wäre der Inhalt der Fahrer. Zwar ist die Art des Autos, das wir fahren, wichtig, doch nur wegen des *Fahrers* gibt es das Auto überhaupt. *Was* wir anderen mitteilen, ist vorrangig. Doch dabei wollen wir es nicht bewenden lassen, denn zum Inhalt gehört mehr, als man auf den ersten Blick sieht.

In jeder und jedem von uns manifestiert sich der Inhalt als ein Bündel sich windender Emotionen, Gedanken und Vorstellungen plus Hoffnungen und Ängsten, die alle zum Ausdruck kommen wollen. Sie stammen aus unserer Vergangenheit und Zukunft und wollen unser Denken und Fühlen in diesem Moment beeinflussen. Viele Menschen lassen sich zu der irrigen Vorstellung verleiten, sie seien der Inhalt jener Gedanken. Wer das glaubt, wird anderen niemals mitteilen können, wer er hinter der surrenden Welt des Verstandes wirklich ist. Seine Beziehungen sind zur Oberflächlichkeit verdammt, zum Scheitern verurteilt, bevor sie überhaupt beginnen. Wie stehen die Chancen, dass ein schlafender Autofahrer an seinem Fahrtziel ankommt? Und damit kommen wir zum Geheimnis einer erfolgreichen Beziehung. *Die Qualität unseres Gewahrseins beeinflusst direkt die Qualität unseres Inhalts.*

Gewahrsein verändert den Inhalt, nicht, indem es ihn in etwas anderes verwandelt, sondern indem es ihm etwas wegnimmt. Gewahrsein beraubt den Inhalt seiner Festigkeit und Ernsthaftigkeit. Es erhellt ihn von innen, weil es die Teile zu einem Ganzen verbindet. Sobald wir uns unseres Selbst bewusst sind, sind wir immer noch der gleiche Mensch und gleichzeitig werden wir strahlender, leichter und menschlicher. Unser Gewahrsein erdet uns und verleiht dem, was wir anderen mitteilen, Bedeutung.

Des einen Freud ist des anderen Leid

Wenn Ihre Beziehungen sich entwickeln und wachsen sollen, ist es unverzichtbar, dass Sie diesen Punkt genau verstehen. Die Qualität Ihres Gewahrseins beeinflusst die Qualität Ihrer Beziehungen entscheidend. Und mehr als das: Keine zwei Standpunkte individuellen Gewahrseins sind gleich. Waren Sie schon einmal in einem Gespräch bei einem Thema mit jemandem einig, nur um später festzustellen, dass das Verständnis Ihres Gegenübers von Ihrem eigenen Lichtjahre entfernt war? Ihrer beider Ansichten unterschieden sich so grundlegend, dass Sie sich fragten, ob Sie nicht *vorher* mit einem Doppelgänger aus einer Parallelwelt gesprochen hätten? Warum ist das so? Wie kommt das? Es beginnt mit dem Gewahrsein.

Fehlkommunikation ist ein Beispiel für die Divergenz zweier Arten des Gewahrseins (oder: für die Distanz zwischen zwei Blickwinkeln des Gewahrseins). Sie ist nicht die Ausnahme, sondern die Regel, und die gilt immer. Der Glaube an eine unumstößliche oder „richtige" Sichtweise ist der Keim der Zerstörung, der über Generationen hinweg weitergegeben wurde. Keine zwei Menschen können jemals die gleiche Sicht haben, ganz egal, was sie empfinden und wie sehr sie sich darum bemühen. Ich drücke das auch gerne so aus: Was für den einen perfekt passt, bereitet dem anderen oft nur Pein. [Engl.: *One man's perfect is another man's pain.*]

Perfektion ist Produkt der Perzeption

Wenn es zutrifft, dass die perfekte Lösung des einen einem anderen Schmerz bereitet, dann ist die vermeintliche „Perfektion" nur ein Konstrukt unserer Wahrnehmung. Diese wiederum ist von unserem Grad an üblichem Bewusstsein beeinflusst, von unserer (größeren oder geringeren) Fähigkeit, die Vollkommenheit dieses Moments deutlich zu *beobachten*. Das heißt aber: Es gibt eine unendliche Anzahl an Wahrnehmungen von Perfektion – so viele, wie es Wahrnehmende gibt. Was also ist da zu tun?

Erinnern Sie sich noch an die in Kapitel 2 genannten zwei einfachen Regeln, die mein Leben lenken? Wann immer ich das Gefühl habe, die Dinge liefen „schief", komme ich auf diese beiden einfachen Grundsätze für mehr Gewahrsein zurück. Sie lauten:

1. Letztlich ist das Leben harmonisch.
2. Die Dinge sind nicht so, wie ich sie sehe.

Aus einer negativen Haltung heraus könnten wir sagen: Wenn die Dinge keinen Sinn ergeben (Regel 1), dann ist es meine Wahrnehmung (Regel 2), die ich korrigieren muss. Erstens bewirkt das, dass alle scheinbaren Probleme dahin kommen, wo sie hingehören: direkt auf meine Schultern. Ich höre auf, anderen Menschen oder Umständen wegen meines Schmerzes Vorwürfe zu machen. Ja, nicht einmal mir selbst kann ich mein Leiden vorwerfen. Im Prinzip reduzieren sich dann alle Probleme auf die Tatsache der verzerrten Wahrnehmung dessen, was ist. Zweitens verhilft uns diese Einsicht zu einer Definition von Perfektion, die alle persönlichen Definitionen mit einschließt.

Wann immer es in einer (an Bedingungen geknüpften) Liebesbeziehung schwierig wird, verhält sich die andere Person nicht unseren Erwartungen gemäß – so wird es überwiegend gesehen. Geht es um das Thema *Geld*, so verdient unser Partner, unsere Partnerin entweder nicht genug, er/sie gibt zu viel aus oder auch beides. Wenn wir uns *emotional ausgehungert* fühlen, dann ist unserem Empfinden nach unser Partner der Grund dafür. Er ist zu distanziert, zu fordernd oder zu bedürftig. Nach einer zweiten, weit verbreiteten Ansicht über das Scheitern einer Beziehung verursachen wir selbst die Disharmonie. Vielleicht werfen wir uns selbst vor, wir seien emotional, mental, körperlich, sozial oder in Bezug auf Geld nicht in Ordnung. Doch es spielt wirklich keine Rolle, *wer* nicht in Ordnung ist oder *warum*. Wir können das alles beiseite wischen. Ja. Nur zu, lassen Sie all diesen Unsinn los. Die Suche nach Fehlern oder Schuld und der Versuch, diese auszubügeln, erzeugen nur *mehr* Fehler, Schuld oder Dinge, die nicht in Ordnung sind. Das „Ausbügeln" besteht (falls Sie es nicht schon selbst bemerkt haben) in der Erkenntnis, dass es nichts in Ordnung zu bringen gibt.

Auf Dauer verliebt zu bleiben ist unmöglich

Damit kommen wir auf die Frage: „Ist eine problemfreie Beziehung möglich?" Die Antwort lautet: „Natürlich, sobald wir das Problem

13. Die „perfekte" Beziehung

ausräumen." Das „Problem" ist, wie Sie bereits wissen, die *Wahrnehmung*, die der Verstand von der Beziehung hat. Ihr Verstand kreiert aus der Erinnerung ein Bild von Ihnen. Indem wir uns für unser Ich-Gefühl auf die Erinnerung verlassen, trennen wir die Welt in Freund und Feind, in Dinge, die „mir" helfen, und Dinge, die das Fortbestehen des Bildes vom „Ich" bedrohen.

Wenn wir uns „ver-lieben", ist unser „Ich" sozusagen für das „ver-" zuständig. Das „ICH" ist ohnehin immerzu in der LIEBE. Im gegenwärtigen Moment verspürt das „ICH" kein Bedürfnis, etwas zu analysieren oder sich zu schützen. Das „Ich" hingegen will immer die Oberhand behalten. Wenn also das „Ich" einer Sie oder einem Er begegnet, dann checkt es immer die Vor- und Nachteile einer möglichen Verbindung ab. Kann mir dieser Mensch geben, was ich brauche? Wird er oder sie mich verletzen? Denken Sie daran: Das „Ich" sieht durch die Brille einer überholten Erinnerung. Ist die Strichliste fertig, was nur Sekunden zu dauern braucht, dann verkündet das „Ich" ein Ja oder ein Nein. Oder es entscheidet sich, mit dem Urteil zu warten, bis es weitere Informationen gesammelt hat.

Erscheint Ihnen das vielleicht etwas unnatürlich und unmenschlich? Wir mögen den Eindruck haben, es sei mühelos, einen neuen Menschen kennenzulernen; entweder wir mögen ihn oder nicht. „Wir führen keine Strichliste mit Plus- und Minuspunkten", sagen Sie vielleicht. So sieht es natürlich aus, wenn man dem Ablauf im normalen Tempo zuschaut. Doch wenn wir eine mentale Fernbedienung hätten, mit der wir den Vorgang in Zeitlupe abspielen könnten, dann könnten wir unseren mentalen Mechanismus genauer verfolgen.

Eindrücke und Empfindungen wirken mit Lichtgeschwindigkeit auf uns ein. Passen wir nicht auf, so machen sie sich mit uns auf und davon. Und genau das passiert, wenn wir uns „verlieben".

Sichverlieben ist ein Wirbelsturm von Emotionen, der uns von dieser normalen Erde abheben und uns leicht im Himmel landen lässt. Durch unser Verliebtsein nehmen wir einen perfekten Partner, eine perfekte Partnerin wahr. Alles, was er oder sie tut, ist perfekt. Was uns früher aufregte – ein ungehobelter Chef, kalter Kaffee oder ein langatmig redender Nachbar – all das verblasst im hellen Licht des Verliebtseins. Tagelang, ja, monatelang gehen wir wie auf Wolken. Doch früher oder später landen wir wieder auf der Erde. Warum? Warum nur?! Warum passiert das immer wieder? Ganz egal, wie lange die Beziehung hält – die Kraft und das Feuer der ersten Tage der Liebe gewinnen wir nie zurück.

Wir können die Intensität der Liebe nie lange halten, weil wir sie uns nicht verdient haben. Wenn sich das „Ich" verliebt, darf es von dem Festmahl kosten, das das „ICH" jeden Tag genießt. Der Unterschied besteht darin, dass das „ICH" kein *einzelnes* Objekt der Zuneigung hat, also nichts, was für die Liebe des „ICH" *verantwortlich* wäre. Das „ICH" liebt *alle* Dinge, ohne Grund, ohne Erwartungen. Und darin liegt der Unterschied. Das „ICH" liebt grundlos und das „Ich" sucht nach Gründen, um zu lieben. Die Gründe für das Lieben entspringen dem vom Ego manipulierten Verstand und unterliegen seiner vergeblichen Suche nach Perfektion.

Früher oder später zeigen sich auf der Maske der Perfektion unseres Partners (unserer Partnerin) Zeichen der Abnutzung. Vergleichbar den Theatermasken bei Komödie und Tragödie im alten Griechenland, wird unser Lächeln zu einem Stirnrunzeln. Aller Wahrscheinlichkeit nach glauben wir, der andere sei für den Verlust der Liebe verantwortlich. Wir lieben den anderen immer noch, aber nicht wie vorher. Unsere Liebe nimmt einen eher intellektuellen Beigeschmack an. Vielleicht ertappen wir uns sogar dabei, dass wir mental eine Liste der Vorteile unseres Partners erstellen, in dem Bemühen, uns selbst davon zu überzeugen, dass wir ihn immer noch so lieben wie vorher. In einer späteren Liste fallen vielleicht jegliche vorgetäuschten positiven Eigenschaften heraus, zugunsten von eher negativen Verhaltensweisen. Im Laufe der Zeit beugen wir uns der Realität, dass „das Prickeln" dahin ist, und wir richten uns in einer stillen Selbstzufriedenheit ein. Oder wir gehen unserem Partner ganz bewusst auf die Nerven, in dem unterbewussten Bemühen, er möge unseren Schmerz

13. Die „perfekte" Beziehung

lindern. Tausende Bücher wurden schon darüber geschrieben, wie man die Liebe am Leben erhält. Die Wahrheit lautet: Sie hatte von Anfang an keine Chance.

Wenn wir das vom Ego kreierte Selbstbild für wahr halten, trennen wir uns von den anderen Bildern, die wir wahrnehmen. Das Bild „Ich" interagiert mit dem Bild „Du". Alles ist ganz wunderbar, solange das Bild „Du" das Bild „Ich" unterstützt. David Bohm sagte uns: Sogar das Bild „Du" wurde vom „Ich" erschaffen.

Ich sehe dich nicht so, wie du wirklich bist. Ich sehe dich, wie mein Verstand dich gern sehen will. „Ich" nehme dich durch den Filter meines vom Ego beeinflussten Verstandes wahr ... So erschafft das „Ich" das „Du". Wer du wirklich bist, ist ein Geheimnis. Es hat nichts zu tun mit dem Bild, das ich mir gemacht habe und das ich „Du" nenne. Während ich mir ein Bild von „dir" machte, warst du damit beschäftigt, dir ein Bild von „mir" zu machen. Wir gleichen zwei Puppenspielern, die beide mit ihren eigenen Puppen beschäftigt und so vertieft sind, dass sie sich nie die Zeit nehmen, nachzusehen, wer eigentlich die Fäden der anderen Puppe in der Hand hält.

J. Krishnamurti zeigte, dass wir eine Trennung zwischen uns und einem anderen Menschen erzeugen, wenn wir ein Bild von uns selbst haben. Er sagte, dass Beziehungen sich zwischen zwei *Bildern* entwickelten, die der Verstand sich ausgedacht habe. Ferner teilte er uns mit, dass die zwei Bilder ihre eigenen Bedürfnisse und Wünsche hätten. Sie hätten ihre eigenen Absichten, lebten praktisch isoliert und fänden Trost in der Illusion der Übereinstimmung. Krishnamurti sagte: „ ... die Bilder laufen parallel, wie zwei Eisenbahnschienen, und begegnen einander nie, außer vielleicht im Bett ... Was für eine Tragödie ist daraus geworden!" Und dann stellt er eine treffende und äußerst wirkungsvolle Frage: „Ist Denken Liebe?"

Denken ist Liebe, bedingte Liebe. Denken ist Liebe, die niemals dauerhaft ist. Denken, das dem Verstand, dem üblichen Bewusstsein entspringt, erschuf das „Ich" und diktiert die Bedingungen, unter denen „Ich" lieben kann. Bedingte Liebe ist immer an Bedingungen

217

geknüpft. Und Bedingungen und Umstände ändern sich ständig, deshalb ändert sich auch die Liebe ständig. Es kann gar nicht anders sein. Sie können nicht auf Dauer verliebt bleiben, das ist unmöglich. Ein Flirt mit der bedingten Liebe bedeutet, eine Lüge zu leben. Sie können nicht die Illusion der bedingten Liebe leben, wenn die universelle Liebe nur einen Herzschlag weit entfernt ist. Das wird Ihr Selbst nicht zulassen.

Was ist Sinn und Ziel von Beziehungen?

Warum sollen wir uns damit plagen?, fragen Sie sich vielleicht. Warum können wir nicht einfach wir selbst bleiben? – Dieser Gedanke entstammt dem Kampf und Konflikt, der entsteht, wenn Beziehungen zu viel Arbeit bedeuten oder Schmerz mit sich bringen. Zwar gibt es einige wenige Menschen, die wirklich bei sich zu Hause sind, doch die meisten von uns sehnen sich nach der Berührung, dem Klang und der Wärme anderer Menschen. Warum ist das so? Warum fühlen wir uns so hingezogen zum Austausch mit anderen, der sich letztlich als schmerzlich und frustrierend erweist?

Denken Sie eine Weile über diese Frage nach. Sie ist wichtig, um dauerhaften Frieden zu erfahren. Wozu gibt es Beziehungen? Warum existieren sie?

Die meisten von uns gehen eine Beziehung ein, weil sie sich etwas davon versprechen, oder nicht? Je nach Art der Beziehung suchen wir nach Freundschaft, Schutz, Geld, Aufregung oder Gefahr, nach intellektueller Anregung und/oder körperlichen Freuden ... Die Liste ist durchaus lang. Die Dynamik der Begegnung zweier Menschen ist immer einzigartig, niemals gleich. Besteht der Sinn einer Beziehung nur im Gewinn?

Ja! Die Antwort auf die Frage: „Wozu gibt es Beziehungen?" lautet, dass sie nur zum Zweck des Gewinns bestehen. Doch es gibt sie nicht nur für unseren selbstsüchtigen Vorteil. Beziehungen werden nicht besser durch mehr Geld, Kontrolle oder Zeit. Sie lassen sich nicht einmal dadurch rechtfertigen, dass sie die Liebe zwischen zwei Menschen

13. Die „perfekte" Beziehung

erstarken lassen. Eckhart Tolle traf den Nagel auf den Kopf mit seiner Aussage: „Eine Beziehung ist dazu da, Sie bewusst zu machen, nicht glücklich." Beziehungen sind ausschließlich zu dem Zweck da, uns aufzuwecken, uns zu zwingen, des Selbst gewahr zu werden.

Wenn Sie eine Beziehung suchen, die Sie glücklich machen soll oder sicher oder in der Sie die Liebe tiefer erfahren können, vergessen Sie's! Zwar werden Sie dies vorübergehend und kurzzeitig erleben, doch niemals dauerhaft. Am Ende einer Beziehung können Sie zurückblicken und die Zeiten erkennen, in denen Sie glücklich waren oder Liebe empfanden. Doch wenn Sie ehrlich zu sich selbst sind, werden Sie feststellen, dass Sie die meiste Zeit der Beziehung in Ihrem Verstand zugebracht haben. Aus der Sicht Ihres Verstandes haben Sie Ihren Partner massiert und manipuliert, um zu bekommen, was Sie Ihrem Gefühl nach brauchten.

Die Frage, *warum* Sie sich so verhalten, führt nur zu weiterer Warum-Fragen. Auf der Suche nach Antworten verhalten Sie sich wie ein Hund, der seinem eigenen Schwanz nachjagt: Sie glauben zwar, die Antwort brächte Sie irgendwohin, doch letztlich erschöpfen Sie sich nur selbst oder es wird Ihnen zumindest recht schwindelig. Selbst wenn Sie Ihren „Schwanz" fangen – was haben Sie dadurch erreicht? Der Schwanz ist am Hund angewachsen, dieser am Schwanz und so weiter ... Weder das Jagen noch das Fangen wird Ihren Problemen ein Ende machen. Noch werden Sie letztendlich die Lösung finden. Herauszufinden, warum Sie sich auf eine bestimmte Art und Weise verhalten, lässt Sie nur tiefer in Ihre Schwierigkeiten eintauchen. Denken Sie daran, Ihre Probleme sind nicht das Problem. Ihr Leiden wird nicht dadurch aufhören, dass Sie sich anders verhalten. Sondern: *Ihr Verhalten wird sich ändern, indem Sie Ihr Leiden beenden!*

Wenn etwas schiefgeht, weckt uns das unsanft auf. Sobald wir der Tatsache ins Auge sehen, dass etwas verkehrt ist, versuchen wir, es in Ordnung zu bringen. Das *Aufwachen* ist gut daran, das In-Ordnung-Bringen ist fehlgeleitet. Und zwar deshalb, weil eineinhalb Gedanken nach dem Aufwachen unsere *Erinnerung* wieder anspringt und wir ins

219

übliche Bewusstsein zurückfallen. Ja, wir wachen auf, schütteln unser Kissen einige Male auf, drehen uns um und schlafen wieder ein. Warm und behaglich träumen wir den wundervollen Traum, dass sich die zwei „Eisenbahnschienen", von denen J. Krishnamurti spricht, eines Tages nicht hinter dem Horizont, sondern direkt vor unseren Füßen begegnen ...

Das Schwert und das Blatt

Seien Sie vorsichtig. Diese Träume sind nicht harmlos. Es sind Albträume. Falls wir jetzt nicht aufwachen, werden wir wachgerüttelt vom letzten Zucken einer sterbenden Welt, und dann stellen wir fest, dass unsere Albträume Wirklichkeit sind.

Mein Vater war ein Krieger – von Berufs wegen und aufgrund seines Handelns. Er kämpfte im Zweiten Weltkrieg, im Koreakrieg und zweimal in Vietnam. Er war kein besonders religiöser Mensch, doch sehr spirituell. Diesbezüglich hielt er es eher mit dem Bushido-Kodex, dem Ehrenkodex der Samurai, der Kämpfer bei der japanischen Armee. Als mein Vater im Zweiten Weltkrieg an der Front im Pazifik kämpfte, bekam er ein Katana, ein Samuraischwert. Ich erinnere mich, wie er mir als Jungen das Schwert zeigte und mir dessen Bedeutung für den Träger erklärte. Er erzählte mir, der Vater gebe dieses Schwert seinem Sohn weiter als Symbol der moralischen Prinzipien, die den spirituellen Krieger im Krieg und im Frieden unterstützen. Er zeigte mir den Griff und erklärte, dass unter der Umwickelung mit Haifischhaut die Familiengeschichte aufgeschrieben war. Er zeigte mir die Klinge, die ich nicht berühren durfte, und berichtete, die japanischen Schwertmacher seien die besten der Welt gewesen zu der Zeit, als dieses Schwert hergestellt wurde, nämlich vor fast 250 Jahren.

Die Klinge, so fuhr mein Vater fort, sei getränkt mit spiritueller Kraft, die den Schwertträger sowohl nähre als auch von ihm genährt werde. Nach der Legende ließ sich die spirituelle Kraft eines Katana erkennen, indem man die Klinge einem flussabwärts treibenden Blatt in den Weg legte. Wenn das Blatt das Schwert traf und sich um die

13. Die „perfekte" Beziehung

Klinge legte, war das Schwert spirituell schwach. Wenn das Blatt jedoch vom Katana in zwei Teile zertrennt wurde, war das Schwert im Geist des Bushido stark. Falls jedoch das vorbeitreibende Blatt sich dem Schwert näherte und dann mühelos um die Klinge herumschwamm, ohne sie zu berühren, dann war das Schwert spirituell äußerst kraftvoll. Zwölf Jahre nach dem Abwurf der Atombombe auf Hiroshima zog meine Familie nach Yokohama, Japan. Wir hatten viele japanische Freunde und lernten die Japaner wie die japanische Kultur lieben und respektieren. In den drei Jahren, die wir dort lebten, versuchte mein Vater die Familie ausfindig zu machen, der das Schwert gehörte. Doch weder er noch unsere Freunde hatten Erfolg. Jahre später gab mein Vater vor seinem Tod das Schwert an mich weiter.

Auf allen Ebenen des menschlichen Lebens sind schon massive Ungerechtigkeiten begangen worden. Kriege hat es immer gegeben. Ein Land gegen ein anderes, ein Klan gegen einen anderen, doch letztlich ist es jetzt, wie es immer schon war: ein Mensch gegen einen anderen. Ein Krieg zwischen Ländern ist eine Illusion. Ein Land kann nicht in den Krieg ziehen, das können nur seine Einwohner. Wir reden weiterhin viel davon, den Krieg abzuschaffen. Friedensdokumente werden verfasst, als ob das Papier die Macht dazu hätte. Während der Abendnachrichten schütteln wir den Kopf und fragen uns, warum die Menschen nicht einfach miteinander auskommen können. Auf dem Nachhauseweg zeigen wir einem trödelnden Autofahrer die Faust und zu Hause machen wir vielleicht unsere Partnerin oder unseren Partner und die Kinder zu fertig ...

In der Welt herrscht hauptsächlich deshalb Gewalt, weil wir unseres Selbst nicht mehr gewahr sind in dieser hektischen Atmosphäre anderer Menschen, die ebenfalls ihr Selbst suchen. Die Welt ist ein Ort der Gewalt, weil wir alle allzu leicht den anderen als Ursache unseres Schmerzes sehen – Schmerz, der entsteht, weil wir unser eigenes Selbst nicht wahrnehmen.

Mein Vater und jeder andere Mann, jede Frau und jedes Kind, die jemals im Krieg waren, mussten sich mit diesem Thema auseinander-

221

setzen und irgendeinen an Bedingungen geknüpften Frieden finden, um ihrem Leben einen Sinn zu verleihen. Einigen gelang dies besser als anderen, doch fast niemand konnte das Thema Krieg auf der persönlichen Ebene lösen. Die Antwort liegt in der Klinge und im Blatt. Wir können unsere Gegner bezwingen oder uns ihrer Aggression ergeben – das spielt wirklich keine Rolle. Bis wir unsere persönliche Kraft des Selbst entwickelt haben, wird alles, was über unseren nächsten Atemzug hinausgeht, nur mehr Gewalt erzeugen.

„Doch die Tiger kommen nachts …"

Das liegt nicht an unserer Unfähigkeit. Wir haben die spirituelle Technik, wir haben sie immer gehabt. Wir haben sie nur hintangestellt, zugunsten von „Dringlicherem". Wir haben uns die Welt der Träume zu eigen gemacht. Die Zerstörung der Welt, die Kriege zwischen Nationen und Konflikte zwischen Einzelpersonen entspringen alle derselben Quelle der Fantasie. Während wir von der Zukunft träumen und auf sie hoffen, entgleitet uns die Gegenwart, ohne dass wir es merken.

Unsere Interaktionen mit unserer Welt, unserem Land, unserer Arbeit und unserer Familie sind in erster Linie Beziehungen. Sie sind dazu da, uns bewusst, nicht glücklich zu machen. Ob wir sie mögen oder nicht, ist zweitrangig. Der Nutzen einer Begegnung besteht darin, dass wir uns am anderen *unseres Selbst gewahr werden*. Ja, Beziehungen sind dazu da, damit wir unser Selbst in anderen finden. Das ist die Bedeutung der Idee: sich eines anderen Menschen bewusst werden. Wenn wir meinen, der Austausch mit anderen sei dazu da, uns glücklich zu machen, dann konzentrieren wir uns auf das „Ich" – ein perfektes Rezept für Scheitern.

Aufwachen kann schmerzlich sein. Je länger wir schlafen, desto lauter muss der Wecker klingeln. Die Schwierigkeiten weltweit und zwischen Privatpersonen nehmen von Tag zu Tag zu. Unser Wecker ist mittlerweile eher wie ein Rauchmelder, ein Signal, das uns vor einer unmittelbar bevorstehenden Gefahr warnt. Und was tun wir? Wir ärgern uns über den Lärm, der unseren Schlaf stört.

In dem Stück *Les Misérables* singt Fantine ein Lied, das Alain Boublil und Claude-Michel Schönberg geschrieben haben: „Ich hatte einen Traum" *(I Dreamed a Dream)*. Meine Lieblingsstelle in diesem Lied lautet:

„Doch die Tiger kommen nachts
Mit ihren Stimmen so sanft wie der Donner
Zerreißen sie deine Hoffnung,
verwandeln deinen Traum in eine Schmach."

Fantine hat ihren Traummann verloren und leidet sehr. Die Tiger haben ihre Hoffnung zerfetzt und ihren Traum in Jammer verwandelt. Die Tiger sind ihr Wecker. Statt sich die Bettdecke über den Kopf zu ziehen, sollte sie sie annehmen und einsehen, dass ihre Zeit zum Träumen vorüber ist. Sie sollte sich, auf der Bettkante sitzend, ausgiebig strecken, sich den Schlaf aus den Augen wischen und den Tag begrüßen, das strahlende Selbst, das durch die Vorhänge schimmert.

Gott nicht zu einer Form erstarren lassen!

Alle Menschen, die ich kenne, stehen mit zumindest *einer* anderen Person in Beziehung. (Das ist ganz offensichtlich, denn wenn sie das nicht täten, würde ich sie nicht kennen.) Zwischenmenschliche Beziehungen sind unser Thema in diesem Kapitel. Um uns aus unserem „Traumnetz" zu befreien, das unser Verstand gesponnen hat, müssen wir über den Verstand hinausgehen in das reine Selbst. Ebenso müssen wir, um Beziehungen ganz zu verstehen, zurücktreten und eine andere Art von Beziehung betrachten, die Beziehung zwischen einem Menschen und seinem Gott. Wir geben den persönlichen Kampf um universelle Harmonie auf, wenn wir das Alltägliche so behandeln, als wäre es Gott. Wenn der Stein in Ihrem Handteller die Sphärenklänge widerspiegelt, hat das Leiden keinen Zugriff mehr.

Viele von uns wenden sich an Gott, damit er sie schützt und nährt. Ist unsere Wahrnehmung eher klassisch ausgerichtet (das heißt an Ursache und Wirkung), dann stellen wir uns Gott gern so vor, als habe er eine Form, meist eine menschliche. Mit einem vermenschlichten Gott können wir kommunizieren und interagieren, wie es uns vertraut ist. Wir reden mit Gott so ähnlich, wie wir miteinander reden. Wenn wir feststellen, dass die Dinge nicht nach unserem Geschmack laufen, bitten wir Gott, einzugreifen und sie in Ordnung zu bringen. Wir haben die Erfahrung gemacht, dass uns einige Menschen in unserem Leben unterstützt, genährt und gehegt haben. Bei den meisten von uns waren das unsere Eltern, Großeltern, Partner oder einige wenige andere. Wir wissen, wie es sich anfühlte, *bedingungslos* geliebt zu werden. Auch erlebten wir *bedingte* Liebe und machten die Erfahrung, dass sogar Menschen, die uns lieben, uns Schmerz verursachen können.

Diese menschlichen Eigenschaften haben wir auf Gott übertragen. Viele von uns haben den Eindruck, Gott habe eine Art spirituellen Hindernisparcours errichtet, in dem die Hindernisse Schmerz, Leiden und Angst seien. So sollen wir Richtig und Falsch unterscheiden lernen. Der Theorie nach werden wir belohnt, wenn wir unsere Sache gut machen. Falsches Handeln beschert uns nur mehr Schmerz. Doch in unserer Welt wimmelt nur so von Gegenbeispielen. Wie viele Menschen, über die wir gelesen haben oder die wir persönlich kennen, handeln *nicht* gut und sind doch erfolgreich? Unsere Antwort darauf lautet: Das dicke Ende kommt für sie noch.

Doch auch das stimmt nicht immer. Die Vorstellung von Karma, die Überzeugung, gute Taten brächten Gutes und schlechte brächten Schlechtes hervor, rührt von diesem Geheimnis her. Die Idee des Karmas wird gestützt von der christlichen Lehre: „Wie du säst, so wirst du ernten." Dadurch kann es eine „Saure-Trauben"-Haltung begünstigen oder die Einstellung „Ich bin heiliger als du", je nach Person und Umständen. Die Orientierung an der Karma-Idee ist klassisch, nach ihr sind Handlungen und Dinge von Gott und dem Selbst getrennt.

13. Die „perfekte" Beziehung

Sie vermittelt uns, wir könnten unser Leben durch unser Handeln steuern. Und sie lehrt, wir können uns durch gute Taten den Zugang zum Himmelreich verdienen. Doch an diesem Zugang zur Erlösung ist etwas grundlegend falsch.

Ja, Christus sagte: „Wie du säst, so wirst du ernten." Er sagte auch: „Durch gute Taten allein werdet ihr nicht in den Himmel kommen." Irgendwo auf dem Weg sprangen wir vom sprichwörtlichen Regen in die spirituelle Traufe. [Im Englischen wird für dieses Bild nicht das Wasser, sondern das Feuer herangezogen: *out of the frying pan into the fire*, wörtlich: „aus der Bratpfanne ins Feuer"; Anm. d. Übers.] Spirituelles Wachstum scheint den Fortschritt der westlichen Wissenschaft widerzuspiegeln. Die Quantenphysik hebt die bemerkenswerten Beiträge von Newton und anderen klassischen Physikern nicht auf. Sie schließt sie mit ein und erweitert sie. Beide Sichtweisen ergänzen einander. Doch wenn wir unsere Wahrnehmung von einer lokalisierten, an Dingen orientierten newtonschen Sicht verlagern auf eine nicht lokalisierte, grenzenlose quantenmechanische Sichtweise, dann erweitern wir unsere Weltanschauung weit über die einfache Ursache-Wirkungs-Kette hinaus.

Um diesen Wechsel in der Wahrnehmung aus einem spirituellen Blickwinkel zu verstehen, müssen wir uns von der Vorstellung von Gott als Form lösen. Oder genauer gesagt, wir müssen die Form Gottes über die Unendlichkeit hinaus, über die Form erweitern. Unsere „Vorstellung" von Gott war es, was ihn zu einer Form erstarren hat lassen. Natürlich ist Gott in der Form, ich sage nicht, dass er es nicht ist. Doch er ist viel mehr. Er ist *es*. Das „Es" schließt das „Er" ein. Definitionsgemäß ist Gott überall und immer. Eine Form, selbst die Form Gottes, ist auf die Grenzen dieser Form beschränkt. Wenn Gott immer und überall ist, dann darf er nicht nur seine Form sein, sondern er muss auch jenseits seiner Form sein. Wäre er das nicht, so wäre er begrenzt und er wäre nicht Gott.

Das Problem ist folgendes: Wenn wir Gott auf eine Form begrenzen, können wir niemals die Größe unserer letztendlichen Bedeutung erkennen. In unserer Vorstellung bleiben wir immer von Gott getrennt und getrennt von seiner Schöpfung. Doch falls Gott überall und immer ist, dann müssen auch wir Gott sein. Wie könnten wir überhaupt außerhalb von Gott sein? Wenn wir uns auf diese Art und Weise von Gott trennen, führt das auf der tiefsten Ebene zu einem Gefühl der Isolation und zu Angst. Das Ego wird geboren, sobald wir diese Isolation empfinden.

Je stärker isoliert wir uns fühlen, desto angestrengter wollen wir Gott finden. Je angestrengter wir suchen, desto schwerer ist es, Gott zu finden. Haridas Chaudhuri, ein Philosoph und Lehrer östlichen Gedankenguts, wiederholt die Vergeblichkeit des Strebens nach Perfektion in seiner Warnung: Je mehr wir auf Perfektion aus seien, desto mehr entziehe sie sich. Solange wir an der Vorstellung festhalten, Gott sei nur eine Form, können wir niemals völlig im Frieden sein, denn Gott ist sowohl formlos als auch jede Form.

Wir halten an Gott als Form fest, weil wir uns fürchten, das zu verlieren, was wir haben. Zumindest ist die Form Gottes besser als nichts, nicht wahr? Um Gott in seiner ganzen Fülle anzunehmen, müssen wir wie ein Affe von Ast zu Ast springen. Wir müssen loslassen, was wir haben, um weiterzukommen. Die Vorstellung, loszulassen und durch die Luft zu fliegen, mag anfangs erschrecken. Doch auch sie ist nur eine Wahrnehmung. Wenn wir tatsächlich unser Konzept von Gott als Form loslassen, übertrifft die Freiheit, die wir dann erleben, alle Worte und Erwartungen. Wir verlieren nichts. Wir gewinnen die Ewigkeit.

Die ultimative Beziehung

Auf den ersten Blick gibt es drei Grundformen von Beziehungen, die Menschen mögen: die Beziehung von Mensch zu Mensch, die Beziehung des Menschen zur Natur und die Beziehung des Menschen zu Gott. In allen drei Fällen ist der gleichbleibende Bestandteil der Mensch. Der Mensch ist es, der die Beziehung definiert. Selbst die Beziehung zu Gott definiert der menschliche Verstand. Es gibt noch eine vierte Beziehung, die über die Grenzen des Verstandes hinausgeht.

Die vierte Beziehung ist die von Gott zu Gott. Beim Lesen dieser Wendung „von Gott zu Gott" haben einige von Ihnen vielleicht eine unerwartete Reaktion erlebt. Vielleicht war sie subtil, vielleicht haben Sie sich ein wenig isoliert gefühlt oder sogar leicht irritiert oder traurig: Schließlich lässt „von Gott zu Gott" den Faktor Mensch außen vor – und ich bin ein Mensch! Daher kann ich nicht Teil der Beziehung von Gott zu Gott sein ... Dem ist nicht so. Vielmehr ist es Ihr Geburtsrecht als Mensch, die Beziehung von Gott zu Gott zu leben. Im Grunde genommen leben Sie sie schon. Der Trick besteht darin, sie zu erkennen.

Falls Sie glauben, ich hätte in diesem Punkt „nicht mehr alle beisammen", dann bin ich in guter Gesellschaft. Diese Auffassung, dass der Mensch Gott sei, haben Seher aller Traditionen Jahrhunderte hindurch verbreitet.

Christus sagte: „Wo ich bin, dort wird auch mein Diener sein." Diese Aussage kommentiert Meister Eckhart so: „Darum ist die Seele Gott nicht gleich, sie ist ganz und gar das Gleiche wie er und dasselbe, was er ist." (Zitiert nach: www.marschler.at/eckhart-landauer/el32-fragmente.htm)

Walt Whitman schrieb in seinem Gedicht *A Song for Occupations*:

Bibeln und Religionen erachten wir als göttlich – ich sage nicht, sie sind es nicht.
Ich sage, alle sind aus dir entstanden und können immer noch aus dir entstehen.
Doch nicht sie sind es, die Leben schenken, du bist es, der Leben schenkt.
Blätter fallen nicht von den Bäumen, Bäume wachsen nicht aus der Erde, du bringst sie hervor.

John M. Koller, Autor und Professor für orientalische Philosophie, veranschaulicht unmissverständlich, dass der Mensch von seinem Gott getrennt gar nicht existieren könne. Er sagt, wenn alles, was ist, voneinander abhänge, dann sei jedwede Form „direkter" Kausalität auszuschließen. Es gebe keine unabhängigen Wesen, die für die Existenz abhängiger Wesen verantwortlich seien. Dazu nennt er ein Beispiel: Die theistische Vorstellung, ein absolut unabhängiges Wesen – Gott – habe den Rest der Existenz erschaffen und dieses erschaffene Universum hänge in seiner Existenz von Gott ab, ergebe keinen Sinn. Was immer erschaffe, sei selbst auch erschaffen und der Prozess des Erschaffens und Erschaffenwerdens gehe gleichzeitig ohne Anfang oder Ende weiter.

Mit dem charakteristischen Blick der Wissenschaft entdeckte Erwin Schrödinger: „Subjekt und Objekt sind nur eins. Man kann nicht sagen, die Schranke zwischen ihnen sei unter dem Ansturm neuester physikalischer Erfahrungen gefallen; denn diese Schranke gibt es überhaupt nicht." (*Geist und Materie*, 1986, S. 75)

Und zu guter Letzt: Diese Worte, die die illusionäre Beziehung zwischen Mensch und Gott zeigen, lösen auch Jahrhunderte, nachdem Shankara sie sprach, noch ein Gefühl von Raum aus und eine wogende Vergänglichkeit:

Obwohl kein Unterschied besteht, bin ich aus dir,
nicht du, Herr, aus mir;
Denn aus dem Meer wahrlich ist die Welle,
nicht aus der Welle das Meer.

Wie die Quantenphysik die Physik Newtons mit einschließt, so schließt die Beziehung von Gott zu Gott die anderen drei am Menschen ausgerichteten Interaktionsformen ein. Sie sehen, es gibt eigentlich nur *eine* Beziehung, die man haben kann: die von Gott zu Gott. Die anderen drei sind nur Illusionen, Unterteilungen, die man der Einfachheit halber vorgenommen hat. Eine Beziehung wird menschlich, wenn der menschliche Verstand das Sagen hat. Sie wird göttlich, wenn der Verstand und der Rest der Welt *beobachtet* werden. Und *wer oder was* beobachtet da? Das Selbst. Was ist das Selbst? Es ist grenzenlose Energie, Intelligenz und Liebe. Das Selbst ist Gott.

Beobachten ist Selbst-Gewahrsein, Gott wird dabei Gottes gewahr. Das heißt, Gott wird gewahr, dass alle Dinge und nichts er selbst bzw. es selbst, das Selbst sind! [Engl.: *That is, God becoming aware that all things and nothing is It Self!*]

Wenn Sie eine Blume anschauen, entsteht entweder eine Beziehung von Mensch zur Natur oder von Gott zu Gott. Den Unterschied macht allein, ob Sie in diesem Moment *wach* sind. Falls Ihr Verstand im üblichen Bewusstsein feststeckt, interagieren Sie mit der Blume auf der Ebene von Mensch zu Natur. Falls Sie hingegen *aufmerksam, gewahr* sind, sind Sie auf der anderen Ebene: Gott nimmt Gott wahr durch das Medium Gott. Das ist alles.

Erinnern Sie sich an die *Erfahrung 1* in Kapitel 1, als Sie das erste Mal das Denken anhielten? Zuerst erlebten Sie das als eine Lücke, einen Raum zwischen Gedanken. Der mentale Inhalt setzte aus, nur das Gewahrsein blieb. Als Sie die Erfahrung wiederholten, wurde die Lücke größer und Sie erkannten, dass der Raum nicht tot war, sondern voller Leben. Da standen Sie vor einem Paradox. Wenn Sie nicht dachten und Ihr Geist frei von Inhalt war, wie waren Sie sich dann bewusst, dass keine Gedanken da waren? *Sie*, das reine Gewahrsein, beobachteten *Sie*, die reine Existenz. Das Selbst war des Selbst gewahr geworden. In dieser einzelnen unbefangenen Erfahrung fand Gott … Gott!

Sie wurden des Selbst gewahr, als die Gedanken abschalteten. Als sie wieder einsetzten, konnten Sie weiterhin beobachten. *Vor* den Gedanken beobachtete das Selbst also das Selbst. Und *nach* den Gedanken beobachtete das Selbst immer noch das Selbst, nur hatte jetzt das Selbst die Form von Gedanken angenommen. Die Gedanken entstanden aus der Stille, dem stillen Selbst. Gedanken sind Dinge. Andere Dinge (wie Bäume, Sterne und Autos) sind auch Selbst, das Form(en) angenommen hat. Wenn Sie eine beliebige Form mit vollkommenem Gewahrsein betrachten, werden Sie feststellen, dass ihre durchscheinende Essenz nichts anderes ist als Sie, nämlich das Selbst. Das ist die Beziehung von Gott zu Gott. Es spielt keine Rolle, ob Sie einen anderen Menschen, die Natur oder Ihre eigene persönliche

Form von Gott beobachten. Wenn Sie des *Selbst* gewahr sind, sind Sie Gott, der Gottes gewahr wird.

Die Engel schauen die Menschen an und schütteln nur den Kopf: Diese „niederen" Wesen mit ihrem verwirrten und fehlgeleiteten Verstand und ihrem unfeinen Körper voll Schleim und Blähungen sind die gleichen Wesen, die sogar die hohen Himmelsreiche transzendieren und das Unerkennbare erkennen können?! In dieser Hinsicht ist der Mensch einzigartig. Er ist in der Lage, in einem einzigen Leben die tiefste Hölle und den höchsten Himmel zu erleben. Dieses Geschenk der Extreme öffnet das menschliche Bewusstsein für den umfassendsten Ausdruck der Schöpfung. Was weiß ein Engel schließlich vom Leiden? Mit seinen Füßen im Schmutz und dem Kopf im Himmel erwacht der Mensch zur Fülle der Schöpfung.

Diese erleuchtete Seele wandelt unter uns und erleichtert unsere Last, ohne sich selbst dadurch zu beschweren. Sie gleicht dem schönsten Gedanken, der über der menschlichen Schwere schwebt. Die erleuchtete Seele ist frei von Leiden, doch ihr erweitertes Gewahrsein hat einen Preis. Nachdem das Leiden davongeschlüpft ist, bleibt ein Gefühl kosmischer Traurigkeit. Ihre Welt ist jenseits von der aller anderen, doch unser Leiden berührt sie noch. Alles ist vollkommen außer diesem Winkel in ihrem Herzen, in dem sie ihre Liebe zur Menschheit bewahrt. Sie steht in Beziehung mit dem Ganzen, nicht mit den Teilen. Sie kann nicht vollkommen frei sein, solange andere leiden. Für sie wird die perfekte Beziehung nicht ihre Flügel öffnen und davonfliegen, bevor nicht jede Raupe als Schmetterling wiedergeboren wurde.

> Unsere Aufgabe in einer Beziehung besteht darin, die Verantwortung für unsere eigene Bewusstheit, für unser Gewahrsein zu übernehmen. Der Rest erledigt sich von allein.

13. Die „perfekte" Beziehung

Das ist für die meisten ein Sinneswandel und für die übrigen Realität. Unser Partner, unsere Partnerin braucht nicht damit aufzuhören, die Zahnpastatube von oben her auszudrücken. *Wir* müssen *gewahr* sein. Das ist schon alles. So einfach ist das. Die perfekte Beziehung beginnt und endet mit dem Gewahrsein des Selbst. Sobald das Selbst-Gewahrsein heraufdämmert, lockern sich die Fäden des Kokons, die uns binden; schließlich fallen sie ab und entlassen eine vollkommen bewusste Seele in die Welt.

Kerngedanken von Kapitel 13

- Keine zwei Menschen können jemals haargenau die gleiche Sichtweise haben.
- Das „ICH'" liebt grundlos und das „Ich" sucht nach Gründen, um zu lieben.
- „Ich"-Liebe ist bedingte Liebe.
- Ihr Selbst wird nicht zulassen, dass die an Bedingungen geknüpfte Liebe allzu lange anhält.
- Ihr Leiden wird nicht dadurch aufhören, dass Sie sich anders verhalten. Ihr Verhalten wird sich ändern, indem Sie Ihr Leiden beenden.
- Beziehungen fordern uns auf, in anderen unseres Selbst gewahr zu werden.
- Wir geben den persönlichen Kampf um universelle Harmonie auf, wenn wir das Alltägliche so behandeln, als wäre es Gott.
- Wenn Gott überall und immer ist, dann sind auch wir Gott.
- Die „perfekte" Beziehung beginnt und endet mit Selbst-Gewahrsein.

14. Wie Sie zum Nicht-Wissen gelangen

„Alle Kenntnis ist Unwissenheit."

Nisargadatta

„In der Einfachheit liegt die höchste Vollendung."

Leonardo da Vinci

Sehr ungern beginne ich ein Kapitel mit einem „Haftungsausschluss" oder besser gesagt: mit einer einschränkenden Vorbemerkung, doch genau das werde ich jetzt tun. Denn falls ich es nicht täte, würde – so fürchte ich – der analytische Verstand, der alles sofort verstehen „muss", einen lähmenden Migräneanfall erleiden, weil er sich so sehr anstrengen müsste. Was in den nachfolgenden Absätzen erklärt wird, das *muss* einfach gesagt werden, sonst wäre dieses Buch unvollständig. Falls das Gesagte für Sie Sinn ergibt, dann lesen Sie weiter; falls nicht …, *lesen Sie trotzdem weiter!*

Die Lektüre dieses Kapitels bietet Ihnen zahlreiche Gelegenheiten, Präsenz zu praktizieren. Auch möchte ich die Gelegenheit nutzen, die Tatsache zu unterstreichen, dass Friede nicht aus Kenntnisreichtum resultiert. Lassen Sie die Worte kommen und gehen, ohne sie festhalten zu wollen. Die Erforschung des Nichts-Wissens ist absolut faszinierend und für den Verstand überhaupt nicht zu greifen. Betrachten Sie dieses Kapitel als ein langes Koan, als den größten kosmischen

14. Wie Sie zum Nicht-Wissen gelangen

Witz, denn es ist bester kosmischer Humor. Mein Vater pflegte zu sagen: „Wegtreten und die Rucksäcke runter, Soldaten – Zeit für ein wenig Spaß."

Wir wissen, wir können es, glauben jedoch, wir könnten es nicht

Persönlich und kollektiv sehen wir unser *Potenzial* als farblos, schwach und eindimensional an. Das gilt sogar dann, wenn Sie danach streben, die Welt zu retten. Die Sinne liefern Informationen an den Verstand und der Verstand lenkt die Sinne; im Laufe der sich entfaltenden Zeit entwickelt sich unser lineares Leben auf sein Ende zu. Verglichen mit der unermesslichen Weite der Schöpfung sind wir weniger deutlich sichtbar als eine Sommersprosse auf dem Rücken eines Elektrons. Wir haben Scheuklappen auf und „halten uns an die Regeln", weil wir unseren Lehrern glauben, wie diese *ihren* Lehrern glaubten. Einmal sagte mir eine Freundin, die Menschen würden sich nicht wirklich ändern. Ich fragte sie, warum sie dann meinen Kurs besucht habe. Sie wolle mehr Frieden in ihrem Leben, so ihre Antwort. „Und warum machst du dir die Mühe, wenn sich die Menschen doch nicht verändern?" Der Mensch ist wie ein Puzzle, ein Rätsel von der Art eines Teufelskreises, zirkelförmig, unlösbar: Wir *wissen*, wir *können* es – wir *glauben* jedoch, wir könnten es *nicht*.

In uns tummeln sich Ansichten, die einander bekämpfen und uns in entgegengesetzte Richtungen zerren:

- Einerseits haben wir einen angeborenen Drang, uns auszudehnen, zu wachsen, uns zu entwickeln und schließlich vollkommen zu sein.

- Andererseits sehen wir über Generationen hinweg das Versagen bei dem Bemühen, uns über die grundlegenden zerstörerischen, tierähnlichen Verhaltensweisen hinauszuentwickeln. Wir „glauben" nicht, dass das zu schaffen ist, weil es bisher nie geschehen ist. Ein Seufzer von irgendwoher aus unserer tiefsten Dunkelheit fragt flehentlich: „Ist das alles?"

233

Natürlich nicht. Das ist nur, wie es *war*. Wir haben Scheuklappen auf. Wenn Sie nur nach vorne schauen, dann gehen Sie auch nur in diese Richtung und etwas anderes werden Sie nicht kennenlernen. Unsere Scheuklappen abzunehmen ist einfach, aber selten leicht. Es erfordert Engagement, Mut und Energie. Unsere Scheuklappen abzunehmen ist gleichzeitig natürlich und ungewöhnlich. Es widerspricht dem, was wir im Außen gelernt haben, aber es entspricht unserem inneren Fließen. Anfangs kann es ein wenig verwirrend und sogar beunruhigend sein, uns dem erfüllenden Versprechen zu öffnen, unser Potenzial zu leben. Doch mit etwas Geduld werden unsere Scheuklappen zu Boden fallen und wir werden sie vergessen. Diese Welt leuchtet ohne Schatten. Der Glanz dieser Welt ist dann ohne Schatten.

Das Leben als Linie im Sand

Viele von uns stellen sich den Verlauf ihres Lebens wie eine auf den Erdboden gezeichnete Linie vor (– man könnte auch sagen: eine in den Sand gezeichnete oder eine in den Schmutz gezogene Linie …). Wo wir mit dem Stock ansetzen, da ist unsere Geburt. Der Strich, den wir von da aus ziehen, stellt unsere Lebenserfahrungen dar; die Stelle, an der wir den Stock wieder hochheben, markiert unseren Tod. Einige sagen, das sei das endgültige Ende, andere meinen, es gebe da eine Seele, die auf ewig im Himmel verweile, und wieder andere glauben, die Seele komme zurück, um einen weiteren Strich in den Dreck zu ziehen. Für unsere Zwecke spielt es keine Rolle, welche Sichtweise Sie als wahr empfinden. Unsere Aufmerksamkeit gilt jetzt dem linearen Leben zwischen dem Aufsetzen und dem Hochheben des Stocks. *Lineares Leben ist limitiertes Leben im Land der lebenden Leichname.* (Sagen Sie das dreimal ganz schnell hintereinander!)

Hier ist ein anderes Modell des Lebens, das in diesen recht erfolgreichen Tagen der Quantenmechanik immer beliebter wird: Ich nenne es das „Schallplatten-Modell". Halt, jetzt ist es passiert, jetzt habe ich mein Alter verraten … Ich benutze doch lieber die zeitgemäße Bezeichnung „CD-Modell". Wenn ich den Begriff „Schallplatte" verwende, werden meine jüngeren Leser fragend ihren Kopf schief legen – wie der RCA-Victor-Hund vor dem Victrola-Grammophon ...

Das CD-Modell sieht so aus: Statt einer *geraden* Linie gleicht unser Leben den konzentrischen Kreisen auf einer Musik-CD, die die Lieder unseres Lebens miteinander verbinden. Die durchgehende Linie (die Spur auf der CD) könnte für ein *einziges* Leben stehen. Oder falls Sie an die Wiedergeburt glauben, könnte jedes Stück auf der CD für ein *einzelnes* Leben stehen. Und wieder spielt es wirklich keine Rolle, denn wenn man die Lebenslinie krümmt, führt das zum gleichen Ergebnis, egal, ob für *ein* Leben oder für *viele*. Frühere und künftige Leben können Sie in jedem „Lied" ersetzen durch Erinnerungen und Hoffnungen in diesem Leben – und das Modell funktioniert immer noch. Wenn Sie die CD halb gehört haben, könnten Sie in der Mitte des *einen* Lebens sein oder in der Mitte von tausend Leben; der Punkt ist, dass Sie von der Mitte zur Seite springen und Ihre Zukunft oder Vergangenheit erleben können: Sagen wir, aufgrund einer von außen einwirkenden Kraft stoßen Sie gegen den CD-Player und der Laserkopf hüpft zu einem anderen Stück. Wenn der Kopf in die eine Richtung springt, sind Sie in der Vergangenheit, die andere Richtung eröffnet Ihnen die Zukunft.

Das DVD-Modell

Nun wollen wir dieses Modell erweitern, um *alles* Leben, die ganze Schöpfung mit einzubeziehen. Lassen Sie uns ein Video dazunehmen und nennen wir es das „DVD-Modell". Jetzt wäre das Überspringen einzelner Aufnahmen (oder *Tracks*) so, als würde man in andere Teile des Universums springen. Es entspräche sozusagen einem Wurmloch in unserem Bewusstsein, das uns einen Blick in andere Welten gestattet und diese so zu einem Teil unserer Welt macht.

Im Grunde genommen treten wir damit aus unserem „Linie-im-Sand"-Leben zurück und betrachten das Leben aus der Vogelperspektive. Das Universum ist nicht linear. Und damit tut sich eine interessante Idee auf. Wir können beim Abspielen der DVD die Bilder und Töne genießen, weil die elektromagnetischen Impulse auf ihr festgehalten und gespeichert sind. Wenn der Laserkopf über die gespeicherten Impulse streicht, sendet er die Information an den DVD-Player und wir sehen die Bilder genau so, wie sie vielleicht bereits Jahre zuvor aufgenommen wurden.

Diese elektromagnetischen Impulse stellen Gedanken und Handlungen dar, Orte und Ereignisse, die in der Zeit „eingefroren" sind. Ein einziger Bereich von Impulsen könnte das ganze Leben eines einzelnen Menschen abbilden, das an dieser Stelle der DVD gespeichert ist. Immer, wenn der Laser über die gespeicherten Impulse streicht, werden sie auf unserem Fernsehbildschirm lebendig. Ist der Laser über den Impuls hinweg, wird dieser wieder zu einer gefrorenen Saat von Bildern und Tönen. In Wirklichkeit wirkt der Laser eher wie ein elektromagnetisches Vergrößerungsglas. Er geht für uns so nah heran, dass wir die Form sehen können, das charakteristische Energiemuster, das wir erkennen können. Denken Sie daran: Alles in der Schöpfung ist in Form gefrorene Energie. Ein Auto, die Sterne und Ihre beste Freundin, Ihr bester Freund sind genau das: vertraute Muster gefrorener Energie.

Wir begannen mit einer eindimensionalen Linie im Sand, die unser Leben darstellen sollte. Obgleich die Lebenslinie eindimensional ist, wird das Leben doch in den vier Dimensionen der Raum-Zeit gelebt. Wo liegt das Problem?, fragen Sie vielleicht. Das Problem sind Raum und Zeit. Wir glauben immer noch, der Mensch sei gezwungen, in der Raum-Zeit zu leben. Mit Ausnahme der Lehren einiger weniger Persönlichkeiten in jeder Generation ist es bisher immer so gewesen. Im Wesentlichen haben wir die Lehren derer akzeptiert, die an Raum und Zeit gebunden waren; und wir haben quasi das Paradigma derer ignoriert, die diese Fesseln und Ketten abgestreift haben. Natürlich, ich spiele auf „Erleuchtete" an wie Christus, Buddha und Shankara, Einstein, Sokrates und Laotse. Und auf die weniger bekannten „Sternschnuppen", die, während die Menschheit schläft, still den mitternächtlichen Himmel erleuchten.

14. Wie Sie zum Nicht-Wissen gelangen

Das DVD-Modell lässt uns ein Stück weit erkennen, wie wir unseren Blickwinkel über die Grenzen der Raum-Zeit hinaus erweitern können. Der Schlüssel dazu, das DVD-Modell zu öffnen, liegt nicht in der Struktur der DVD, sondern im Laserlicht, das über sie streicht. Die DVD enthält in ihrer Struktur gefrorene Energie in Form von Information, die praktisch gleich bleibt. Doch wenn das Laserlicht auf eine Informationseinheit fällt, erhellt und befreit es kurzzeitig die Information und bewegt sich dann weiter. Genau diese Bewegung des Laserlichts erzeugt das Gefühl von Zeit. Dieser DVD-Film, unser Leben, hat einen Anfang, einen Mittelteil und ein Ende. Der Laser zieht pflichtbewusst seine Kreisbahnen und erweckt unsere Welt der Erscheinungen Gedanke für Gedanke zum Leben. Falls der Laser springt, sehen Sie das Ende des Films, bevor Sie den Mittelteil gesehen haben. Doch das ist gar nicht wünschenswert, weil das – unserem Gefühl nach – der zeitlichen Ordnung zuwiderläuft. Anfang, Mittelteil, Schluss: So muss es sein. Ende der Diskussion. Anfang, Mittelteil und Schluss, genau wie bei einem Strich im Sand.

Ich spüre förmlich, wie einige von Ihnen protestieren. Wer will schon einen Film sehen, bei dem das Ende in der Mitte kommt? Einfach lächerlich. Und ich stimme Ihnen zu. Das Ende im Voraus zu wissen ist sehr frustrierend, solange ich in der Raum-Zeit gefangen bin. Ich habe defekte DVDs verärgert ins Geschäft zurückgebracht: „Die sind Zeitverschwendung."

Ich habe nicht bekommen, was ich wollte. Das hat mich frustriert, genau wie mein Leben, wenn ich in der Zeit und in Unordnung lebe. Da spüre ich keinen Rhythmus, habe ich kein Gefühl von Kontrolle. Dann erkenne ich: Das Unbehagen kommt daher, weil ich Ordnung erwarte, nicht von der tatsächlichen Unordnung an sich. Eine der schönsten und inspirierendsten DVDs, die ich gesehen habe, hat keine offensichtliche Ordnung und ebenso wenig ein solches Thema. *Baraka* ist eine Reihe von Eindrücken aus der ganzen Welt. Der Film zeigt Menschen und Orte ohne erkennbare Ordnung und ohne Kommentar. Ja, wir bekommen gar nichts gesagt. Am Ende der Erfahrung habe

237

ich als Zuschauer eine tiefere, mitfühlendere Verbindung mit meiner Welt entwickelt, und zwar auf einer Ebene, die mit einer konventionellen DVD (mit Anfang, Mittelteil und Schluss) niemals zu erreichen gewesen wäre.

Ich habe *Baraka* viele Male zusammen mit Freunden angeschaut; sie reagierten genauso. Sie berichten von einem Gefühl der Ausdehnung und von einem Wunder, das sie nicht in Worte fassen konnten. Wir haben gelernt, lineares Denken – wie lineares Leben – sei der endgültige Weg, um unsere Probleme hinter uns zu lassen und in Frieden zu leben. Obwohl unsere großartigen Philosophen und Wissenschaftler ein anderes, nichtlineares und multidimensionales Denken beschreiben, halten wir hartnäckig an der Vorstellung fest, man habe im Leben nur dann Erfolg und fühle sich dann vollkommen, wenn man an das Leben herangehe, als habe es einen Anfang, einen Mittelteil und einen Schluss. Eben diese verbissene Entschlossenheit, alle Schranken zu durchbrechen und zu einem Ende zu kommen, lässt uns auch weiterhin die vielfältigen Geschmacksnuancen des Leidens genießen, die die Raum-Zeit uns bietet.

Müssen wir Logik und analytisches Denken nun verwerfen? Nein, natürlich nicht. Ganz offensichtlich liegt eine große Kraft darin, Dinge zu durchdenken. Das brauchen wir nicht aufzugeben. Wir müssen nur *die Vorstellung loslassen, das sei der Weg!*
Falls Sie nicht überzeugt sind, schauen Sie nur auf all die großartigen Kenntnisse, die wir damit angesammelt haben. Und schauen Sie sich dann an, wie nah wir deshalb am Rande der Auslöschung stehen. Lineares Denken ist vom Verstand gemacht und unkontrolliert. Der Meißel führt da sozusagen den Bildhauer.

Noch einmal zurück zu unserem DVD-Modell und dem Problem des linearen Denkens. Sie könnten sagen, eine DVD sei nur wie eine gerade Linie, die gekrümmt wurde. Damit hätten Sie recht. Selbst wenn

14. Wie Sie zum Nicht-Wissen gelangen

der Laser seitlich in die Zukunft oder in die Vergangenheit springt, tut er das linear. Was soll also der ganze Rummel? Wenn der Laserkopf seitlich von der Vergangenheit in die Zukunft hüpft und wieder zurück, dann ändert sich nur die zeitliche Abfolge. Die Zeit an sich wird dadurch nicht aufgehoben. Im Wesentlichen durchbricht der hüpfende Laser das Denken von Anfang, Mittelteil und Schluss und ersetzt es durch ein Denken nach dem Motto: „Mal abwarten und schauen, was passiert." Zu warten und mal zu schauen, was passiert, ist immer noch zeitgebunden.

Bei genauer Betrachtung werden Sie feststellen, dass sich der Laserkopf, wie auch seine beobachtbare Vorläuferin, die Plattennadel, selbst *nicht* bewegt. Die *DVD* dreht sich, während der Laser darauf wartet, dass die nächste Informationseinheit ankommt. Das ist ein wichtiger Punkt: Der Laser steht still und die Information *kommt zu ihm*. Sind wir nicht wie der Laser? Unserem Empfinden nach bewegen *wir* uns durch das Leben. Doch tun wir das wirklich? Trägt unser Körper unser Bewusstsein von einem Ort zum nächsten? Das ist eindeutig *nicht* der Fall, wenn wir uns in unserer Fantasie etwas vorstellen, träumen oder wenn wir uns an etwas erinnern. Ist es möglich, dass das Kontrollbedürfnis des Ego die Illusion erzeugt, wir zögen in die Welt hinaus, um sie zu inspizieren und zu unterwerfen? Ist es möglich, *dass die Welt in Wirklichkeit zu uns kommt?* Das DVD-Modell sagt uns, dass das der Fall ist.

Bei uns Zuhause scheinen wir uns von einem Zimmer ins andere zu bewegen. Im Laufe des Tages, im Laufe von Jahren gehen wir von einer Person zur nächsten: Wir durchlaufen die Kindheit und das Erwachsenenalter bis hinein ins hohe Alter. Dabei sind *wir* der *Brennpunkt*, während sich die übrige Welt erst materialisiert und dann wieder weiterzieht, in unsere Erinnerung. Stellen Sie sich vor, wenn Sie das nächste Mal auf der Autobahn fahren, Sie und Ihr Auto seien *unbeweglich* und in Wirklichkeit ziehe die *Landschaft* an Ihnen vorbei ... Das ist eine einfache, nette Übung, mit der wir unsere Sichtweise leichter von aktiv auf passiv umschalten können. Wir entsprechen

239

dem Laserlicht und die DVD ist unsere Welt. Während die Welt an uns vorüberzieht, erhellen wir sie mit unserem Bewusstsein. Was unser Bewusstsein nicht entdeckt, das existiert eigentlich nicht.

Unser Bewusstsein ist dort, wo wir sind. Es ist lokalisiert und schaut mal, was als Nächstes erscheint. In diesem Sinn sehen wir die Welt in *einer* Richtung. Wir tragen Scheuklappen. Der ganze Kosmos existiert und wir erleben nur unser winzig kleines Stückchen davon. Hierin liegt das Problem. Sowohl der Strich im Sand wie auch das DVD-Modell bilden unser Bewusstsein genau begrenzt in einem linearen Modell in Raum und Zeit ab. Prinzipiell bekommen Sie, was Sie sehen.

Gibt es eine andere Art des „Sehens", die vollständig ist, eine Art, wahrzunehmen, die unser Bewusstsein für die Fülle der Schöpfung öffnet? Viele haben das schon behauptet. Zu ihnen gehörte Christus, der lehrte: „Erkenne, was vor dir ist, und was dir verborgen ist, wird dir enthüllt werden. Denn es gibt nichts Verborgenes, was nicht offenbar werden wird." (Zitiert nach: http://www.meyerbuch.de/pdf/Thomas-Evangelium.pdf) Christus verwies eindeutig auf ein verändertes Bewusstsein, das dem lasergleichen Bewusstsein das ihm Verborgene eröffnet. Doch was ist das für ein Bewusstsein? Wie geht das?

Das holografische DVD-Modell

Eine DVD ist eine flache Scheibe. Die Bilder und Töne, die sie hervorbringt, sind zweidimensional. Was wäre, wenn wir eine *kugelförmige* DVD herstellen könnten, die dreidimensionale Bilder projiziert? Dann hätten wir ein Hologramm. Ein Hologramm ist einfach ein dreidimensionales, von einem Laser erzeugtes Bild. Die drei Dimensionen des Raumes – Länge, Breite und Höhe – plus Zeit sind das, was Einstein Raum-Zeit nannte. Raum-Zeit ist das, worin wir leben. Wir lenken und manipulieren Dinge. Unser Verstand denkt und fühlt in der Raum-Zeit. Unsere Gedanken und Gefühle sind ergiebig, erfüllt und fließen ungehindert im Fluss der Zeit. So ist nun mal das Leben. Was könnte es noch geben? Ja, was könnte es noch geben?

14. Wie Sie zum Nicht-Wissen gelangen

Statt einer flachen Scheibe mit Daten oder Informationen auf der Oberfläche hätten wir also eine mit Informationen vollgestopfte Kugel. Die Informationen wären holografisch. Das heißt, jede einzelne Information wäre mit jeder anderen verbunden. Oder vielmehr, jede Informationseinheit wäre die gleiche Information in anderer Form. Oder, um ganz genau zu sein, alle Informationen wären gleich, bis sich unser Laser-Bewusstsein auf sie richtete. Dann würde die Information Form annehmen oder so ausgedrückt und interpretiert werden, wie es unseren Bedürfnissen am besten entspräche.

Habe ich Sie leicht verwirrt? Halten Sie durch! Diese holografische Sichtweise ist eigentlich leichter zu begreifen als unsere traditionelle lineare, wenn Sie erst einmal wissen, wie ein Hologramm gemacht wird. In unserer Welt nimmt eine Information, so scheint es, getrennte Formen an: die Form eines Stuhls, die Form brauner Schokobohnen oder die eines Blattes. Sie scheinen ohne Beziehung zueinander, außer wenn Sie ganz unmittelbar mit ihnen umgehen. Wenn Sie neben Ihrer Zimmerpalme auf Ihrem Lieblingsstuhl sitzen und eine Handvoll Schokobohnen essen, dann erkennen Sie, wie diese Gegenstände, die üblicherweise keine Beziehung haben, zusammenpassen. Sobald Sie aus dem Zimmer gehen, geht diese eben bestehende Beziehung wieder verloren. Sie definieren je nach Ihren Bedürfnissen die Beziehung der Gegenstände zueinander. Bei einem Hologramm ist das nicht so.

Interessant ist an einem Hologramm, dass jede wahrnehmbare Informationseinheit die vollständige Information über jede andere Einheit im Hologramm enthält. Wenn Sie ein herkömmliches, zweidimensionales Bild von Ihrer Schnauzerhündin Ginger in zwei Hälften schneiden, dann sehen Sie auf dem einen Bild die eine Hälfte und auf dem anderen die andere Hälfte der Hündin. Schneiden Sie jedoch ein *Hologramm* von Ginger in zwei Teile, dann bekommen Sie zwei vollständige Hologramme von Ginger, sie sind nur kleiner. (Diese Art der „Fortpflanzung" erspart Ihnen die Kosten für den Deckrüden, aber auch die „Auswahl" im Wurf.)

Die Information auf dem *zweidimensionalen* Bild ist lokalisiert und ist der Trennung und Fragmentierung ausgesetzt. Die Vollständigkeit des *Hologramms* können Sie in keiner Weise zunichtemachen, egal, wie oft Sie es zerschneiden. Was das Bewusstsein anbelangt, gilt das Gleiche für unser Leben. Das *zweidimensionale* Bewusstsein, das an die Raum-Zeit gekettet ist, erlebt fortwährend Trennung und Fragmentierung. Ja, das ist eine gute Arbeitsdefinition für dieses Leben. Das *holografische* Bewusstsein jedoch ist ewig ganz. „Holografisches Bewusstsein" – was für ein großes Wort! Vielleicht fragen Sie sich, wo ich das herhabe. Wir werden sehen.

Ein Fisch, zwei Fische, roter Fisch, blauer Fisch …

1982 entdeckte der Physiker Alain Aspect, dass subatomare Teilchen wie Elektronen über riesige Entfernungen – sogar über Millionen von Lichtjahren – miteinander kommunizieren. Erstaunlich an dieser Entdeckung ist, dass die Kommunikation sogar an den entgegengesetzten Enden des Universums zeitgleich stattfindet. Nach Einstein ist Kommunikation, die schneller als in Lichtgeschwindigkeit erfolgt, unmöglich. Wie also kann das sein, was Aspect entdeckte? David Bohm vertrat die These, diese subatomaren Teilchen seien nicht wirklich getrennte „Wesenheiten", sondern zwei Ausdrucksformen eines viel subtileren Systems von Energie und Intelligenz. Wir nähmen sie nur als getrennte Dinge wahr.

Zur Verdeutlichung erklärte er das so: Angenommen, *Sie* sind in *einem* Zimmer und in einem *anderen* Zimmer befindet sich ein Fisch in einem Aquarium. Sie erfahren aber nicht, wie viele Fische in dem Aquarium sind. Jemand hat zwei Videokameras aufgestellt, sodass Sie das Aquarium samt Inhalt sehen können. Die eine Kamera steht direkt *vor* dem Aquarium, die andere an seiner Seite (beide ins Innere des Aquariums gerichtet). Wenn Sie auf die beiden Bildschirme schauen, die mit den Kameras verbunden sind, denken Sie zuerst, da seien *zwei* Fische, nicht einer. Denn Sie sehen *ein* Bild des Fischs von vorn und das andere von der Seite. Doch bald fällt Ihnen auf, dass sich die

14. Wie Sie zum Nicht-Wissen gelangen

„zwei" Fische gewissermaßen synchron bewegen. Sie schwimmen gleichzeitig hinauf oder hinunter, und wenn sich einer zur Seite dreht, dann wendet der andere Ihnen das „Gesicht" zu. Sie könnten glauben, die Fische kommunizierten irgendwie miteinander.

Bohm behauptete nun in Analogie zu diesem Beispiel, wir beobachteten ein einziges Elektron aus zwei verschiedenen Blickwinkeln. In einem *linearen* Universum könnte das nicht passieren, wegen der Beschränkungen, die die Raum-Zeit einem einzelnen Beobachter auferlegte; dieser Beobachter wäre durch das lasergleiche Bewusstsein eingeschränkt. Wäre das Universum aber ein Hologramm, dann wäre diese Beobachtung möglich, und noch viel mehr.

Auf die Gefahr hin, dass sich David Bohm im Grabe umdreht, würde ich mir gern die Freiheit nehmen und seine Aquariumanalogie in einem sehr wichtigen Punkt erweitern: Wir wollen noch eine weitere Kamera anbringen, und zwar *über* dem Aquarium. Diese dritte ist aber ein Echolot. Wenn Sie dann Schallwellen auf Ihrem Bildschirm sehen, haben Sie keine Ahnung davon, dass diese die Echos darstellen, die vom Fisch reflektiert werden. Sie vermuten vielleicht, die Kamera sei defekt oder zeichne eine Art elektromagnetisches Rauschen auf. Der andere Kamerawinkel und die Schallwellen verblüffen Sie. Für Sie stellen diese Wellen überhaupt keinen Fisch dar. Nehmen Sie nun noch Infrarot- und Röntgenkameras in schiefen Winkeln hinzu und Sie strecken völlig frustriert die Arme gen Himmel. Ein kichernder Wissenschaftler in einem mit Flecken übersäten Laborkittel kommt dann herein und sagt zu Ihnen: „Es ist nur *ein* Fisch im Aquarium und alle Kameras übermitteln Ihnen dieselbe Information, nur von unterschiedlichen Perspektiven aus und durch unterschiedliche Medien."

„Oh", stöhnen Sie verärgert und gehen auf ihn los. Ein zweiter Wissenschaftler betritt schnell den Raum und versucht, Ihre Finger vom Hals des ersten Wissenschaftlers loszureißen ...

Alle Informationen, die Sie erhielten, bezogen sich auf einen einzigen Fisch. Die Informationen kamen auf viele verschiedene Arten zu Ihnen, doch es war immer nur ein einziger Fisch da. Ihr lineares

Bewusstsein teilte die Informationen in einzelne Einheiten auf. Als der Wissenschaftler Ihnen erklärte, wie das alles funktionierte, ergaben die Puzzleteile Sinn. In Ihrem Alltagsleben fühlen sich alle Gegenstände, Menschen, Konzepte, Raum und Zeit *getrennt* an, wie miteinander interagierende Elektronen oder abgerichtete Fische. Doch sie sind es nicht, Ihr Leben ist ein Hologramm! In Ihnen ist die gesamte Erscheinungswelt der Schöpfung enthalten. Und zwar auf folgende Art und Weise:

Wenn sich die DVD dreht, bietet sie dem Laser die zu lesende Information dar. Der Laser steht, so sagten wir, für unser individuelles Bewusstsein. Ferner stellten wir fest: Es fühlt sich so an, als würden *wir* uns durch das Leben bewegen. Dieses Gefühl der Bewegung in der Zeit entsteht durch unser lasergleiches Bewusstsein. Es konzentriert sich genau auf das, was sich unmittelbar vor uns befindet. Dass Informationen durch unser Bewusstsein gleiten, vermittelt uns die *Illusion* von Zeit. Doch in Wirklichkeit existieren Zeit und Raum nicht.

Die Dunkelkammer

Nun wollen wir Sie in einen anderen Raum versetzen, nur ist dieser völlig dunkel. Doch Sie haben eine Taschenlampe, die Sie einschalten. Als Erstes sehen Sie eine blaue chinesische Vase. Als Sie den Lichtkegel durch das Zimmer wandern lassen, leuchten Sie auf ein Buch, ein Bild und dann auf ein altbackenes Sandwich mit Marmelade, das vertrocknet neben einer Fernbedienung liegt. Sagen wir, der ganze Vorgang dauert eine Minute. Dann leuchten Sie mit Ihrer Taschenlampe auf … mich!

Sobald Sie wieder durchatmen können, bitte ich Sie, mir zu beschreiben, was Sie getan haben und wie lange das gedauert hat. Sie berichten mir, Sie hätten zuerst die Vase gesehen, dann das Buch, das Bild und schließlich das Sandwich neben der Fernbedienung. Ihr Bewusstsein folgte also eine Minute lang dem Licht durch das Zimmer. Als das Licht auf das Sandwich schien, dachten Sie nicht an das Buch. War das Buch in diesem Moment immer noch im Regal? Ja?

14. Wie Sie zum Nicht-Wissen gelangen

Woher wissen Sie das? Als Ihr Bewusstsein sich vom Buch abwandte, existierte das Buch eigentlich nicht mehr. (Ich wette, Sie haben nicht damit gerechnet, dass das Rätsel vom „umfallenden Baum im Wald" sein hässliches Antlitz noch einmal erheben würde, oder?)

Darum geht es: Das *lineare* Bewusstsein gibt *ein* Ding zugunsten eines *anderen* auf. Das *holografische* Bewusstsein erlebt die Essenz von allem *gleichzeitig*. Das ist reines Gewahrsein. In unserer Analogie würde holografisches Bewusstsein bedeuten, den Lichtschalter zu betätigen und das *ganze* Zimmer zu erhellen. Reines Gewahrsein ist wie das Licht. Die Vase, das Buch, das Bild und das Sandwich mit Marmelade erscheinen gleichzeitig am gleichen Ort (in dem Zimmer). Und nicht nur diese Gegenstände. Sie richten zwar Ihre Aufmerksamkeit vielleicht auf einen einzelnen Gegenstand, doch faktisch wäre jeder Gegenstand in dem Zimmer gleichzeitig sicht- oder wahrnehmbar. Den Lichtstrahl Ihres lasergleichen Bewusstseins brauchen Sie nicht von einem Gegenstand zum nächsten wandern zu lassen. Tatsächlich erleben Sie konzentriertes Bewusstsein innerhalb eines allgemeinen Gewahrseins. Faktisch sind Sie überall gleichzeitig. Indem Sie das Licht einschalten, schalten Sie Raum und Zeit aus.

Das Nichts ist nicht leer

Lassen Sie uns nun unser Zimmer gegen den ganzen Kosmos austauschen. Alle Dinge der Schöpfung – Sternenstaub und Antimaterie, Marienkäfer und süße Träume – sind in diesem kosmischen Ei enthalten (auf dieser holografischen DVD). Es ist vom Nichts umgeben. Das Nichts ist nicht leer. Das Nichts enthält alle Bausteine, um unser kosmisches Ei mit unendlich vielfältigen Dingen zu füllen, doch sie haben noch keine Form angenommen. Bohm nennt das Nichts „implizite Ordnung". Die ersten beiden Verse der *Genesis* bringen das zum Ausdruck: „... die Erde aber war wüst und wirr, Finsternis lag über der Urflut." Das Echo des Nichts erklingt auch im ersten Vers der Taittiriya-Upanishad: „Im Anfang war die Welt nicht." Dann wurde das Nichts zu etwas. Die *Genesis* berichtet: „Und Gottes Geist schwebte

245

über dem Wasser. Gott sprach: Es werde Licht. Und es wurde Licht." Die Taittiriya-Upanishad fährt fort: „Aus der Nicht-Existenz entstand die Existenz. Die Existenz erschuf aus sich selbst heraus das Selbst. Daher wird es das Selbst-Gemachte genannt." Das Selbst, Ihr Selbst, kommt aus dem Nichts. Das Selbst ist das Gleiche wie das Nichts und doch ein wenig anders; mehr dazu weiter unten.

Kommt etwas aus dem Nichts, wenn Sie etwas erschaffen wie ein Bild oder ein Spielzeughaus im Garten für Ihre Kinder? Ja und nein. Nein, weil Dinge, die Sie bauen, aus anderen Dingen kommen. Um etwas zu erschaffen, sammeln Sie Materialien und Ihre Gedanken und … schwuppdiwupp entsteht aus einem Tonklumpen ein Aschenbecher. Doch woher kamen diese Materialien und Gedanken? Natürlich aus dem Nichts. Das wissen Sie schon von der Übung „Das Denken anhalten". Oder, wie Taittiriya es erklärt: „Wahrlich, das Selbst-Gemachte ist die Essenz der Existenz."

Warum sollte das Nichts als etwas *erscheinen* wollen, als Erscheinungswelt? Weil es das *kann*. Wenn das Nichts als etwas erscheinen könnte, es aber nicht täte, würde es sein Potenzial nicht leben. (Das Nichts gibt dem Slogan „Sei alles, was du sein kannst" eine ganz neue Bedeutung.) Das Nichts wäre unvollständig. Es wäre teilweise leer und wir wissen bereits, dass das Nichts nicht leer ist. Falls es andererseits wirklich *etwas* würde, dann wäre es nicht mehr Nichts. Eine ganz schöne Zwickmühle für das Nichts. Wie könnte es *etwas* sein und immer noch leer? Oder, wie könnte es *nicht* etwas sein und nicht leer? Die Antwort finden Sie in meinem nächsten Buch … Schon gut, schon gut! – Wie also hat das Nichts es vermieden, die Leere zu vergessen, und ist dennoch nicht *etwas* geworden? Es *schien* etwas zu sein, was es nicht war. So hat uns dieser Meisterzauberer viele Millionen Jahre hinters Licht geführt. Nur wenige haben die Illusion durchschaut. Für uns übrige hat dieser einfache Trick die Zeit überdauert.

Wir haben also die Essenz des Nichts, das als alles erscheint. Das bedeutet: Das Nichts ist nicht getrennt von dem, was es erschafft. Es ist seine Schöpfung. Alles, Sie eingeschlossen, ist Nichts. Andere

Bezeichnungen für Sie sind: vom Selbst erschaffen oder einfach nur Selbst. Wenn Sie Selbst sind, dann sind Sie die „Essenz der Existenz". Sie sind in allem. – Und warum ist irgendetwas davon wirklich wichtig? Wenn Sie „Ihr Selbst (er)kennen", dann können Sie alles (er)kennen und *dann (er)kennen Sie (das) Nichts*. (Ist das Licht in Ihrer Dunkelkammer gerade angegangen?) Wenn Sie Ihr Selbst erkennen, ist Angst vor dem Unbekannten unmöglich. Ja, Angst jeglichen Ursprungs ist unmöglich. Oder wie es in der Taittiriya-Upanishad heißt: „Wahrlich, es ist diese Essenz, die Frieden verleiht."

Schöpfung fand nicht statt

Die letzte Erkenntnis ist, dass Schöpfung nie stattgefunden hat. Sie mögen einwenden, das sei so ziemlich das Absurdeste oder Lächerlichste, was Sie je gehört haben. Es ist in der Tat unvorstellbar. Doch lassen Sie uns trotzdem darüber nachdenken, für diejenigen, die nicht akzeptieren können, dass der Intellekt Grenzen hat. Was haben wir schon zu verlieren, außer vielleicht ein paar falschen Vorstellungen und der Angst, die mit ihnen einhergeht?

Ich sagte, unser Universum (die holografische DVD) sei vom Nichts *umgeben*. Es sei auch *erfüllt* vom grenzenlosen Nichts und werde von ihm zur gleichen Zeit unterstützt; oder, um genau zu sein, alles zur gleichen „Nicht-Zeit". Gedanken müssen Bewegung ausdrücken. Deshalb halten wir die Schöpfung für ein Ereignis, das stattfand und jetzt immer noch andauert. In Wirklichkeit findet die Schöpfung nicht statt und hat auch niemals stattgefunden. Sie *ist* einfach. Schöpfung kommt und geht nicht. Das ist die Illusion, die der Meister der Irreführung erzeugte. Unser begrenztes lasergleiches Bewusstsein konzentriert sich nur auf ein Einzelteil des Universums, das die *Illusion* der Zeit erzeugt. Die Schöpfung ist nicht aus dem Nichts entstanden. Sie *ist* das Nichts! Sie ist einfach immer gewesen, was sie ist: eine scheinbare Welle des Selbst im Meer des Nicht-Selbst. Doch die Welle bewegt sich nicht! Bewegte sie sich nämlich, dann brächte sie Zeit zum Ausdruck. Genau wie die Form der Welle ist auch die Bewegung eine Illusion.

Die Bewegung eines vorbeifahrenden Autos ist in Wirklichkeit eine unbegrenzte Anzahl von Autos, die in unterschiedlichen Stadien der Fertigstellung existieren, wie ein Film aus einzelnen Standbildern besteht, die verschiedene Stadien der Handlung abbilden. Jedes Bild ist in sich selbst vollständig und doch Teil der Geschichte. Jede Geschichte ist abgeschlossen und doch Teil einer größeren Geschichte. Die Schlussgeschichte ist, dass es keine Geschichte gibt, wenn nicht unser begrenztes, lasergleiches Bewusstsein darüberstreicht und sich eine ausdenkt. Das Auto scheint sich fortzubewegen, während in Wirklichkeit unser lineares Bewusstsein sich rasch von einem „Bild" des Autos zum nächsten bewegt. Die kleine Illusion ist, dass das Auto sich bewegt. Die größte Illusion ist, dass sich unser Bewusstsein bewegt.

Wenn sich in Wirklichkeit nichts bewegt, dann erkennt unser begrenztes, individuelles Bewusstsein alles gleichzeitig und ohne Bewegung, sobald es sich völlig ausdehnt – wie wenn man das Licht in einer Dunkelkammer einschaltet. Der Riss, der durch Raum und Zeit entstand, ist geheilt. Die zerbrochenen Stücke des holografischen Spiegels waren, so stellt man fest, immer ganz. *Wenn das Nichts nie erschaffen wurde und nie zerstört wird und wenn das Nichts absolut still ist, wie kann es dann Bewegung geben?*

Als „Gottes Geist" über dem Wasser schwebte, bewegte sich in Wirklichkeit nichts. Es erschien nur wie Bewegung. Erinnern Sie sich, Gottes Geist ist allgegenwärtig und muss daher regungslos sein. Wohin könnte Gott gehen, wo er nicht bereits ist? Die Bibel ist, wie alle heiligen Texte, das geschriebene Wort, das sich an die richtet, die Gott noch nicht ganz kennen. Diejenigen unter uns, die Gott nicht kennen, sind der Definition nach dieser nie geborenen, nie sterbenden, regungslosen Präsenz nicht gewahr. Die Worte der Bibel, des Koran und der *Bhagavadgita* gleichen den Brettern einer Brücke. Die Brücke ist dazu da, Sie über aufgewühlte Wasser zu Gott zu bringen. Doch Wortbrücken können nur das übliche Bewusstsein bis zur Brücke bringen. Der Verstand bleibt auf der anderen Seite der Lücke, woher die Gedanken kommen. Das letzte Brett der Brücke ist die Intuition; von hier müssen wir schließlich nackt ins Nichts springen.

Falls Ihr Verstand vor dieser ganzen Vorstellung der Schöpfung als zeitloser, regungsloser Illusion zurückschreckt, dann tut er, was er als Verstand tun muss. Wenn Sie sich von der Kontrolle Ihres Verstandes befreien, dann erkennen und wissen Sie in Ihrem Inneren, dass das Nichts wahr ist. Anfangs bemerken Sie vielleicht nur einen Schimmer inneren Wissens, bevor Killergedanken in Schwärmen einfallen und Ihre Erkenntnis widerlegen. Doch sie ist immer da und sie wird wachsen. Das Beste, was ich Ihnen an dieser Stelle raten kann, ist: lesen und sich ins Selbst zurückziehen. Führen Sie die in diesem Buch vorgestellten Erfahrungsübungen immer wieder durch und seien Sie mit Ihrem Selbst. Logik, Analyse und Intuition kommen aus dem Selbst. Und wie Eisenspäne sich an einem Magneten ausrichten, so werden Sie sich an der Erfahrung ausrichten, bis sogar die Erfahrung wegfällt und (das) Nichts bleibt.

Kenntnis, inneres Wissen und Nicht-Wissen

Kenntnis entsteht durch das Sammeln von Informationen, die zu unserem Verständnis beitragen. Die zwei Standbeine der Kenntnis sind Verständnis und Erfahrung. Beide sind notwendig, wenn man vorwärtsgehen will. Beim Gehen stützt ein Bein den Körper, während das andere nach vorne schwingt. Dann wird *dieses* Bein zur Unterstützung, damit das andere nach vorne schwingen kann ... Wir kommen voran, wenn Verständnis und Erfahrung in Bezug auf Gleichgewicht und Timing aufeinander abgestimmt sind.

Kenntnisse zu erwerben ist so, als würden Sie eine massive Backsteinmauer bauen. Die Ziegelsteine sind das Verständnis und der Mörtel ist die Erfahrung. Bauen Sie die Mauer nur aus Steinen, dann ist sie zwar scharf umgrenzt, doch ihr fehlt es an Stärke. Den Stürmen einer genauen Überprüfung wird sie nicht standhalten. Bauen Sie Ihre Mauer hingegen nur aus Mörtel, dann ist sie zwar sehr fest, aber formlos. Ihr mangelt es an Struktur. Schichten Sie jedoch abwechselnd

Ziegelsteine und Mörtel aufeinander, dann bekommen Sie eine scharf umgrenzte und gleichzeitig sehr feste Struktur.

Kenntnis ist relativ und verändert sich mit der Zeit und den Umständen. Falls wir den Eindruck haben, wir wüssten etwas, weil wir es benennen können oder weil wir verstehen, wie es funktioniert, halten wir uns selbst zum Narren. Kenntnis ist immer und ausschließlich Stückwerk. Erst wenn Sie glauben, Sie wüssten etwas, zeigen Sie Unkenntnis des Ganzen. Genau dann treten die Schwierigkeiten auf, mit Fakten, Meinungen und Plänen im Schlepptau. Denn wie wir erfahren haben, existiert nichts (kein Ding) wirklich. Ein Ding fälschlich für irgendetwas anderes zu halten als Nichts, das bedeutet, nur ein Stück, ein Teil zu haben, es aber für das ganze Puzzle zu halten. Nisargadatta Maharaj, ein wunderbar feinsinniger Heiliger des 20. Jahrhunderts, sagte: „Alle Kenntnis ist Unwissenheit." Er wusste: Das Streben nach Frieden durch Wissensanhäufung kann nur in noch mehr Leiden enden.

Hat Sie jemals ein Kind mit seinem heranreifenden Intellekt gefragt: „Warum?" Ganz unabhängig von Ihrer Antwort fragt das Kind wieder „Warum?". Es bedarf gar nicht vieler „Warums", bis Ihnen die Antworten ausgehen. Vielleicht meinen Sie dann, ein Wissenschaftler oder Dichter könne all diese Warum-Fragen beantworten. Doch ich muss Ihnen leider sagen, auch die haben nicht alle Antworten. Trotz unseres gegenteiligen Empfindens werden wir niemals alle Antworten auf alle Warum-Fragen haben. Das wird's nicht geben. Zwischen der Datenmenge, die wir gesammelt haben, und der Gefahr, zu der wir werden, scheint ein direkter Zusammenhang zu bestehen. Wir hatten nie *mehr* Kenntnis und nie war die Gefahr größer, dass wir uns selbst auslöschen. Kenntnis, Wissen, ist Futter für den Plan des Ego, seine Welt zu regieren.

Jahrelang habe ich Leute sagen hören: „Je mehr du weißt, desto eher weißt du, dass du nichts weißt." Sie brachten die subtile Frustration zum Ausdruck, die wir alle empfinden, wenn wir unsere Welt beherrschen wollen, indem wir zwar gescheiter werden, aber darin scheitern, Frieden zu finden. Es gibt *gewöhnliches* Wissen [*knowing*] und es gibt *inneres* Wissen [im Original mit *großem K*; Anm. d. Übers.]. Lassen Sie uns das letzte Wort im vorangehenden Zitat durch „inneres Wissen" [*Knowing*] ersetzen und schauen, was dann herauskommt: „Je mehr du weißt, desto eher weißt du, dass du kein inneres Wissen hast." Was wir da gemacht haben, wollen wir jetzt herausfinden.

Der Intellekt kann dank der Vernunft, der Fähigkeit zu verstehen, lernen. Deshalb unterliegt der Intellekt der Raum-Zeit. Das innere Wissen ist das Erkennen der *conditio divina*, der Einheit inmitten der Vielheit. Dieses innere Wissen zeigt sich, wenn Sie tief in den Sternenhimmel blicken, ein Mysterium wahrnehmen und Ehrfurcht empfinden und dabei innerlich einfach wissen, dass Sie niemals verstehen können. Doch das ist ganz in Ordnung, denn im Moment brauchen Sie gar nicht zu verstehen. Mit dem Intellekt zu ringen, in dem Bemühen, Ihre Gefühle zu erklären, würde nur den Moment ruinieren. Und Sie würden immer noch nicht verstehen.

Das Selbst kann ohne den Fisch nicht existieren

Der Übergang vom gewöhnlichen Wissen zum inneren Wissen ist der Prozess, des Selbst gewahr zu werden, oder genauer gesagt die Wahrnehmung des Loslassens. Während dieses Übergangs flattern die hauchzarten Flügel des Selbst erstmals im Verstand. Das innere Wissen, das zuerst als Stups von irgendwo außerhalb unseres üblichen Bewusstseins erfahren wird, nährt, geleitet und schützt uns. Das nennen wir Intuition. Die Intuition ist der zarte Ausdruck des Selbst, der sich im Verstand widerspiegelt. Intuition ist inneres Wissen ohne und vor Analyse und Logik. Die Intuition bereichert und fördert beide. Sie ist das innere Wissen, dass das Nichts alles unter Kontrolle hat.

In diesem Zustand wissen Sie, dass Sie innerlich wissen, aber Sie wissen nicht, wie Sie das machen. Das Selbst ist „Gottes Geist", der über dem Wasser schwebte. Ja, das Selbst existiert nicht, bis es etwas anderes als sich selbst sieht. Das Selbst definiert sich durch das, was es sieht. Kein Selbst – kein Sehen und nichts zu sehen. Die Fische im Wasser waren Bohms Fisch im Aquarium, von unendlich vielen Blickwinkeln aus gesehen. Das Selbst kann ohne den Fisch nicht existieren. Deshalb ist das Selbst sowohl grenzenlos wie auch begrenzt.

Das innere Wissen braucht keinen Beweis, denn es ist eine Widerspiegelung dessen, was „ist"; und das übersteigt die Fähigkeiten des Intellekts. Menschen, die sich ihrer Kenntnis sicher sind, legen sofort ihre Position fest und schränken ihre Wahlmöglichkeiten ein. Sie spannen den Wagen vor das Pferd. Indem wir der Widerspiegelung des Nichts im Geist gewahr werden, laden wir die ordnende Kraft des Universums ein, die Zügel zu übernehmen. Dann wird unsere begrenzte Kenntnis durchtränkt von der absoluten, ordnenden Kraft und unbegrenzten Möglichkeiten. Das ist sehr gut. Begrenzte Kenntnis ist immer noch notwendig, um durch die Alltagswelt zu kommen, doch die *Ursache* des Leidens wurde herausgezogen wie der sprichwörtliche Splitter aus unserem Auge.

In der Dunkelheit vor Tagesanbruch hängt ein Tautropfen schwer an einem Blatt. Sobald die ersten Strahlen der Morgendämmerung ihn durchdringen, scheint aus dem Inneren des Tropfens reines Licht zu strahlen. Wenn Sie genau hinschauen, sehen Sie eine klare, aber verzerrte Widerspiegelung der Welt des Tautropfens, die in diesem schimmernden Tropfen schwimmt. Sie ist ein Hologramm, eine Geschichte der Welt ringsum, die sich nicht unterteilen lässt. Vor der Morgendämmerung ruht diese Geschichte still, in der Dunkelheit erstarrt. Im Verstand erwachendes Selbst-Gewahrsein entspricht dem angestrahlten Tau. Es weiß im Inneren, dass die Welt nur eine bescheidene Widerspiegelung seiner selbst ist. Wenn der Verstand nicht Selbst-Gewahrsein reflektiert, hält er die Widerspiegelung fälschlicherweise für die Wirklichkeit.

Nie kann aus Kenntnis inneres Wissen hervorgehen. Doch inneres Wissen ist die Quelle aller Kenntnis. Sokrates wusste um die Macht des inneren Wissens. Als er uns aufforderte, „unser Selbst zu erkennen", wusste er, dass es unmöglich ist, das Selbst zu verstehen. Wer von uns versucht hat, das Selbst durch Verstehen und Erfahrungen zu erkennen, hat Verwirrung gestiftet und Enttäuschung eher hervorgerufen, als diese ausgeräumt. Das Selbst zu kennen bedeutet herkömmlicherweise die Praktik, das „Ich" zu kennen. Wenn wir nur angestrengt genug ausreichend Kenntnis über das Selbst sammelten, damit wir es verstehen, kämen wir an einen Punkt abgrundtiefer Enttäuschung. (Erinnern Sie sich an Arjuna!) Nur wenn man sich hingibt, kann das innere Wissen durchbrechen wie die Morgendämmerung in unserem Bewusstsein. Wenn wir von dem Bemühen ablassen, unser Selbst zu (er)kennen, und einfach unser Selbst *sind*, schwemmt ein wunderbar tiefer Friede die Jahre der Anstrengung hinweg. Er ist der erste und universelle Ausdruck des Nichts. Doch mit dem inneren Wissen endet die Geschichte noch nicht. Sobald das Selbst seiner gewahr wird, ist das inneres Wissen. Wenn das Selbst wegfällt und nur reines Gewahrsein da ist, ist das Nicht-Wissen.

Der Wissende kommt und geht mit dem Gewussten

Das Selbst existiert nur, wenn es etwas zu beobachten gibt. Es ist ein Spiel, das das Nichts mit sich selbst spielt. Das stille Meer des Nichts scheint eine Welle zu erzeugen. Da alles im Nichts enthalten ist und das Nichts gewahr ist, ist es der Welle gewahr. Wenn das Nichts der Welle gewahr wird, haben wir zwei Dinge: Gewahrsein und eine Welle. Das Gewahrsein der Welle ist der individuelle Ausdruck des Nichts, der Selbst genannt wird. Das Selbst ist von der Welle abhängig. Wenn die Welle wieder in das Meer des Nichts zurückkehrt, verschwindet damit auch für den Zeugen der Welle, das Selbst, die Grundlage seines eigenen Seins und es löst sich ins reine Gewahrsein auf. Mit dem Entstehen der Welle entsteht auch das individuelle Selbst-Gewahrsein. Die Welle entsteht, das Selbst entsteht. Die Welle kehrt ins Meer des reinen Gewahrseins zurück und das Selbst löst sich mit ihr auf. Der Wissende kommt und geht mit dem Gewussten.

Aber lassen Sie sich nicht täuschen. Das Nichts ist gewahr. Das Selbst entsteht aus dem Nichts und ist gewahr. Die Welle entsteht aus dem Nichts und ist ebenfalls gewahr. Reines Gewahrsein ist Gewahrsein des Nichts. Selbst-Gewahrsein besagt, das Selbst wird seiner eigenen Existenz gewahr und sagt: „ICH BIN." Wenn es der Welle gewahr wird, sagt es: „ICH BIN der Welle gewahr." Wenn das Selbst das Gewahrsein seiner selbst verliert, wird es nur noch der Welle gewahr sein. Das ist das übliche Bewusstsein. Wenn das Selbst seiner eigenen Existenz gewahr bleibt, ist das inneres Wissen. Wenn die Welle wieder mit dem Nichts verschmilzt, verschmilzt auch das Selbst damit; das ist Nicht-Wissen. Selbstverständlich kannte Feldwebel Schultz in der Sitcom *Ein Käfig voller Narren* dieses sehr strenge Geheimnis universellen Friedens und die Kraft und Macht des Nicht-Wissens. In fast allen Folgen wiederholte der offensichtlich erleuchtete Wächter im Gefangenenlager sein Mantra des ultimativen Nicht-Wissens: „I seh nix, i hör nix und i woaß nix." [Zitiert nach: http://de.wikipedia.org/ wiki/Ein_K%C3%A4fig_voller_Helden]. Was für eine Inspiration für uns alle!

Diese ganze Übung, eine Welle zu erschaffen und ein Selbst, das sie beobachten soll, ist ein Spiel. Die Erschaffung des Selbst ist mitsamt dem Rest der Schöpfung nur eine Illusion. Erinnern Sie sich: Die Welle ist Nichts und das Nichts ist einfach. Wenn das Selbst sich an sich selbst erinnert, dann erinnert es sich, dass es Nichts ist. Das ist eine sehr wichtige Erkenntnis. Der nächste Schritt in dem Spiel besteht darin, dass das Selbst erkennt, dass die Welle ebenfalls Nichts ist. Die Welle ist nicht „dort drüben", um vom Selbst beobachtet zu werden. Die Welle ist Nichts, das auch Selbst ist, deshalb haben wir das Selbst, das das Selbst beobachtet. Oder genauer: Das menschliche Selbst beobachtet ein gegenständliches Selbst. An diesem Punkt gibt es keine Trennung zwischen Gegenstand und Beobachter. Die letzte Erkenntnis steht jedoch noch aus. Sie wird gewonnen, wenn das Selbst erkennt, dass nicht nur es selbst und der Gegenstand Nichts sind, sondern dass der Raum zwischen ihnen und jenseits von ihnen ebenfalls Nichts ist. Nichts ist alles! Die äußerste Erkenntnis ist, dass sie beide, Selbst und Welle, das Meer des Nichts nie verlassen haben. Es war nur

14. Wie Sie zum Nicht-Wissen gelangen

eine Illusion, ein Spiel, mit dem das Nichts sich unterhält, indem es Illusionen erzeugt. Es ist wie das Denken, ein Gedanke ohne Bewegung. Warum amüsiert sich das Nichts auf diese Art und Weise? Das tut es, weil es das kann. Wenn es das nicht täte, wäre es nicht das Nichts.

Halten Sie Ihre Kappe fest – für ein kurzes Re-kapp-itulieren (Wortspiel beabsichtigt)

Herkömmliche Kenntnis ist das übliche Bewusstsein, das im Netz der Raum-Zeit gefangen ist. Diese Kenntnis wird vom Verstand erzeugt und ändert sich mit den Ereignissen. Das ist unsere vom Verstand erdachte Welt der Vergangenheit und Zukunft, des Schmerzes und der Angst. Wenn wir *innerlich* wissen, bringen wir Gewahrsein in das übliche Bewusstsein. Nun beobachten wir die Welt von Raum, Zeit und Leiden vom distanzierten und ausgewogenen Blickwinkel des Selbst. Das Selbst führt die Komponente des Nicht-Wandels in unser Leben ein. Das ist das zarte Erblühen des Selbst-Gewahrseins, wenn das übliche Bewusstsein seiner selbst gewahr wird. Das ist der Beobachter, der beobachtet, „ICH BIN".

Sobald das übliche Bewusstsein seiner selbst gewahr wird, wird das Leben anders wahrgenommen. Wie das innere Wissen, so wird auch das Selbst-Gewahrsein immer feiner entwickelt. Die Widerspiegelung von Frieden und Freude wird erkannt und immer vollständiger reflektiert. Schließlich wird der Sitz des Selbst erkannt. Dann breiten sich die feinen Arme des Selbst aus, um das Nichts zu umfangen.

Das übliche Bewusstsein weiß nichts vom Selbst. Es ist der Tau in der Dunkelheit. Das Selbst weiß im Inneren, dass das Nichts in allen Dingen ist. Das ist die Morgendämmerung, die in den Tau eindringt. Das Nicht-Wissen hat ein inneres Wissen vom Nichts. Es weiß im

Inneren, dass sogar das Selbst Nichts ist. Das Selbst (er)kennt in seinem Inneren das Nichts nur in anderen Dingen. Um das Nichts im Inneren vollkommen zu (er)kennen, muss das Selbst Nichts werden. Sobald das Selbst nicht mehr ist, ist das Nichts. Nicht-Wissen *ist* einfach nur, genau wie das Nichts. Nicht-Wissen ist, als würde das Licht im Tautropfen plötzlich erkennen, dass es ganz und gar Licht ist, überall, und dass alle Dinge aus diesem Licht erschaffen sind. Das ist so, als würden wir in unserer Dunkelkammer das Licht einschalten und alle Dinge ohne Raum und Zeit sofort aufgrund des inneren Wissens erkennen.

Nicht-Wissen bedeutet, das Laserlicht stärker in die Breite und in die Tiefe eindringen zu lassen, damit es die ganze holografische DVD erfasst. Nun werden nicht mehr Informationseinheiten in unser enges Bewusstseinsfeld befördert, vielmehr erweitert sich unser Bewusstsein und erkennt alle Felder gleichzeitig. Die Illusion von Raum, Zeit und Dingen wird entlarvt. Der Vorteil des Nicht-Wissenden ist: keine Bewegung und kein anderer. Keine Bewegung bedeutet, er ist zeitlos, und kein anderer bedeutet, er ist eins. Das Nicht-Wissen braucht nirgendwo hinzugehen und will nirgendwo anders sein. Es ist frei, zu sein. Diese wundervollen Worte von Nisargadatta zeigen: Er hat diesen feinen Unterschied zwischen innerem Wissen und Nicht-Wissen erkannt: „Der Wissende kommt und geht mit dem Gewussten. Inneres Wissen ist Bewegung. Das, was nicht weiß, ist frei."

Erfahrung 8: Das Nicht-Wissen erlangen

Sie haben es sicher bemerkt: Hier habe ich nur Spaß gemacht! Zwar kann man das Nicht-Wissen praktizieren, indem man ein leeres Blatt Papier anschaut, doch ich habe hier für den Anfang etwas Greifbareres für Sie. Führen Sie diese Erfahrung *ohne Erwartungen* durch. Erwarten Sie nichts Bestimmtes. Achten Sie einfach darauf, wie sich die Erfahrung entwickelt. (Bitte wandeln Sie diese Übung für dasjenige geografische Gebiet der Erde ab, in dem Sie sich derzeit aufhalten.) Viel Spaß dabei!

Erfahrung 8: Das Nicht-Wissen erlangen

Spüren Sie, auf einem Stuhl sitzend, Ihren Körper, wie Sie es in Erfahrung 6 (Kapitel 13) gemacht haben. Sie können zu Anfang Ihre Augen schließen und Ihr Gewahrsein durch Ihren Körper wandern lassen oder es auf den ganzen Körper richten. Warten Sie fünf bis zehn Minuten, bis Sie ein lebendiges Gewahrsein in Ihrem Körper spüren.

Halten Sie Ihre Augen weiterhin geschlossen, werden Sie des Zimmers gewahr und der Position, die Ihr Körper in dem Zimmer einnimmt. Spüren Sie jetzt, wie Ihr Gewahrsein sich nach oben verlagert, über Ihren Körper hinaus. Blicken Sie zurück und nehmen Sie wahr, dass Ihr Körper ruhig auf dem Stuhl in diesem Zimmer sitzt.

Lassen Sie Ihr Gewahrsein weiter hinaufsteigen, durch das Haus und über den Dachfirst. Gestatten Sie Ihrem Gewahrsein, weiter nach oben zu schweben und dabei immer schneller zu werden. Nehmen Sie wahr, wie Ihr Blick sich erweitert und Sie nicht nur Häuser und ein Stück Landschaft sehen, sondern nun auch ganze Städte, Seen und Wälder. Schon bald sehen Sie Ihr ganzes Land, die Nachbarländer und dann den ganzen Kontinent, eingerahmt von wunderschönem blauem Meer.

Weiterhin schweben Sie immer schneller rückwärts hinauf und schauen zu, wie die Kontinente still vorübergleiten, während die Erde sich langsam und kraftvoll um ihre eigene Achse dreht. Sie schauen weiter zu und die Erde wird immer kleiner und bewegt sich dabei immer schneller im Raum. Eine kühle Schwärze umgibt Sie und in dieser Schwärze erscheinen die Sterne wie Tausende von reinen, scharfen Lichtpunkten.

Nun huscht unser friedlicher Mond schnell und leise an Ihnen vorüber und wird selbst zu einem Punkt vor der Erde. Schon bald ist auch die Erde in einem Schwarm von Sternen Ihrem

14. Wie Sie zum Nicht-Wissen gelangen

Blick entschwunden. Obwohl Sie weiterhin schneller werden, haben Sie wegen der endlosen Weite des Raumes das Gefühl, zu schweben. Als Nächstes gleiten Sie an der Sonne vorbei, einer riesigen Erscheinung. Auch sie entschwindet rasch und vereinigt sich mit den anderen Sternen.

Während Sie weiterhin immer schneller rückwärtsfliegen, beginnen Billionen von Sternen sich zu unserer Galaxie zu formen. Während unsere Galaxie schrumpft, erscheinen andere Galaxien als Lichtpunkte um sie herum. Dann wird unsere eigene Galaxie ein Punkt von Lichtern, der sich unter Billionen anderer Galaxien verliert. Sie selbst schweben nach wie vor immer schneller rückwärts nach oben und die Galaxien bilden zusammen ein riesiges Oval. Dieses kosmische Ei aus Sternenlicht ist die gesamte Schöpfung. Sie wird immer kleiner und kleiner, bis auch sie ein Lichtpunkt ist in der unendlichen, samtigen Schwärze. Mit einem Augenzwinkern verschwindet sie schließlich und Ihr Gewahrsein bleibt zurück mit ... Nichts.

Bleiben Sie des Nichts gewahr, solange Sie wollen. Tatsächlich haben Sie keinen Einfluss darauf, wie lange Sie des Nichts gewahr sind. Nicht-Wissen wird automatisch zum Selbst-Gewahrsein zurückkehren. Sobald das geschieht, lassen Sie Ihr Gewahrsein in den Raum zurückkommen, in dem Sie sitzen, und nehmen Sie Ihren Körper wieder wahr. Werden Sie einige Momente lang des vibrierenden Nichts in Ihrem Körper gewahr. Gestatten Sie dann dem Raum und Ihrem Körper, sich im Nu ins Nichts zurück aufzulösen.

Wenn sich Ihr Gewahrsein mit anderen Gedanken füllt, dann lenken Sie es wieder in den Raum zurück, spüren Sie Ihren Körper und lenken Sie es dann zurück zum Nichts. Strengen Sie sich dabei nicht an, solange der Verstand wach ist. Sobald Sie die geringste Anstrengung spüren, halten Sie inne und ruhen Sie sich aus.

Das haben Sie prima gemacht. Klopfen Sie sich auf die Schulter und gehen Sie wie gewohnt Ihrem Alltag nach. Schon die Sofortwirkung dieser Erfahrung geht tief, doch der tiefere Nutzen zeigt sich im Laufe der Zeit, ohne dass Sie danach zu suchen brauchen.

Kerngedanken von Kapitel 14

- Was unser Bewusstsein nicht findet, das existiert nicht.
- Das Nichts ist nicht leer.
- Sich bewegendem Denken ist es unmöglich, ein regungsloses Universum zu verstehen.
- Alle Kenntnis ist Unwissenheit.
- Inneres Wissen bedeutet: Das Selbst wird seiner selbst gewahr.
- Das Selbst existiert nur, wenn etwas da ist, dessen es gewahr sein kann. Der Wissende (das Selbst) kommt und geht mit dem Gewussten.
- Damit das Selbst das Nichts vollständig erkennt, muss das Ich Nichts werden.
- Wenn das Selbst vollständig mit dem Nichts verschmilzt, dann weiß es, dass die ganze Schöpfung eine vom Nichts erdachte Illusion ist.
- Nicht-Wissen tritt ein, wenn das Selbst seine eigene Essenz, das reine Gewahrsein, als die Essenz von allem wahrnimmt.

15. Wenn Sie erwachen

*„Die Vorstellung, Sie könnten Leiden vermeiden,
indem Sie auf die eine Art statt auf die andere
handelten, erzeugt Leiden."*

Karl Renz

*„Wenn Sie erwachen, werden Sie möglicherweise
immer noch die gleiche Art von Leben führen;
ja, so ist es bei den meisten."*

Tony Parsons

Das erste Kapitel begann mit einem tiefgründigen Zitat von Popeye dem Seemann [der bekannten Comicfigur des Zeichners E. C. Segar]; er ist einer meiner „Lieblingsphilosophen" des 20. Jahrhunderts. Popeye half, die Kräfte Gut und Böse ins Gleichgewicht zu bringen, indem er Blutos unerwünschte Annäherungsversuche bei der heiß begehrten und hinreißenden Olive Oyl abwehrte. Wenngleich in den täglichen Kampf um Frieden verwickelt, verlor Popeye niemals seine Mitte. Für Popeye schien es keine Rolle zu spielen, ob die negativen oder die positiven Kräfte gerade die Oberhand hatten; er verlor sein Selbst nie aus den Augen. Das belegte sein häufig wiederholter Ausspruch, seine Gedächtnisstütze für uns alle:

„Ich pin wassich pin."

„Ich pin wassich pin"

Unser Held hatte eine Art von spiritueller Stärke, die – zusammen mit einer gelegentlichen Dose Spinat – seine Körperkraft unterstützte. Während er mit dem einen unglaublich muskulösen Arm die Kräfte des Bösen bekämpfte, spürte er am anderen Arm das Ziehen der Mittelmäßigkeit. Dann trat regelmäßig Wimpy auf, dessen höherer Sinn und Zweck und einziges Lebensziel darin bestand, sein Verlangen nach Hamburgern zu stillen. Während um ihn herum die Schlacht um die Weltherrschaft tobte, konnte man Wimpy mit seinem Hängebauch fragen hören: „Kann ich mir einen Dollar für einen Hamburger borgen, den ich dir gern am Dienstag zurückzahle?"

Popeye und Wimpy bieten uns zwei vermeintliche „Wege" an, einen spirituellen und einen materialistischen; und das Gros der Menschheit versammelt sich hinter dem Banner mit der Aufschrift „Kann ich mir einen Dollar für einen Hamburger borgen?". Es erscheint irgendwie einfacher, *jetzt* etwas zu borgen und *später* wieder etwas zu borgen, um das zurückzuzahlen, was man sich jetzt geborgt hat. Popeye hingegen scheint, zentriert in seinem Selbst, über all dem zu stehen. Nur wenige von uns stehen so über den Dingen. Doch das hindert uns nicht daran, genau diese Menschen zu bewundern.

Bei genauerem Hinsehen ist noch ein dritter vermeintlicher „Weg" erkennbar und in die Betrachtung einzubeziehen, eine Kombination der beiden anderen: Auf ihm tummeln sich zwielichtige Reisende, die theoretisch der „materialistischen" Existenz abschwören, es aber praktisch nicht ganz schaffen. Diese Menschen haben ihren Blick fest auf die Zukunft gerichtet. Dort planen sie, ihrem Selbst zu begegnen, indem sie sich unbeirrbar auf die Kräfte des Guten konzentrieren und sich ihnen widmen. Sie sind überzeugt davon, dass ihre „abwegigen" Gedanken und Taten sich eines Tages oder mit jedem Tag mehr dem universellen Geist anschließen und ihr Leiden ein Ende hat.

Auf welchem dieser drei Wege finden Sie sich selbst wieder? Ach, antworten Sie darauf nicht! Es ist eine Fangfrage. Im letzten Absatz benutzte ich den Ausdruck „vermeintliche Wege", und das aus gutem

Grund: Wir haben diese Vorstellung eines weglosen Weges bereits gestreift, doch jetzt ist es an der Zeit, die *Illusion* jeglicher Art von Weg zum Frieden ein für alle Mal zu beenden. Es war meine Absicht, Ihnen sozusagen auf halbem Weg entgegenzukommen, zu einem Ausgangspunkt, von dem aus wir die Winkel und Ritzen des Bewusstseins erforschen konnten. Jede und jeder von uns sieht einen anderen Ausschnitt des Lebens. Dieses Buch musste anfangs zwangsläufig sehr allgemein gehalten sein, um all unseren wunderbar verschiedenen Sichtweisen etwas zu bieten.

Die in diesem Buch vorgestellten Konzepte und Erfahrungen gleichen einem Trichter: Der führt unsere vielfältigen Träume, Philosophien und Lebenserfahrungen zusammen, lässt sie herumwirbeln und sich vermischen, während sie zur unteren Öffnung fließen. Ich bin auf Ihr augenscheinliches Bedürfnis nach einem Weg eingegangen. Ich wollte, dass Sie sich wohlfühlen mit Ideen, die Ihnen vertraut sind, aber auch Ihre Vorstellungskraft erweitern und Ihr Erleben bereichern. Ich ermunterte Sie, nach Belieben mit den Spielsachen des Bewusstseins zu spielen. Als Vorbereitung auf dieses letzte Kapitel stellte ich Ihnen gleichzeitig und immer wieder den Gedanken vor, dass man nirgendwo hinzugehen brauche und dass es nichts zu tun gebe. Falls er stimmt, dann räumt er gehörig auf mit dem Bedürfnis nach einem Weg oder mit der Vorstellung, das Leben werde in der Zukunft irgendwie besser.

Einige wunderbare Lehrer kommen direkt auf den Punkt und stellen die Wirklichkeit der „gegenwärtigen Vollkommenheit" mit ihren Lehren direkt dar. Aus ihrer Sicht ist das sinnvoll, denn es gibt nichts, was sie Sie lehren könnten; nichts, was Sie lernen könnten. Diese Lehrer nehmen Ihnen Ihr philosophisches „Mäntelchen" weg und lassen Sie nackt in der Wahrheit stehen. Solch ein Lehrer bin ich nicht. Ich liebe es, philosophische Brücken zu bauen und darauf zu warten, welcher Verstand sie überquert. Das macht mir Spaß und vielen von Ihnen auch. Die eine Vorgehensweise ist nicht besser als die andere. Das würde wieder auf einen „Weg" hindeuten und wir wissen (oder werden es in Kürze wissen), dass es keine „Wege" zum Frieden gibt. Ich tue einfach nur, was ich tue. Oder wie Popeye es so treffend formuliert: „Ich pin wassich pin."

Dieses Buch existiert, Sie und ich existieren, aus keinem anderen Grund als dem, dass wir existieren. Für das Ego mag diese Vorstellung anfangs schwer zu akzeptieren sein. Ja, sie ist für viele ein so starkes Stück, dass sie sich aufregen oder einfach kopfschüttelnd davonlaufen. Doch sobald wir behutsam ein wenig untersuchen, wie wir so denken und handeln, wird uns klar, dass wir mehr sind als Denken und Handeln. Dann erkennen wir, dass es keinen göttlichen Plan gibt, nur göttliche Präsenz. Oder, um genau zu sein, es gibt nur Präsenz und sie macht alle Dinge göttlich. Und letztlich löst sich sogar die Präsenz in Nicht-Wissen hinein auf. Deshalb wollen wir alle unsere „Denkmützen" abnehmen, denn sie bereiten uns nur Kopfschmerzen; machen wir uns also daran, dieses lächerlich erhabene Wissen vom Nicht-Wissen eingehender zu erforschen.

Freier Wille und Determinismus

Die Diskussion um freien Willen versus Determinismus tobt wahrscheinlich schon, seit der erste Höhlenmann sich eine Frau nahm und dann abends lange wegblieb, um mit seinen Kumpels das Spiel anzuschauen. Problematisch an der Kontroverse um freien Willen und Determinismus ist, dass wir sie aus der Sicht des üblichen Bewusstseins zu erklären versuchten. Übliches Bewusstsein ist, wie Sie sich erinnern, durch das Ego gefiltertes Gewahrsein. Es teilt die Welt in Dinge ein, sieht Unterschiede und bewertet sie als hilfreich oder schmerzlich.

Mit den Augen des üblichen Bewusstseins betrachtet, wird der Streit um freien Willen und Determinismus nie enden. Erst wenn das Gewahrsein des Selbst einsetzt, wird der Disput im Sande verlaufen. Das Selbst zu (er)kennen heißt, Nicht-Wandel zu (er)kennen, und freier Wille und Determinismus brauchen den Wandel, um bestehen zu können. In den Augen des Selbst sind sie unfruchtbare Samen, die nicht in der Lage sind, neue Meinungsverschiedenheiten entstehen zu lassen. Ja, Selbst-Gewahrsein löst alle Kontroversen ein für alle Mal auf. Und zwar so:

Das Problem des freien Willens

Wenn Sie Orangensaft trinken, sich die Haare kämmen oder ein Kreuzworträtsel lösen, wer handelt da? Sie sagen: „Ich trinke, ich kämme und ich schreibe." Aber glauben Sie, dass wirklich Sie diese Handlungen ausführen? Wenn ja, sind Sie im vom Ego manipulierten üblichen Bewusstsein. Falls Sie die gleichen Handlungen ausführen, aber wissen, dass diese *jenseits* Ihres persönlichen Willens ablaufen, sind Sie Ihres Selbst gewahr. Alles ist genau gleich, abgesehen davon, wer die Urheberschaft für sich reklamiert.

Das ist der einzige Unterschied zwischen jemandem, der „erleuchtet" ist, und jemandem, der das nicht ist. Es läuten keine himmlischen Glocken und es singen auch keine Engel Ihnen zu Ehren. Die brauchen keinen Grund zum Feiern, das tun sie ohnehin. Engel sind so. Was als Erleuchtung bezeichnet wird, ist lediglich die Verlagerung in der Wahrnehmung von „Ich" zu „Nicht-Ich". Falls Sie nun glauben, Sie könnten etwas *tun*, um diesen Wechsel in der Wahrnehmung in Gang zu setzen, vergessen Sie's! Schon der Impuls ist vom Ego motiviert und verdammt denjenigen, der das tut, zu ewigem Tun. Entweder *haben* Sie diesen Wechsel oder nicht. Doch werfen Sie die Flinte noch nicht ins Korn! Jede Verwirrung und jeder Zweifel ist nur die Methode des Ego, Zeit zu schinden, bis es Sie überzeugen kann, dass Sie (Ego) immer noch die Welt unter Kontrolle haben. Sobald Sie dieses Kapitel zu Ende gelesen haben, sehen Sie die Dinge vielleicht anders.

Ob Sie im Moment im üblichen Bewusstseinszustand sind, können Sie beispielsweise daran feststellen, ob Sie sich gegen die Vorstellung sträuben, Sie könnten nichts tun, um den Zustand des Selbst-Gewahrseins herbeizuführen. Wenn Sie voll und ganz akzeptieren, dass Sie nichts tun können, wird Selbst-Bewusstheit einsetzen. Sie erkennen sie an dem Frieden und der Leichtigkeit, die mit ihr einhergehen.

265

Wir wollen mit folgender Frage beginnen: „Sind Sie sicher, dass Sie wirklich einen freien Willen haben?" Falls ja, dann zeigen Sie es mir bitte, indem Sie jetzt Ihren rechten Arm heben. Ist Ihr Arm in die Höhe gegangen, wie von Ihnen befohlen? Ja? Nun, da haben Sie's, ein perfektes Beispiel für die Illusion des freien Willens. Ich treibe natürlich mein Spiel mit Ihnen, doch das Argument ist stichhaltig: Wenn Sie meinen, Ihr Arm bewege sich aufgrund Ihres eigenen Entschlusses, dann haben Sie sich von Ihrem eigenen Ego übertölpeln lassen. Lassen Sie uns diesen Prozess des scheinbar freien Willens genauer untersuchen.

Wer hatte den Gedanken, der Sie veranlasste, Ihren Arm zu bewegen? Wieder sagen Sie: „Ich selbst, ich habe den Gedanken erzeugt. Dann machte der Gedanke, was Gedanken so tun, und dann bewegte sich mein Arm." Nun sagen Sie mir, woher dieser Gedanke kam? Haben Sie ihn sich bewusst ausgedacht? Oder dachten Sie auf *meine* Anregung hin: „Er möchte, dass ich meinen Arm hebe. Das kann ich." Dann blickten Sie auf Ihren Arm und er wanderte in die Luft ... Als Sie anschließend darüber nachdachten, sagten Sie: „Ich habe meinen Arm bewegt." *Der Gedanke, Ihren Arm zu bewegen und ihm dann bei der Bewegung zuzuschauen, bedeutet nicht zwingend, dass Sie derjenige waren, der ihn bewegte.* Es könnte auch bedeuten, dass das ohnehin geschehen wäre und Sie einfach da waren, um den Vorgang zu beobachten.

Erstens gab Ihnen *mein* Vorschlag den Gedanken ein, Ihren Arm zu bewegen. Sie könnten also sagen, mein Gedanke habe Ihren Arm gehoben. Dann stellt sich natürlich die Frage, wie dieser Gedanke zu mir kam. Da findet eine Kettenreaktion statt, die wir nicht kontrollieren können. Diese Reaktionen finden überall in der Schöpfung statt und wir bemerken sie nicht. Doch jede Handlung ist durch Assoziation mit dem Ursprung solcher Handlungen verbunden. Und wir wissen, die ganze Vernetzung aller Dinge kommt aus dem Nichts. Wir sind nur derjenigen Aktionen und Reaktionen gewahr, die in unserer kleinen Ecke des Universums stattfinden. Stimmt das etwa nicht? Unsere begrenzte Sicht isoliert uns und vermittelt uns eine nur uns eigene Perspektive. Wir sehen nicht das ganze Bild.

15. Wenn Sie erwachen

Wegen unserer begrenzten Sicht entgehen uns die primären Ursachen unseres derzeitigen Zustandes und ihre weitreichenden Folgen. Das lässt uns glauben, wir hätten alles unter Kontrolle oder in unserer Verfügungsgewalt, zumindest in unserer kleinen Ecke der Schöpfung. Mit anderen Worten, wir rechnen uns an, was von der Quelle kommt.

Sie wenden ein, wenn Sie Ihren Arm *nicht* bewegen wollten, dann würde er sich auch nicht bewegen. Hier gilt die gleiche Logik, nur im Negativen. Welche universale Ereigniskette ging Ihrer Entscheidung voraus? Woher bekamen Sie den Gedanken, Ihren Arm *nicht* zu bewegen?

Ist Ihnen aufgefallen, dass jeder Gedanke oder jede Handlung eine Reaktion auf einen früheren Gedanken, eine frühere Handlung zu sein scheint? Sie kratzen sich an der Nase – als Reaktion auf ein Jucken. Sie atmen aus, weil Sie zuletzt eingeatmet haben. Sie werden wütend, traurig oder verlieben sich – aufgrund von Umwelteinflüssen auf Ihr Erbgut ...

Falls Sie wirklich einen freien Willen haben, muss die Frage erlaubt sein, wie stark dieser ist und wie weit er reicht. Wenn Sie einen freien Willen haben, haben Sie ihn dann die ganze Zeit? Was wäre, wenn Ihr Arm beim Lesen eingeschlafen wäre und – als Sie ihn dann willentlich bewegen wollten – da gelegen wäre wie ein Stück Fleisch? Hätten Sie da nicht gestaunt? Oder was wäre gewesen, wenn Sie ihn willentlich *nicht* bewegen wollten, er aber reflexartig eine Stechmücke von Ihrer Nase vertreiben wollte? Nur weil das Licht fast jedes Mal angeht, wenn Sie den Schalter betätigen, heißt das nicht, dass dieser Vorgang Ihrer Verfügungsgewalt unterliegt. Sie können willentlich mit Ihrem Finger auf den Schalter drücken, doch dabei können Sie danebentreffen oder vom Läuten des Postboten an der Tür abgelenkt werden und ganz vergessen, dass Sie ja das Licht anschalten wollten. So ziemlich das Einzige, was Sie sagen können, ist, dass Sie den anfänglichen Gedanken hatten, die Handlung auszuführen. Ob die Handlung so zu Ende geführt wird, wie Sie es geplant hatten, liegt komplett außerhalb Ihres Einflussbereichs.

Wer dachte das Gedachte?

An diesem Punkt ist also das, was tatsächlich als freier Willensakt bezeichnet werden könnte, reduziert auf den einen anfänglichen Gedanken, der zwar Ereignisse in Gang setzen kann, aber deren Ausgang nicht unter seiner Kontrolle hat. Wenn diese schwache Verbindung zum freien Willen durchtrennt würde, könnte man alle Hoffnung aufgeben, einen persönlichen freien Willen zu besitzen. Und die Hoffnung zu *verlieren* ist – wie wir inzwischen wissen – etwas Gutes.

Erinnern Sie sich, wie Sie die Lücke zwischen den Gedanken beobachteten und wie Sie weiterhin beobachteten, als die Gedanken wieder einsetzten? Sie haben diese Gedanken nicht hervorgerufen, oder? Gedanken tauchen spontan, nicht aufgrund Ihrer Willensentscheidung auf der Leinwand Ihres Bewusstseins auf und verschwinden wieder. Sie tauchen aus dem Nirgendwo auf – oder sollte ich sagen: aus dem Nichts? Sowie sie einen Sekundenbruchteil da sind, stürzt das „Ich" herbei und rechnet es sich als Verdienst an, sich diese Gedanken ausgedacht zu haben. In jedem Fall aber war der Gedanke da, bevor das „Ich" ihn bemerkte und beschloss, die Urheberschaft dafür zu übernehmen.

Immer noch nicht überzeugt? Lassen Sie uns einen Blick darauf werfen, woraus Sie bestehen, woraus das „Ich" besteht. Ramesh Balsekar war ein häufiger Gast im Hause Nisargadattas und verfasste zahlreiche Bücher über die Beziehung zwischen dem „Ich" und dem „ICH", wie wir sie in diesem Buch definiert haben. In seinem Buch *Peace and Harmony in Daily Living* vergleicht er das „Ich" mit einem Computer: Der Computer erhält eine Eingabe (Input), die dann entsprechend der Software eine Ausgabe (Output) produziert. Der Computer steuert weder die Eingabe noch die Ausgabe. Er tut nur, was ihm seine Software gestattet. Nach Balsekar gleichen die Menschen den Computern; nur hätten wir ein Ego, das sich Eingabe und Ausgabe als sein *Verdienst* anrechne. Das sei der einzige Unterschied.

Er untermauert seine Behauptungen mit folgender Argumentation: Wir seien das Ergebnis der Vereinigung von Ei und Samen; über

15. Wenn Sie erwachen

beide hätten wir keine Kontrolle. Wir würden aus dem Mutterleib ausgestoßen, vollständig ausgestattet mit einer genetischen Hardware, die wir uns nicht ausgesucht hätten, in eine Umgebung, über die wir keine Kontrolle hätten. Diese Umgebung „füttere" den Körper-Geist-Computer (das „Ich") mit Eindrücken. In diesem Computer liefen automatisch Reaktionen ab, die Gedanken, Wünsche, Hoffnungen und Träume hervorriefen. Dann würden Output-Handlungen in die Umgebung abgegeben oder ausgesendet, die wiederum reagiere, und der ganze Ablauf beginne von vorn. In jedem Moment *reagierten* Sie nur auf Ihre Welt, als ein Bündel einzigartiger Gene, die von der Umgebung geprägt seien. Sie hätten keine Wahl. Sie *müssten* so denken und reagieren, wie Sie es tun. Wie könnten Sie anders handeln?

Dazu ein Beispiel: Falls Sie sich dafür entschieden, ein mehr spirituell orientierter Mensch zu werden, dann wäre genau dieser Entschluss das direkte Ergebnis Ihres Erbguts und Ihrer Konditionierung durch die Umwelt. Wenn Sie beschlössen, alles hinzuschmeißen und auf eine einsame Insel zu ziehen, dann wäre auch dies das direkte Ergebnis Ihres Erbguts und Ihrer Konditionierung. Und wenn Sie sich vornehmen, Euros für „Hamburger" zu schnorren, die Sie gern am nächsten Dienstag zurückzahlen möchten, dann ist auch dies das direkte Resultat Ihres Erbguts und Ihrer Konditionierung durch die Umwelt. Erkennen Sie allmählich, dass Sie gar nicht so viel Kontrolle, Macht, Verfügungsgewalt über die Dinge haben, wie Sie ursprünglich dachten? Wie sollte das gehen, dass Sie sich dafür entscheiden, *außerhalb* des Einflusses Ihrer Gene und der Umwelteindrücke zu handeln?

> Was Sie auch denken und wie Sie auch handeln, beides ist unmittelbares Ergebnis Ihrer einmaligen Kombination aus genetischer „Verdrahtung" (Hardware) und Umwelt-„Software". Diese Kombination aus beiden Elementen ist das, was Sie als „Ich" ansehen.

269

Wollen wir diese Argumentation weiterführen, so müssen wir fragen, woher unsere Gene und die Umwelt kommen. Was ist ihr Urgrund? Offensichtlich stammen sie aus der Quelle *aller* Dinge: aus dem Nichts. Das Nichts ist gleichzeitig *jenseits* von und *in* aller Schöpfung (die ja auch unsere Gene und unsere Umgebung umfasst). Das können wir nur intuitiv erfassen. Die ältesten spirituellen Texte und die neuesten wissenschaftlichen Theorien deuten, wie wir gesehen haben, auf ein Universum hin, das aus der Leere des Nichts kommt. Die Schöpfung ist der Ausdruck der grenzenlosen Intelligenz dieser Quelle. Jeder Gedanke, jede Emotion, jedes subatomare Teilchen und jeder materielle Gegenstand, sie alle sind eingetaucht oder eingebettet in diese unendliche Intelligenz. In der Natur gibt es keine Fehler und – wie sich herausstellt – in der menschlichen Welt ebenso wenig. Fehler und Probleme werden nur als solche *wahrgenommen*. Sogar unsere vermeintlichen Wahrnehmungen von Unvollkommenheit sind in Wirklichkeit Ausdruck der Vollkommenheit. Keine Handlung – egal, was wann wo ausgeführt wird – kann sich dem Einfluss dieser unendlichen Intelligenz entziehen.

Karl Renz drückt es in *Das Buch Karl – Erleuchtung und andere Irrtümer* (S. 51) so aus: „Sieh einfach, dass es immer von allein gegangen ist. Es hat immer von selbst funktioniert und brauchte deine Entscheidung nicht. Die Angst davor, dass es ohne deine Entscheidung nicht weiterginge, ist nur eine Idee." Er fährt fort: „Nichts liegt an dir. … Jede Idee ist eine spontane Idee. Jede scheinbare Entscheidung kommt aus dem Nichts. Aus dem Blauen. Aus dem großen Jenseits. Sie hat keine Richtung. Nichts hat eine Richtung."

Das Problem, falls wir es so nennen können, liegt in dem *Denken*, wir könnten etwas erschaffen. Nehmen Sie als Beispiel den Vorgang, dass man aus einem Blatt einen Papierflieger faltet und ihn durchs Zimmer fliegen lässt: Woher stammten im tiefsten Sinne das Wasser und die Erde, die den Baum entstehen ließen, aus dem dann das Papier wurde? Warum landete das Flugzeug da, wo es landete, und nirgendwo anders? Was löste die Synapsenaktivität aus, die den

Gedanken hervorrief, dieses Blatt zu falten? Alles kam aus dem Nichts. Es ist nur unsere sehr, sehr eingeschränkte Sichtweise der Schöpfung, die uns etwas anderes einredet.

Es ist, was es ist

Die Theorie ist ja gut und schön, doch wie äußert sich dieser Wechsel in unserer Auffassung und unserer Wahrnehmung, nämlich dass wir nicht Schöpfer, sondern Beifahrer sind, in unserem Alltag? Ich will Ihnen das an einem Beispiel zeigen. Erwarten Sie jetzt kein Feuerwerk; an dieser Erfahrung ist nichts besonders Hervorstechendes, und weil sie nicht auffällt, bekommen viele von uns sie nicht mit.

Beim Mittagessen mit einem Kollegen kam unser Gespräch auf von ihm empfundene Schwierigkeiten am Arbeitsplatz. Er begann, mir die „Problempersonen" zu beschreiben und die negativen Umstände, die sie heraufbeschworen. Er war frustriert, weil er nicht so arbeiten konnte, wie er seinem Empfinden nach arbeiten sollte. Ich verstand seine Sicht und stimmte ihm zu; dann beschwerte ich mich ebenfalls, dass ich mich eingeschränkt fühle.

Aufgrund jahrzehntelanger „spiritueller" Ausbildung nahm ich bald eine leise, feine Stimme in mir wahr, die sagte: „Frank, du solltest nicht klagen!" Gewohnheitsmäßig begann ich, meine Kommentare zu mäßigen und meine Gedanken in Schach zu halten. Ich verhielt mich dann so, wie eine reine Seele ohne negatives „Gepäck" sich meinem Gefühl nach verhalten sollte. Auch fühlte ich mich ein wenig schuldig, weil ich zuerst so negativ gewesen war. Um ehrlich zu sein, fühlte ich mich, als ich nun „gut" war, *schlechter* als in dem Moment, in dem ich mich negativ geäußert hatte. Und was ich ganz und gar nicht empfand, war *Friede*. Das ist immer ein verräterisches Zeichen dafür, dass mit Ihrer Welt nicht alles in Ordnung ist.

Dann trat ein anderer Wandel ein. Ich hatte den Versuch satt, ideal zu sein, jemand, der ich gar nicht war. Es war, als seufzte mein Verstand tief und als gäbe er sich dem hin, was war. Nicht aus mir selbst heraus, also nicht etwa aus freiem Willen, erkannte ich einfach, dass alles, was da mit mir passierte, vollkommen war, so wie es war. Die negativen Emotionen, das Kontrollverhalten und dieses ganz neue Erkennen der Vollkommenheit – sie alle waren gleichberechtigt. Ich war *negativ*, weil dieses „Ich" nun einmal so geschaffen war. Aus dem gleichen Grund war ich *gut*.

Freilich, dieser ganze Prozess resultierte aus meinen Genen und aus dem, was ich gelernt hatte, doch er war mehr als das. Mein innerer Dialog, unser äußeres Gespräch über die Arbeit, der Fleck auf der Schürze des Kellners und jedes Wort der anderen Gäste, das zu dem fortwährenden Geräuschpegel im Hintergrund beitrug – alles war vollkommen. „Ich" hatte nichts damit zu tun. Genau in diesem Moment nahm ich den Frieden wahr. Er ging einher mit einem Gefühl der Ehrfurcht vor der vollkommenen Alltäglichkeit all dessen.

Im weiteren Gespräch ertappte ich mich immer wieder dabei, dass ich Dinge sagte, die ich früher als negativ angesehen hätte. Einige Male versuchte ich, sie zu korrigieren, dann wiederum beobachtete ich einfach, wie die negativen Gedanken und Wörter kamen und gingen. In jedem Fall stimmten sie vollkommen mit allem anderen Erschaffenen überein, sei es bekannt und unbekannt. Sie waren schließlich nicht mein Werk. Es war, als hätte ich mir dieses ganze „Lebens"-Ding von meinen Händen gewaschen und es mir gerade in meinem Selbst bequem gemacht; von hier aus schaute ich zu, wie sich meine Welt entfaltete, ein alltäglicher Moment nach dem anderen. Das alles gehörte der Quelle von allem an und ich war lediglich Zuschauer dieses ganzen Wunders, jedoch kein Zuschauer im Sinne eines Außenstehenden. Ich war jenseits davon und gleichzeitig zutiefst ein Teil von allem, was ich beobachtete. Es erschien seltsam natürlich zu wissen, dass nichts anderes erschaffen wurde als der Anschein, das Erscheinungsbild der Schöpfung, wie sie sich vor mir und meinem Freund am Tisch entfaltete.

Ich bezweifle, dass er im Laufe des weiteren Gesprächs mein „Erwachen" bemerkte; es sei denn, das geschah auf einer subtileren Ebene, auf der wir alle intuitiv die Richtigkeit der Welt erfassen. An einem Punkt war er sichtlich besorgt, wie die Situation in der Firma sich entwickeln würde. Ich erinnere mich nicht mehr genau, welche Umstände seine Sorge auslösten; ich sah jedenfalls keine Probleme. Er hielt kurz inne und blickte er mich an, Bestätigung suchend. Meine Reaktion war einfach. Ich sagte: „Es ist, was es ist." Danach redeten wir weiter wie vorher. Es war „mehr von demselben" – abgesehen davon, dass ich nun im Frieden war. Einige Tage später hörte ich ihn in einer von großen Unstimmigkeiten geprägten Besprechung zu einem anderen geplagten Teamkollegen sagen: „Es ist, was es ist." Er lächelte sanft, als ob er gerade die Alltäglichkeit seiner Welt erkannt hätte.

Die Frage, warum die Dinge sind, wie sie sind, spiegelt den Wunsch wider, über die eigene Scheibe, das eigene Stück Leben hinauszublicken, um den ursprünglichen Sinn und das „Konstruktionsprinzip" des Universums zu erkennen. Irgendwie haben wir das Gefühl: Wenn wir den kosmischen Sinn verstehen, dann verstehen wir auch unseren eigenen. Von da aus sollte es nur noch ein Katzensprung dahin sein, die Missstände in unserem Leben in Ordnung zu bringen, und dann könnten wir in Frieden und Harmonie leben.

Das ist zwar ein edles Unterfangen, doch völlig vergeblich, es stärkt nur den Einfluss des Ego, das aus dem Bedürfnis geboren wurde, genügend Einzelteile zu sammeln, um daraus ein Ganzes zu machen. Doch das brauchen Sie nicht. Dazu fällt mir der Ausspruch ein: „Man soll nicht reparieren, was nicht kaputt ist." Wenn wir uns unvollkommen fühlen, versuchen wir, das als solches empfundene Problem in Ordnung zu bringen. Die kosmisch „Angeschmierten" sind wir, die denkende Spezies. Nur der *Gedanke*, wir seien nicht ganz, vermittelt uns das Gefühl, wir seien es nicht. Sobald wir diesen Gedanken loslassen, erkennen wir sofort: Alles ist genau so, wie es sein sollte. Sie *sind* bereits ganz, nicht, weil ich es sage, sondern weil es Tatsache ist. Wie könnte ein Geschöpf der Ganzheit nicht ganz sein? Was ist wahrscheinlicher: dass Sie das unvollkommene Produkt des vollkommenen Schöpfers sind oder dass Sie Ihre Verbindung zu dieser grenzenlosen Fülle nur noch nicht erkannt haben?

Es gibt keine Frage nach dem Warum oder Wie zu beantworten. Alles in diesem riesigen, wunderschönen Universum ist, was es ist, einfach weil es ist, nicht mehr. Über das, was ist, gibt es nichts zu räsonieren. Wie können Sie sagen, das, was ist, sei nicht? Haben Sie den Frieden in Ihrer Hosentasche, sodass Sie beide Hände freihaben, Gedanken und Dinge nach Frieden zu durchsuchen? Das Einzige, was zwischen Ihnen und dem Frieden steht, ist die *Vorstellung*, das Leben sei in Ordnung zu bringen. Akzeptieren Sie, dass das Leben ist, was es ist, und Sie geben den Kampf auf, es zu verändern. An die Stelle des Kampfes tritt der Friede. Das war's. Ende vom Lied, Ende vom Leid.

Lassen Sie es einfach sein!

Einen Punkt gilt es noch anzusprechen, bevor wir fortfahren können. Ich weiß, zu Beginn dieses Kapitels taten wir so, als gäbe es in der Schöpfung Bewegung und Substanz. Damit wollte ich eine Brücke zum nächsten Punkt schlagen, der in der Diskussion über freien Willen und Determinismus anzusprechen ist. Nun werden wir den letzten Nagel in den Sarg des Determinismus schlagen. Dafür wiederum müssen wir einen riesigen Schritt über das übliche Bewusstsein hinaus machen, aber nur einen Moment lang.

Sie könnten sagen, wenn der freie Wille ausgeschlossen sei, bleibe nur Determinismus. Aber in einer vollkommenen Welt finden wir keines von beiden. Diesen Punkt haben wir schon in Kapitel 14 erörtert, doch lassen Sie uns noch einmal kurz rekapitulieren. Erinnern Sie sich an das Modell mit der holografischen DVD? (Hören Sie schon auf, zu stöhnen!) Es beschrieb das Universum als statisch. Das übliche Bewusstsein erzeugt die Illusion der Bewegung: als entwickle sich die Schöpfung auf ein letztes göttliches Ziel hin. In Wirklichkeit braucht keine Entwicklung stattzufinden. Die Schöpfung ist schon vollkommen und vollendet, wie sie ist. Die Existenz sich bewegender Gegenstände ist eine Illusion. Das Universum braucht nirgendwohin zu „gehen" und nichts zu „tun". Sobald Sie das begreifen, brauchen auch Sie nirgendwohin zu gehen und nichts zu tun. Diese Erkenntnis äußert sich als Friede. Freier Wille und Determinismus sind Konzepte, die auf Bewegung basieren. Das eine besagt, wir hätten die Kontrolle über unser Handeln, das andere hingegen besagt, wir hätten diese Verfügungsgewalt *nicht*. In Wirklichkeit gibt es nichts zu bestimmen oder zu beherrschen. Damit sind die Konzepte freier Wille, Determinismus und sogar die Vorstellung, es gebe beide nicht, auch nur Konzepte, die auf einer Illusion beruhen. Die Illusion der Bewegung entsteht, wenn das übliche Bewusstsein seinen Blick über die für uns sichtbare Schöpfung schweifen lässt. Sobald das Bewusstsein zu Selbst-Gewahrsein wird, stellt sich die Frage von Bestimmen oder Bestimmtwerden nicht mehr. Eins wird Eins. Im Licht des Friedens löst sich der Wunsch, zu bestimmen oder bestimmt zu werden, in die Dunkelheit hinein auf.

Ich weiß, zu viel derartige Abstraktion kann abschreckend wirken, und wie gesagt baue ich gern kürzere Brücken zu solchen abstrakten Gedanken oder Konzepten. Doch wir mussten in den Bereich jenseits jeder Bewegung vordringen, um auch den letzten seidenen Faden abzurupfen, an dem das Konzept des Determinismus noch hing. Nun wollen wir in vertrautere Gefilde zurückkehren und zum Abschluss den letzten Nagel in den Sarg des üblichen Bewusstseins schlagen.

Machen wir's oder machen wir's nicht?

Hin und wieder geht mir dieser Satz aus einem lange vergessenen Lied durch den Kopf: „Machen wir's oder machen wir's nicht?" Ich habe keine Ahnung, wie dieser Satz in meinen Kopf kommt, aber er scheint aus meinem Unterbewusstsein aufzutauchen, wenn ich über das Paradox des weglosen Weges nachdenke.

Welchen Sinn macht es, dieses Buch zu lesen, wenn ich Ihnen immer wieder gesagt habe, es gebe keinen Weg zum Frieden? Und warum brauchten Sie dazu ein ganzes Buch? Hätten Sie im ersten Kapitel mit dem Lesen wieder aufhören können, als ich es das erste Mal erwähnte? Hätten Sie nur dieses letzte Kapitel lesen sollen und damit wäre es gut gewesen? Nur das Eine kann man sicher wissen: Was immer Sie tun, es ist genau richtig, denn genau das haben Sie getan. Niemals gab es eine Gelegenheit, bei der Sie *nicht* das für die jeweiligen Umstände genau Richtige taten, ganz egal, was Sie, Ihre Mutter, Ihr Partner, Ihre Partnerin oder Ihr Chef dazu meinten.

Das heißt: Sie können nichts falsch machen! Falsch ist relativ, willkürlich und interpretationsabhängig. Es gibt kein allgemeines Falsch, und wenn Sie die Vollkommenheit dessen, was ist, anerkennen, stellt sich die Frage gar nicht, ob Sie richtig oder falsch handeln. Sie sind also noch in einer weiteren Hinsicht frei. Doch es kommt noch etwas hinzu:

Wenn *Sie* keinen Fehler begehen können, dann kann das auch niemand anders. Statt sich sagen zu lassen: „Liebe deinen Nächsten", und dann mit diesem Prinzip zu hadern, wenn Sie hinter dem Nachbarshund Ihren Garten säubern müssen …, machen Sie einfach mühelos und vollständig sauber. Das Problem entsteht, wenn ein räumlich begrenztes „Ich" die Dinge *persönlich* nimmt. Dann ist der Nachbar im Unrecht, sein Hund ist schlecht und alle Menschen, die anderer Ansicht sind als Sie, irren sich ebenfalls und verdienen Ihren Zorn.

Wenn Sie sich jedoch dem hingeben, was ist, dann müssen Sie zwar immer noch den Rasen säubern, aber Sie nehmen es nicht mehr persönlich. Denken Sie daran, Sie können gar nicht wissen, welche Ereigniskette Ihnen dieses kleine Geschenk bescherte. Hingegen können Sie erkennen, dass die treibende Kraft, die Intelligenz und Liebe der ganzen Schöpfung dahinterstehen. Es liegt wirklich nicht in Ihrer Hand, ebenso wenig in der Hand Ihres Nachbarn oder in der Hand seines Hundes, besser gesagt: nicht in dessen Pfoten.

Die Zehn Gebote schreiben Ihnen vor, dies zu tun und jenes zu unterlassen. Ihre Eltern, die Lehrer in der Schule, Ihre Freunde, Familienmitglieder und Kollegen sagen: Mach dies und tu jenes nicht … Sogar Kinslow hat schon mal gesagt: Tun Sie das und tun Sie jenes nicht – doch jetzt sagt er gerade: Tun Sie keines von beiden! Die Zehn Gebote und die anderen erteilen Ihnen „relative", nur unter bestimmten Bedingungen gültige Ratschläge, tun aber so, als brächten diese

15. Wenn Sie erwachen

Ihnen die ewige Erlösung, über die relative Welt hinaus. Und dann sagt Kinslow noch, es gebe gar keine Techniken, die Ihnen Frieden verschaffen. „Menschenskind, ich bin so durcheinander", rufen Sie aus, während Sie am Fuße des Altars der Verwirrung zusammensacken. Fassen Sie Mut, liebe Leserin, lieber Leser! Das letzte Puzzleteil des Friedens wird gleich aufgedeckt.

Es ist absolut richtig, dass es keine Techniken für dauerhaften Frieden gibt. Es sei denn, Sie definieren „Nicht-Tun" als Technik. Nach der allgemeinen Definition ist „Technik" die Art und Weise, *wie* man etwas tut oder macht. Doch wir bekommen ein Problem, wenn es darum geht, Frieden zu finden; denn ihn können wir nur erfahren, wenn wir *aufhören*, etwas für diese Erfahrung zu *tun*. Das schließt auch die Suche nach ihm ein, den Wunsch nach Frieden oder bereits den Gedanken an ihn. Frieden können Sie nur finden, indem Sie erkennen, dass Sie nichts dafür tun können. *Sobald Sie den Versuch aufgeben und Ihr Leben voll und ganz so akzeptieren, wie es ist, erst dann werden Sie gewahr werden, dass der Friede schon da ist.* Und das, meine Damen und Herren, ist die „Technik", mit der Sie den Frieden erkennen. Es ist die techniklose Technik, der weglose Weg und die Lösung des Friedensparadoxes.

Sobald Sie Ihres Selbst gewahr werden

Wenn Sie endlich voll und ganz akzeptieren, dass Sie nicht die Herrschaft über Ihr Leben haben, und es sich im Sessel des Selbst bequem machen, dann wird Ihr Leben fast genauso sein wie jetzt und doch grundlegend anders. Natürlich, Sie sind Ihres Selbst gewahr, doch was bedeutet das für den praktischen Alltag? Schauen wir mal.

Wie handeln Sie, wenn Sie Ihres Selbst gewahr sind? Die Antwort lautet: in Übereinstimmung mit Ihren Genen und Ihrer Erziehung. Ja, im Grunde genommen handeln Sie nicht anders, als Sie es auch täten, wenn Sie Ihres Selbst nicht gewahr wären. Zugegeben, vielleicht sind Sie ein wenig sanfter, freundlicher und liebevoller als vorher. Doch begehen Sie nicht den Fehler, Ihr Selbst auf ein Podest zu stellen, das

277

von der restlichen Schöpfung getrennt ist. Eben das Element der Gewöhnlichkeit bringt das Selbst zum Strahlen.

Ich kenne Menschen, die ihres Selbst gewahr sind, die aber auch mal mürrisch sind, die rauchen, schnarchen oder übergewichtig sind. (Nicht alles in Personalunion!) Sie essen gern, haben gern Sex, verdienen gern Geld, fahren gern Auto und sehen fern. Kurz gesagt, sie sind genau wie wir übrigen, allerdings mit einem einzigen, feinen und grundlegenden Unterschied: Sie akzeptieren das Leben voll und ganz. Diejenigen, die leiden, können das nicht wertschätzen. Deshalb wird die „Heilige" mit der sanften Stimme so verehrt. Sie scheint ein Ergebnis des Selbst-Gewahrseins zu sein.

Doch das ist nicht so, es funktioniert nicht nach unserer herkömmlichen Vorstellung. Es ist ein weitverbreiteter Irrglaube, dass die Erleuchtung einen Menschen so verändere, dass er danach langsam spräche, langsam gehe, immer lächle und dass Stimmungen, Geld oder das Wetter ihn nicht beeinflussten. Ich möchte darauf wetten, dass Menschen, die ihres Selbst gewahr sind, schon langsam sprachen, langsam gingen und immer lächelten, *bevor* sie aus ganzem Herzen akzeptierten, was ist. Wir alle kennen Menschen, die von Natur aus liebevoll und großzügig sind, weil sie so *sind*, weil ihr „Ich" sich so äußert. Wenn sie dann ihres Selbst gewahr werden, sind sie genauso, nur noch etwas mehr.

Es hat einen Nachteil, die Erleuchteten *über* uns zu stellen. Dieses Vorgehen frustriert den Suchenden, der den Handlungen dieser einzigartigen Seelen nacheifert, in der Hoffnung, zu werden wie sie. Die sanften unterscheiden sich nicht von den aktiveren, lauten Zeitgenossen, die ihres Selbst gewahr sind. Doch wir haben uns von den letzteren abgewandt und uns das erstere Ideal als Aushängeschild für Erleuchtung zu eigen gemacht. Beide Gruppen, ja, alle, die ihres Selbst gewahr sind, handeln entsprechend ihrer Erbsubstanz, die von ihrer Umgebung beeinflusst wird. Diejenigen von uns, die immer noch mit ihrer Identität hadern, wären gut beraten, sich daran zu erinnern und die vorgefertigten Vorstellungen von Erleuchtung links liegen zu

15. Wenn Sie erwachen

lassen. Das dient nicht den Erleuchteten, sondern es dient ihnen selbst. Glauben Sie mir, die Erleuchteten werden es kaum merken.

Tony Parsons, einer derjenigen, die ihres Selbst gewahr sind, rät in seinem Buch *Invitation to Awaken*, wir sollten alle vorgefertigten Ideen, die wir über die Erleuchtung haben, fallen lassen, etwa die Illusion, sie bringe absolute Güte, Glückseligkeit und Reinheit mit sich. Das Leben gehe vielmehr einfach weiter. Gelegentlich könne er auch wütend werden oder Angst bekommen. Wenn die Anspannung vergehe, komme er aber schnell wieder in eine alles umfassende Akzeptanz, in der das Gefühl des Getrenntseins wegfalle.

Also: Wenn Sie in Ihr Selbst hinein erwachen, dann empfinden Sie immer noch Ärger, Angst und andere vertraute Emotionen. Sie sind immer noch Mensch. Sie sind immer noch den physischen und psychischen Gesetzen unterworfen, die für alle Menschen gelten. Ihr Körper und Ihr Geist werden alles fühlen, was sie vorher auch fühlten, und Sie werden diese Gefühle bedingungslos akzeptieren, als natürlichen Ausdruck des Lebens, außerhalb Ihrer Verfügungsgewalt.

Es wird Sie amüsieren, wie vielen Menschen gar nicht auffallen wird, dass Sie Ihres Selbst gewahr sind. Weil alle so eifrig in die Vergangenheit und in die Zukunft blicken, wird ihnen die Gnade in der Gegenwart entgehen, die ihnen die Schöpfung in Gestalt Ihrer Person anbietet. Bedenken Sie nur einmal, wie viele Menschen die Bedeutung eines Mannes mit dem Namen Jesus nicht erkannten, als er unter ihnen wandelte. Während einige nach Rettern Ausschau halten und andere danach trachten, diese von ihrem Thron zu stürzen, werden Sie beide Seiten annehmen, als ganz normalen Ausdruck dessen, was ist.

Das wirft eine interessante Frage auf: Können Sie, wenn Sie Ihres Selbst gewahr sind, etwas Falsches tun? Die Antwort lautet: ja und nein. Ja, in den Augen der „Nichteingeweihten". Diese sehen überall Richtig und Falsch. Und zwar deshalb, weil sie die Welt unterteilen in nützliche und schädliche Dinge, Menschen oder Ereignisse. Doch mit *Ihren* Augen betrachtet, die Ihres Selbst gewahr sind, lautet die Antwort: nein; Sie sehen überall nur Harmonie. Wie sollten Sie mit dieser

Sichtweise irgendetwas „Falsches" tun können? Das lässt das Universum gar nicht zu.

Kann Ihnen jemand Schmerz zufügen, wenn Sie Ihres Selbst gewahr sind? Wieder lautet die Antwort: ja und nein. Natürlich kann Ihnen jemand körperliche Schmerzen zufügen, aber auch psychische. Was tatsächlich verletzt wird, ist das „Ich". Wenn Sie Ihres Selbst bewusst sind, tragen Sie immer noch die dünne Schale des „Ich" mit sich herum. Eben diese hielten Sie für Ihr wahres Wesen, als Sie noch in der Welt der Teile oder Stücke lebten. Die Schale des „Ich" ist wie eine Plastikglocke. Sie ertönt bei Worten und Taten von Menschen, doch sie klingt schwach und gedämpft und kann in Ihnen keine stärkeren Leidenschaften wie Rache, Gier oder Schuld hervorrufen. Ihre Welt ist die stille Welt der Hingabe, die nur kurz gestört wird von den Echos aus Ihrer Vergangenheit. Kein dauerhafter Schmerz kann in die Tiefen Ihrer Stille reichen.

Das „Ich" kann verletzt werden, aber das dient nur dazu, Sie vorübergehend zu der Erkenntnis aufzuwecken, dass Sie immer noch durch einen Körper und Geist funktionieren, die allen Gesetzen unterliegen, den natürlichen und den von Menschen erlassenen. Sie werden sich immer noch ärgern, schuldig fühlen, Sorgen machen und allerlei Wünsche verspüren. Doch sie halten nicht lange an. Sie wecken Sie für die Freude und die Tiefe dessen, was es bedeutet, ganz Mensch zu sein.

Im Vordergrund steht Ihre Akzeptanz von allem, wie es ist. Alle vermeintlich schmerzlichen Worte oder Kränkungen werden als Teil der Vollkommenheit erkannt. An der Vollkommenheit braucht man keine Vergeltung zu üben. Wenn sich Ihr genetisch einzigartiger und von der Umgebung geprägter Körper und Geist tatsächlich einmal wehren, dann ist auch das vollkommen. Sobald Sie akzeptieren, dass Sie keine Macht über irgendetwas haben, obliegen Ihre Handlungen auch nicht mehr Ihnen – was sie eigentlich auch nie taten.

Wir haben erörtert, wie es ist, des Selbst gewahr zu werden. Manche Menschen „plumpsten" sozusagen einfach in diesen Zustand der völligen Akzeptanz und das war's. Die meisten Seelen scheinen sich Zeit zu lassen, dahinzukommen. Es wäre nicht fair, Ihnen den Eindruck zu vermitteln, dass das innere Licht bei uns allen schlagartig angehe. In den meisten Fällen ist das Licht dieser Selbst-Bewusstheit mit einem Dimmer verbunden und wird langsam immer heller. Ich muss zugeben, dass das eigentlich eine Illusion ist, aber eine von denen, die für diejenigen unter uns gedacht ist, die in der „Weder-Fisch-noch-Fleisch"-Welt zwischen völliger Unkenntnis und völliger Selbst-Bewusstheit stecken.

Sobald wir beginnen, unsere Welt als die zu akzeptieren, die sie ist, ergeben sich einige interessante Punkte. Beispielsweise wird Ihr Leben gleichzeitig müheloser und schwieriger. Schwierigkeiten erhöhen Ihr Gewahrsein des reinen Seins. Während Sie des reinen Seins immer stärker gewahr werden, beginnen Ihr inneres und Ihr äußeres Leben miteinander zu kämpfen. Im letzten Kapitel der *Bhagavadgita* (Kapitel 18:37), einer Allegorie dieses Kampfes zwischen dem „Ich" und dem Selbst, spricht Krishna dieses Phänomen an, als er Arjuna anweist: „Was zu Anfang wie Gift schmeckt, verwandelt sich am Ende in Nektar – das ist die Glückseligkeit, die einem Geist entspringt, der in Frieden mit sich selbst ist."

Jesus warnte uns laut Thomas-Evangelium ebenfalls vor dieser spirituellen Bodenschwelle: „Wer sucht, soll nicht aufhören zu suchen, bis er findet; und wenn er findet, wird er erschrocken sein; und wenn er erschrocken ist, wird er verwundert sein, und er wird über das All herrschen." [Zitiert nach: http://www.meyerbuch.de/pdf/Thomas-Evangelium.pdf] Recht starke Worte über die Kümmernisse auf dem Weg zur Selbst-Bewusstheit! Und über Prüfungen und Kümmernisse wusste dieser Christus sicherlich Bescheid.

Lassen Sie uns näher betrachten, was Christus hier vorbringt. Es scheint, als müssten wir erst suchen, bis wir finden. Dieser Satz ist einfach. Wir finden „es", indem wir dessen gewahr sind, was ist. Dann sagt uns Jesus, dass wir „erschrocken" sein werden, wenn wir es finden. Dieses „erschrocken" möchte ich genauer betrachten.

Vielleicht sagen Sie, Sie hätten schon genug Schrecken und wollten Ihrer derzeitigen Schreckensliste keinen mehr hinzufügen. „Wenn ich bereit bin für weitere Schrecken, Herr Kinslow", entgegnen Sie mir rasch, „lasse ich es Sie als Ersten wissen." Glücklicherweise sind der Schrecken und die Sorge, die wir tagtäglich erleben, nicht das, was Jesus anspricht. Unsere Alltagsprobleme resultieren aus dem üblichen Bewusstsein, das Stückwerk sieht, wo Ganzheit herrscht. Christus spricht von einem andersgearteten Schrecken, der erst einsetzt, wenn wir das, was ist, zu akzeptieren beginnen. Worin besteht der Unterschied?

In Folgendem: Die Schrecken und Schwierigkeiten des üblichen Bewusstseins führen zu *mehr* Schwierigkeiten. Selbst-Bewusstheit klärt und beruhigt aufgewühltes Wasser, aber nicht, ohne das Boot zum Schwanken zu bringen. Die Schwierigkeit, die Christus erwähnt, ist das Ergebnis von Reinigung. Spräche er über den Körper, dann entspräche das dem Aufgeben von Koffein oder Zigaretten. Einige Tage lang geht es Ihnen schlecht, solange der Körper die angesammelten Toxine ausscheidet und die in Mitleidenschaft gezogenen Organe und Systeme „repariert". Anschließend sind Sie – von den Giftstoffen befreit – gesünder und glücklicher.

Die Schwierigkeit, von der Jesus spricht, ist eine Reinigung höherer Art. Wenn Sie „es" finden, indem Sie akzeptieren, was ist, sind Sie nicht mehr Handelnder, sondern Sie werden zu einem Instrument oder Medium, durch das Handlung geschieht. Das Ego ist aus der Gleichung herausgenommen. Ihre Handlungen verursachen keine weiteren Schwierigkeiten, wenn Sie im reinen Sein sind. Handeln aus dem üblichen Bewusstsein heraus wird immer zu Disharmonie führen. Selbst Verhaltensweisen, die wir für liebenswürdig und förderlich halten, werden unser Gegenüber zwangsläufig schwächen, statt zu stärken, solange wir aus dem üblichen Bewusstsein heraus handeln. Genau die gleiche Handlung aber, aus Selbst-Bewusstheit heraus ausgeführt, wird immer die Harmonie fördern. Lassen Sie mich nochmals unterstreichen:

15. Wenn Sie erwachen

> Selbst-Bewusstheit oder Selbst-Gewahrsein ist kein Prozess, son-
> dern eine Art der Wahrnehmung. Sie beinhaltet den Wechsel von
> der Nichtakzeptanz zur völligen Hingabe an das Leben, wie es sich
> Ihnen präsentiert.

In dem Maße, in dem die Selbst-Bewusstheit zunimmt und Sie immer
leichter den Istzustand akzeptieren, werden Sie aufgerüttelt. Wenn das
Feld eines starken Magneten auf verstreute Eisenspäne einwirkt, ord-
nen sich diese in hohem Maße neu. Das Gleiche gilt für Ihr Leben,
sobald Ihr Friede zunimmt. Die „Eisenspäne", die Ihr Leben ausmachen – Menschen, Dinge und Ereignisse –, durchlaufen eine starke
Metamorphose und Chaos mag dann an der Tagesordnung sein.
Geliebte Menschen, Freunde und Kollegen empfinden Ihren Frieden
vielleicht als bedrohlich für ihre eigenen Bemühungen, weiter im Leiden zu bleiben. Wie sie reagieren, hängt vom jeweiligen Moment ab,
aber sie werden reagieren. Anderen Leuten mögen Sie ein wenig seltsam oder fremd erscheinen. Sie können es vielleicht nicht in Worte
fassen, aber Ihre Transformation beunruhigt sie in gewisser Weise. Sie
alle sind wie Eisenspäne in Ihrem Feld der Ordnung. Frank „Kuma"
Hewett, Autor von *The Sacred Waters*, schrieb: „Wenn Sie mehr Licht
in Ihrer Welt schaffen wollen, müssen Sie bereit sein, etwas Hitze aus-
zuhalten." Albert Einstein, der diesen steinigen Weg auch gegangen
ist, sagte: „Große Geister haben stets heftige Gegnerschaft in den Mit-
telmäßigen gefunden." [Zitiert nach: http://www.pro-physik.de/Phy/
zitateList.do?zid=4&mid=9]

„Ich bin in einem Paralleluniversum diagonal geparkt"

Sie werden beginnen, sich irgendwie anders zu fühlen. Ihr altes Leben
besteht ebenfalls aus Eisenspänen. Sowie die ordnende Kraft in Ihr
relatives Leben einzufließen beginnt, wird alles wegfallen, was nicht
mit dem Frieden in Einklang ist. Ihr Leben wird vielleicht zeitweise

283

langweilig und uninteressant sein und dann wiederum lebendig und frisch. Es ist, als hätte eine kosmische Hand Ihre Sicht der Welt um zwei Grad aus der Mitte gedreht. Es ist dieselbe Welt, doch aus einem anderen Blickwinkel. Kürzlich sah ich im Berufsverkehr einen Autoaufkleber auf einem Chevrolet. Ich wusste, die Fahrerin musste sich bei ihrem spirituellen Erwachen in viele Richtungen gezerrt gefühlt haben, als sie den Aufkleber im Scherz auf ihre matt gewordene Stoßstange klebte. Der Aufkleber bekannte zaghaft: „Ich bin in einem Paralleluniversum diagonal geparkt." Einfacher und prägnanter hätte die Formulierung nicht sein können.

Diese beunruhigenden Veränderungen können subtil sein oder recht merklich. Sie können schnell vor sich gehen oder sich über einen längeren Zeitraum erstrecken. Oder sie können Sie sprichwörtlich zur Schnecke machen. Ihre Vorlieben und Bedürfnisse ändern sich, Ihre Freunde können andere werden, vielleicht wird Ihr ganzes Leben auf den Kopf gestellt. Für Sie wird nichts mehr gleich sein, selbst wenn andere überhaupt nichts merken.

Wie Sie diese Läuterung erleben, können Sie gar nicht wissen, doch auf einen Grundsatz können Sie sich verlassen. Ganz egal, wie viel Hausputz stattfindet, es wird nicht *mehr* sein, als Sie bewältigen können. Er wird nie intensiver sein als das Selbst-Gewahrsein, in dem er stattfindet. In der Gleichung ist der *Friede* immer größer.

Diese Übergangszeit ist wie der Aufenthalt auf einem großen Testgelände. Es ist eine unbehagliche Zeit, solange die alte Welt noch nicht völlig weggefallen ist und Sie Ihre Liebe zum Frieden noch nicht vollständig angenommen haben. Vielleicht fühlen Sie sich gleichsam allein in der Wüste. Zu Recht könnten Sie den Eindruck haben, niemand verstehe, was Sie durchmachen, und Sie könnten mit niemandem darüber reden. Genau so sollte es auch sein, denn diese Reise ist Ihre. Sie lernen Selbst-Genügsamkeit.

Diese „trostlose" Phase entspricht den 40 Tagen, die Christus in der Wüste verbrachte. Wie wir wissen, versuchte der Teufel, Christus von seinem Selbst abzulenken. Wofür steht der Teufel? Was sind seine

15. Wenn Sie erwachen

Verlockungen? Der Teufel symbolisiert Ihr Ego; seine Versuchungen sind alles, was Ihr Bewusstsein vom reinen Gewahrsein ablenkt. Wer in der unangenehmen Reinigungsphase der Rauchentwöhnung still und heimlich eine Zigarette raucht, empfindet dann zwar eine sofortige Erleichterung von den Entzugssymptomen. Ebenso können Sie, sobald Sie der Versuchung nachgeben und die Wüste verlassen, um in Ihre behagliche alte Welt zurückzukehren, sofort eine gewisse Erleichterung spüren, weil die möglicherweise empfundene Verwirrung und die Isolation nachlassen. Sie können jeder Ihrer alten Süchte erliegen oder neue entwickeln. Das macht aber nichts, denn keine dieser Ablenkungen kann Sie so trösten, wie es früher der Fall war. Sie können es nicht. Deren Versprechen ist hohl, wie Sie nach und nach erkennen werden.

Wenn Sie sehen, wie Ihre vertraute Welt um Sie herum zerfällt, haben Sie den Impuls, sie zu retten, sie zu reparieren, damit … Aber die alten Gründe haben keine Bedeutung mehr. Die Bedeutung hat keine Bedeutung mehr. Oft wird Thomas Wolfe zitiert, der sagte: „Sie können nie wieder nach Hause gehen." Er hat recht. Sobald das Licht des inneren Friedens anbricht, können Sie sich nicht mehr hinter Ihren Träumen und Hoffnungen verstecken. Diese werden zu substanzlosen Gespenstern. Und wie wir bereits erörtert haben, ist das sehr gut.

Ich erinnere mich, wie ich als Kind beim wöchentlichen Familienausflug im Auto „Row, Row, Row Your Boat" sang. Wir sangen das Lied als Kanon, jedes Familienmitglied setzte eine Zeile später ein. Mein Vater dirigierte, meine Schwester und ich saßen auf dem Rücksitz und waren außer ihm die einzigen Mitglieder dieses Minichors. Als Beifahrerin weigerte sich meine Mutter, in unsere Bemühung mit einzustimmen, denn ihrem Empfinden nach sollte jemand den Straßenverkehr im Auge behalten. Vater begann den Kanon, wobei er mit einer Hand auf dem Lenkrad den Takt schlug, während er mit der anderen auf seine Brust zeigte. Dann wackelte er gleichzeitig mit seinem Kopf und Finger, drehte sich um und zeigte uns, wann wir

285

einsetzen sollten. Mit einer Mischung aus Ehrfurcht und Besorgnis blickte Mutter abwechselnd auf den Vater und den Straßenverkehr, während wir drei glücklich die Straße der vollkommenen Harmonie entlangbrausten.

Erst nach vielen Jahren begriff ich die Tiefgründigkeit des Textes. Dieses harmlose Liedchen birgt die Formel für ein Leben in völligem Frieden. Mich würde interessieren, wer es zum ersten Mal einem verschlafenen Kind vorsang, um es auf den nächtlichen Übergang vom äußeren zum inneren Traum vorzubereiten. Singen Sie es doch noch einmal mit mir, diesmal mit der Unbefangenheit eines Erwachsenen, der seines Selbst gewahr ist.

Row, row, row your boat
Gently down the stream.
Merrily, merrily, merrily
Life is but a dream.

[Zu Deutsch bedeutet das etwa Folgendes:

Rudere, rudere, rudere dein Boot
sanft den Fluss hinab;
fröhlich, fröhlich, fröhlich,
denn das Leben ist nur ein Traum.]

Mit der Zeit werden Sie erkennen, dass Ihre alte Welt nichts weiter ist als ein Traum. Die einzige Wirklichkeit, die sie je hatte, war die, die *Sie* ihr gegeben haben. Sie kann nicht aus sich selbst heraus, jenseits des Ego, existieren. In dieser Wüste zwischen Himmel und Hölle sehen Sie nach und nach klarer. Sie erkennen, dass Hoffnungen und Erinnerungen in Wirklichkeit der Inhalt von Wachträumen sind. Sie sind bereit, loszulassen, zu akzeptieren, was ist, einfach weil es ist. Sie sind bereit, sich zu verlieben.

Sie werden verwundert sein

Sobald Sie den Istzustand akzeptieren, wird kein Problem mehr so groß sein, dass Sie nicht damit fertig würden. Anfangs mögen Sie das noch bezweifeln, doch bald werden Sie es sich in den schützenden Armen des Friedens bequem machen, während das Leben ohne Sie tost und tobt. Sie werden anfangen, sich mehr mit der Stille und weniger mit Aktivität zu identifizieren. Sie werden sich wundern, warum sich die Menschen so aufregen, und dann erkennen, dass Sie sich über die die gleichen Ereignisse vor gar nicht so langer Zeit auch aufgeregt haben. Sind Sie in Ihrem Selbst zentriert, dann sind Probleme nichts anderes als Lausbuben, die die Grenzen der Konvention überschreiten: Sie sind nicht gut, sie sind nicht schlecht, sie *sind* einfach. Sie *beobachten* das wundersame Walten des Universums, wie es jetzt gerade ist. Es ist genauso, wie es immer war, und doch ganz anders. Jetzt ist es auf immer durchdrungen von der unbeschreiblichen Fülle des Friedens. Und wie Christus vorhersah: Sie werden „verwundert" sein. Es ist nur ein kleiner Schritt vom Sichwundern dahin, „das All (zu) beherrschen".

Über alles zu herrschen bedeutet zu akzeptieren, was ist. Völlige Akzeptanz bringt Sie dahin, wo das Schwert des Leidens Sie nicht treffen kann. Jenseits der Reichweite Ihrer Sinne nehmen Sie Vollkommenheit wahr. Sie *sind* Vollkommenheit. Indem Sie Ihr Selbst entdecken, das still im Herzen jedes erschaffenen Dings schimmert, erfahren Sie Gott. Sie erfahren Ihr Selbst als Gott.

Da gibt es noch mehr, denn es gibt mehr als Gott. Gott ist durch seine Schöpfung definiert. Gott existiert nur, weil die Schöpfung existiert. Jenseits von Gott ist das Nichts. Und das Nichts ist absoluter Friede. Sie brauchen Gott oder das Nichts nicht zu verstehen. Sie brauchen die Einzelstücke Ihres Lebens nicht in den Griff zu bekommen, um Ganzheit zu kennen. Sie brauchen nur zu akzeptieren, was Sie sehen. Das ist das einzige Mantra, die einzige Friedenspredigt. Es ist so einfach.

Danke!

Nun, liebe Leserin, lieber Leser, ich glaube, das ist so ziemlich alles, was ich über Glück, Selbst-Gewahrsein und das Finden inneren Friedens zu sagen habe – zumindest im Moment. Bevor ich mich verabschiede, möchte ich Ihnen noch etwas Persönliches mitteilen. Ich habe unsere gemeinsame Zeit sehr genossen. Auf einer bestimmten Ebene waren wir Fremde, als wir uns begegneten; zwei Staubkörner, die einen Sonnenstrahl durchreisen und eine Weile zusammen sind. Doch Sie sind mir bekannt. Ich kenne die Stille zwischen Ihren Gedanken. Sie ist auch meine Stille. Sie kennen mich in der Stille zwischen zwei Herzschlägen und in dem Raum zwischen zwei Atemzügen. Der Friede, der sich in Ihrer Seele ausgebreitet hat, ist derselbe Friede, der auch in meiner Seele wohnt. Ich kenne Sie so gut wie mein Selbst. Jenseits der schillernden Illusion des Lebens (er)kenne ich Sie als mein Selbst. Sie sind der Grund, warum ich dieses Buch geschrieben habe, und ich bin sehr froh, dass wir uns begegnet sind.

Kerngedanken von Kapitel 15

- Der freie Wille ist eine Illusion.
- Sie erschaffen Ihre Gedanken oder Ihr Handeln nicht.
- Gedanken und Handlungen finden statt und dann rechnet das „Ich" sich diese als Verdienst an.
- Ihre individuellen Gedanken und Handlungen sind Ergebnis Ihres Erbguts und der Umweltprägungen, die außerhalb Ihrer Kontrolle liegen.
- Ihr Erbgut und Ihre Umweltprägung wurden mit der übrigen Schöpfung erschaffen.
- Ihre Welt und die ganze Schöpfung sind vollkommen, so, wie sie sind.
- Erwachen, Erleuchtung bedeutet nichts anderes als: das, was ist, voll und ganz annehmen.

Begriffserklärungen

Angst – Angst ist der Funke, der entsteht, wenn sich der Geist vom Selbst trennt. Angst ist sozusagen die Gesamtsumme all Ihrer Gefühle, Glücksgefühle und Vergnügen eingeschlossen. Sie ist die Hauptmotivation des vom Selbst getrennten Geistes. Zeit, Angst und Ego sind gleichbedeutend.

Beobachter – siehe Zeuge

Bewusstsein (unser übliches Bewusstsein) – Wahrnehmung unserer relativen Welt, ohne Selbst-Bewusstheit. Das augenscheinliche Fließen des reinen Gewahrseins innerhalb der engen Grenzen des Verstandes. Wenn dieses (Alltags-) Bewusstsein sich nach innen wendet und des Selbst gewahr wird, erlangt es Selbst-Bewusstheit.

Ego – Das Ego entsteht, wenn der Geist vergisst, dass er (in seinem Wesenskern) Selbst ist. Es ist die Kontrollinstanz des unbewussten Geistes. Geboren wird es aus der Angst; sie ist ihm Grundlage und Nahrung. Es möchte *ganz* sein und mit dem Selbst verschmelzen, doch es fürchtet, vom Selbst einverleibt zu werden. Das Ego versucht auszuschalten, was es nicht kontrollieren kann. Es hat das Gefühl, wenn es alles kontrollieren könne, könne es *ganz* sein. Es ist die Hauptursache des Leidens. Zeit, Angst und Ego sind letztlich ein und dasselbe. Das Ego ist eine Illusion. Selbst-Bewusstheit schaltet den zerstörerischen Einfluss des Ego auf den Geist aus, nicht indem sie das Ego zerstört, sondern indem sie es unendlich erweitert.

Eu-Gefühl(e) – Eu-Gefühle sind reine und nicht an Bedingungen geknüpfte Gefühle [engl.: *Eufeelings*, ein vom Autor neu geprägter Begriff. Die Vorsilbe „eu-" stammt aus dem Griechischen und bedeutet „gut". Anm. d. Verlags]. Sie sind der natürliche Zustand eines Geistes, der seines Selbst gewahr ist. Anfangs erscheinen sie hierarchisch unterteilt, doch jedes ist nur eine andere Nuance des Selbst im Geist, des einen, grundlegenden Eu-Gefühls. Die scheinbare Hierarchie beginnt mit Stille und entwickelt sich dann zu Frieden, Freude, Glückseligkeit, Ekstase und danach zum völligen Eintauchen in das Unbeschreibbare. Eu-Gefühle können Gefühle und Emotionen hervorrufen – diese Gefühle aber können keine Eu-Gefühle auslösen. Das grundlegende Eu-Gefühl und das Selbst sind gleichbedeutend.

Frieden – siehe Eu-Gefühl

Gefühle – Unsere üblichen Gefühle sind bedingte Gefühle, von bestimmten Umständen abhängig. Alle diese Gefühle gehen auf das Grundgefühl Angst zurück. Angst erzeugt Unsicherheit, die die entsprechenden Gefühle, Gedanken und Handlungen hervorruft. Gefühle sind mit dem psychologischen Phänomen Zeit assoziiert. Wenn Angst sich in der Vergangenheit zeigt, dann ruft sie Schuldgefühle, Rache, Selbstmitleid, Reue, Traurigkeit und Ähnliches hervor. Als Zukunft wahrgenommen, löst Angst Spannungen, Grauen, Sorge, Stolz usw. aus. Ärger ist der erste Ausdruck von Angst und er wird sowohl in der Zukunft als auch in der Vergangenheit ausgedrückt. Glücksgefühl, Erregung, Entzücken und sogar Liebe sind an Bedingungen geknüpfte Gefühle, die auf Angst basieren. Solche Gefühle können andere Gefühle auslösen, doch keine Eu-Gefühle hervorrufen.

Gott – Die Definition von Gott ändert sich mit unserer Bewusstseinsstufe: Im Alltagsbewusstsein hat Gott Energie und Form. In der Selbst-Bewusstheit ist Gott der Schöpfer. Im Bewusstsein des reinen Bewusstseins existiert Gott nicht.

Hingabe – Hingabe bedeutet, wir lassen die Hoffnung fahren und warten nicht darauf, dass die Dinge in der Zukunft besser werden. Es ist nicht „aufgeben". Hingabe bedeutet, wir öffnen unser Bewusstsein für das Selbst und warten, welche Möglichkeiten aus diesem Zustand der unendlichen Möglichkeiten hervortreten. Hingabe erkennt das Selbst als die Antwort auf alle Probleme.

„Ich" [engl.: *„Me"*] – Alles, was einen Menschen zu einem Individuum und in diesem Sinne einzigartig macht, ist „Ich". Das „Ich" besteht aus Gedanken und Emotionen, Erfahrungen, Erinnerungen, Hoffnungen und Ängsten. Das „Ich" verändert sich im Laufe des Lebens. – Siehe auch: Selbst

Inneres Wissen [engl.: *Knowing*] – Wenn sich das Selbst seiner selbst bewusst wird, ist das inneres Wissen. Der Übergang vom gewöhnlichen Wissen [*knowing*] zum inneren Wissen [*Knowing*] ist Selbst-Bewusstheit. Das innere Wissen nährt, führt und schützt uns behutsam. Das bezeichnen wir als Intuition – die Intuition ist der liebevolle Ausdruck des Selbst, der sich im Verstand widerspiegelt. Intuition ist inneres Wissen ohne Analyse und Logik, sie bereichert und fördert aber beide. Intuition ist auch das innere Wissen, dass das Nichts alles unter Kontrolle hat.

Intuition – Der Ausdruck des Selbst in der Welt der Phänomene (gleichbedeutend mit „Weisheit".)

Kenntnis – Kenntnis entsteht durch das Sammeln von Informationen, die zu unserem Verständnis beitragen. Kenntnis ist eine Synthese aus Verständnis und Erfahrung. Sie ist relativ und ändert sich mit der Zeit und mit den Umständen. Kenntnis ist letztlich Unwissenheit [*ignorance*].

Nichts – Das Nichts kann man nicht verstehen. Das Nichts ist nicht leer. Das Nichts ist nicht von all dem getrennt, was aus ihm erschaffen ist – alles ist seine Schöpfung. Alles ist Nichts. Das Nichts erscheint uns nur in Gestalt der Welt der Phänomene. Das reine Bewusstsein ist Nichts. Wenn man sich des reinen Bewusstseins bewusst wird, kennt man das Nichts – was so viel wie Nicht-Wissen bedeutet. Man muss das Nichts kennen, um das Selbst zu kennen.

Nicht-Wissen – Nicht-Wissen ist das Gewahrsein von Nichts. Wenn das Selbst abfällt und nur reine Bewusstheit bleibt, ist das Nicht-Wissen. Der Vorteil des Nicht-Wissenden ist der, dass er keine Bewegung und keinen anderen kennt. Keine Bewegung heißt, es ist zeitlos, und kein anderer heißt, es ist eins. Nicht- Wissen kann nirgendwo hin und hat nichts zu tun. Die Illusion des Gehens und Tuns wurde entblößt. Es ist frei, zu sein. Nicht- Wissen ist die Bewusstwerdung der vollkommenen Einheit.

Psychologische Zeit – Die psychologische Zeit ist die Ursache aller Probleme, vor denen die Menschheit steht. Der Geist, der sich der Gegenwart nicht bewusst ist, schwankt zwischen der Vergangenheit und Zukunft, die beide nicht existieren. Dieses Schwanken erzeugt die Illusion der Bewegung, die wir Zeit nennen. Probleme entstehen, wenn wir die Illusion mit der Wahrheit verwechseln. Der Geist, der fest in der Gegenwart ruht, durchbricht die Illusion der Bewegung und beseitigt die Ursache des Leidens.

Quantum Entrainment® (QE) – Diese Bezeichnung wurde vom Autor geprägt für die erstmals in seinen Büchern *Quantenheilung* und *Quantenheilung erleben* beschriebene Methode oder – besser gesagt – Lebenseinstellung, die eine Art „Bewusstseinserweiterung", Persönlichkeitsentwicklung und „Lebenshilfe" von neuer Dimension darstellt. Wörtlich übersetzt bedeutet QE etwa so viel wie: sich einstellen auf, sich einstimmen auf oder sich einklinken in die Quantenwelt, die Quantenebene oder die unserer Welt zugrunde liegende „implizite Ordnung". Der Begriff „Quantenheilung" kann als griffigere, aber stark vereinfachende deutsche Umschreibung für *Quantum Entrainment* gelten. *Quantum Entrainment®* ist als Wortmarke international registriert und dient auch als Reihentitel für die Veröffentlichungen von Dr. Frank Kinslow bei VAK.

Reines Bewusstsein – Gewahrsein des Nicht-Denkens, der Lücke zwischen den Gedanken

Reines Gewahrsein – Das höchste Wissen. Bewusstsein vom Unveränderlichen, das ohne Anfang oder Ende ist. Bewusstheit des Nichts. Wenn man der reinen Bewusstheit gewahr ist, erkennt man, dass die Schöpfung eine Illusion ist. Man weiß (ohne es zu „verstehen"), dass alles gleichzeitig existiert: Vergangenheit, Gegenwart und Zukunft. Man erkennt, dass es keine Bewegung gibt. Jedes erschaffene Ding ist die reglose, nicht-existierende Illusion der reinen Bewusstheit.

Begriffserklärungen

Reine Liebe – Reine Liebe ist reine Bewusstheit, widergespiegelt durch die klare Linse des Selbst. Gewahrsein, das alle Dinge gleichermaßen einschließt, sieht keine Gegensätze, hat keinen Standpunkt und erzeugt keine Disharmonie.

Reines Sein – Reines Sein ist reine Bewusstheit. Da reine Bewusstheit überall gleichzeitig ist, bewegt sie sich nicht und ist deshalb reines Sein.

Selbst – Das Selbst ist grenzenlos und jenseits der Zeit. Es ist bewusst ohne Bewegung. Das Selbst manifestiert sich auf dem stillen Meer des reinen Bewusstseins, wenn es etwas zu beobachten gibt. Wenn es sich seiner eigenen Existenz bewusst wird, wird es sich der reinen Liebe bewusst. Wenn sich das Alltagsbewusstsein des Selbst bewusst wird, ist das Anzeichen dafür innerer Frieden. Das Selbst ist der unveränderliche Teil von Ihnen, der in der Kindheit, der Jugend und im Erwachsenenalter da war bzw. ist, der _beobachtet_, sich aber nie einmischt, der unberührt ist, aber alles unterstützt, was Sie sind. Am Anfang ist es der stille Zeuge Ihres Lebens. Am Ende erkennt die Welle des Selbst, dass es nichts zu beobachten gibt außer dem Selbst, und lässt sich im Meer des reinen Bewusstseins nieder.

Selbst-Bewusstheit / Selbst-Gewahrsein – Der Zustand des Denkens, Fühlens und Handelns, während man seines Selbst gewahr ist. Es gibt drei Bereiche von Selbst-Bewusstheit, die ineinander verschachtelt sind: Der innerste ist die Erfahrung des Beobachters oder des Zeugen, in der das Bewusstsein vom Denken, Fühlen und Handeln getrennt ist. Im zweiten Bereich beginnt der Zeuge seine Getrenntheit zu verlieren; dadurch lässt die Festigkeit der Gedanken und Dinge nach, sie werden weicher und freundlicher. Im letzten Bereich der Selbst-Bewusstheit ist die Getrenntheit des Zeugen nicht mehr vorhanden, weil die äußere und die innere Welt sich im reinen Gewahrsein verbinden.

Selbst-Bewusstheit hat drei Vorteile: (1) Sie verringert negative Energie, (2) sie schwächt den Einfluss des Ego, (3) sie stärkt das Gewahrsein der reinen Bewusstheit. Selbst-Bewusstheit lässt sich auch beschreiben als Bewusstheit des grenzenlosen, ewigen Aspekts des Lebens, aus dem Geist, Körper und Umgebung erschaffen sind. In ihrem einfachsten Zustand wird sie als Lücke zwischen den Gedanken erkannt. Das vollständige Erkennen des Selbst kommt mit seiner Auflösung ins reine Gewahrsein. An diesem Punkt ist kein getrenntes Selbst mehr zu beobachten, weil alle Dinge in ihrem Ausdruck des reinen Gewahrseins gleich sind.

Spirituell – Mit diesem Eigenschaftswort benenne ich die Wahrnehmung des Selbst und das Vorgehen zum Gewahrwerden des Selbst.

Verlangen (Wunsch) – Verlangen ist eine vom Ego angetriebene Emotion. Es betrifft etwas, was Sie Ihrem Gefühl nach wollen oder brauchen, um einen Teil Ihrer selbst „vollständiger" zu machen. Wünsche entspringen unserer Erinnerung und bringen eine Menge sie unterstützender Gedanken und Emotionen mit sich. Sie lösen eine Handlung aus, die darauf abzielt, das jeweilige Verlangen zu stillen. Diese Handlung ruft nur noch mehr und intensivere Wünsche hervor.

Weisheit – Der Ausdruck des Selbst in der Welt der Phänomene; Intuition.

Zeuge – Der Zeuge ist sozusagen eine Tür, die das (Alltags-) Bewusstsein durchschreiten muss, um der reinen Bewusstheit gewahr zu werden. Der Zeuge ist das Selbst. Beim *leichten* „Zeugesein" (auf einer ersten Stufe) ist der Zeuge eindeutig getrennt von Objekten und Aktivitäten. In den Stadien *umfassenderen* Zeugeseins beginnt der Zeuge, die Stille des Selbst in Objekten und Aktivitäten zu erkennen. Schließlich verliert der Zeuge seine Individualität und verschmilzt mit der reinen Bewusstheit. Der Zeuge ist gleichbedeutend mit dem Beobachter.

Literaturverzeichnis

Ainsworth, V., und Land, G.: *Forward to Basics*, D.O.K. Publishers Inc., 1982

Balsekar, R.: *Peace and Harmony in Daily Living*, Mumbai (Indien): Yogi Impressions, 2003

Balsekar, R.: *The Ultimate Understanding*, New York: Watkins, 2002

Barnet, L.: *The Universe and Dr. Einstein*, New York: Mentor, 1952

Bohm, D.: *Thought as a System*, London: Routledge, 1994

Bohm, D.: *Wholeness and the Implicate Order*, London: Ark Paperbacks, 1980; dt.: *Die implizite Ordnung*, München: Dianus-Trikont, 1985

Bohm, D., und Hiley, B. J.: *The Undivided Universe*, London: Routledge, 1993

Bohm, D., und Nichols, L. (Hrsg.): *On Dialogue*, London: Routledge, 1996; dt.: *Der Dialog*, Stuttgart: Klett-Cotta, 1998

Braden, G.: *The Isaiah Effect, Decoding the Last Science of Prayer and Prophecy*, New York: Harmony Books, 2000; dt.: *Der Jesaja-Effekt*, Burgrain: KOHA, 2001

Briggs, J., und Peat, D. F.: *Seven Life Lessons of Chaos: Spiritual Wisdom From the Science of Change*, New York: Harper Perennial, 2000; dt.: *Chaos – Abschied von der Sehnsucht, alles in den Griff zu bekommen*, München: Knaur, 2000

Capra, F.: *The Web of Life: A New Scientific Understanding of Living Systems*, New York: Anchor, 1996; dt.: *Lebensnetz. Ein neues Verständnis der lebendigen Welt*, Bern, München, Wien: Scherz, 1999

Capra, F.: *The Turning Point: Science, Society, and the Rising Culture*, New York: Bantam, 1983; dt.: *Wendezeit. Bausteine für ein neues Weltbild*, München: Droemer Knaur, 1999

Capra, F.: *The Tao of Physics*, New York: Bantam, 1976; dt.: *Das Tao der Physik. Die Konvergenz von westlicher Wissenschaft und östlicher Philosophie*, München: Droemer Knaur, 1997

Chopra, D.: *How to Know God*, New York: Harmony Books, 2000; dt.: *Die göttliche Kraft. Die sieben Stufen der spirituellen Erkenntnis*, Bergisch Gladbach: Lübbe, 2000

Chopra, D.: *The New Physics of Healing*, Boulder, CO: Sounds True Recording, 1990 (Audiokassette)

Coleman, J.: *Relativity for the Layman*, New York: Signet, 1958; dt.: *Relativitätslehre für jedermann*, Stuttgart: Reclam, 1959

DeMello, A.: *Awareness: The Perils and Opportunities of Reality*, New York: Doubleday, 1992

Einstein, A.: *Relativity: The Special and the General Theory*, New York: Crown Publishers, 1961; dt.: *Über die spezielle und die allgemeine Relativitätstheorie*, Berlin: Springer, 2009 (24. Aufl.)

Gilovich, T.: *How We Know What Isn't So: The Fallibility of Human Reason In Everyday Life*, New York: Free Press, 1991

Gleick, J.: *Chaos: Making a New Science*, New York: Viking, 1988; dt.: *Chaos – die Ordnung des Universums*, München: Droemer Knaur, 1988

Goldsmith, J.: *Practicing the Presence*, New York: Harper Collins, 1958; dt.: *Der Geist, der in uns lebt*, Argenbühl-Eglofstal: Schwab, 2007 (4. Aufl.)

Harding, D.: *Look For Yourself*, Carlsbad, CA: Inner Directions, 1958

Land, G.: *Grow or Die. The Unifying Principle of Transformation*, New York: John Wiley and Sons, 1997

Land, G., Jarman, B.: *Breakpoint and Beyond, Mastering the Future Today*, Leadership 2000 Press, 2000

Leider, R. J.: *The Purpose of Purpose, Creating Meaning In Your Life and Work*, New York: MJF Books, 1997; dt.: *Lebe, was dich glücklich macht. So erreichen Sie das, was Sie sich vom Leben wirklich wünschen*, Landsberg: mvg, 1999

Mitchell, S.: *Tao Te Ching*, New York: Harper Perennial, 1991; dt.: *Tao te king: das Buch des alten Meisters vom Sinn und Leben*, Köln: Anaconda, 2010

Mahesh Yogi, M.: *On The Bhagavad-Gita: A New Translation and Commentary*, Maryland: Penguin, 1969

Mahesh Yogi, M.: *The Science of Being and Art of Living*, London: International SRM Publications, 1963

Nisargadatta, M.: *I Am That*, Durham, NC: Acom Press, 1973; dt.: *Ich bin*, Bielefeld: Kontext-Verlag, 1989

O'Connor, J., und McDermott, I.: *The Art of Systems Thinking; Essential Skills For Productivity and Problem Solving*,London: Thorsons, 1997; dt.: *Die Lösung lauert überall. Systemisches Denken verstehen und nutzen*, Kirchzarten: VAK, 1998

Parsons, T.: *Invitation to Awaken*, Carlsbad, CA: Inner Directions, 2004

Renz, K.: *The Myth of Enlightenment*, Carlsbad, CA: Inner Directions, 2005; dt.: *Das Buch Karl: Erleuchtung und andere Irrtümer*, Bielefeld: Kamphausen, 2003

Russell, B.: *The ABC of Relativity*, New York: Signet, 1958; dt.: *Das ABC der Relativitätstheorie*, Frankfurt/M.: Fischer, 1990

Russell, P.: *The Global Brain Awakens, Our Next Evolutionary Leap*, Palo Alto, CA: Global Brain Inc., 1995

Tolle, E.: *The Power of Now*, Novato, CA: New World Library, 1999; dt.: *Jetzt! Die Kraft der Gegenwart*, Bielefeld: Kamphausen, 2000

Tolle, E.: *Silence Speaks*, Novato, CA: New World Library, 2003; dt.: *Stille spricht*, München: Goldmann, 2003

Wheatley, M.: *Leadership and the New Science; Discovering Order in a Chaotic World*, San Francisco: Berrett-Koehler Publishers, 1999; dt.: *Quantensprung der Führungskunst*, Reinbek: Rowohlt, 1997

Wheatley, M., und Kellner-Rogers, M.: *A Simpler Way*, San Francisco: Berrett-Koehler Publishers, 1996

Woodroffe, J.: *Is' Opanisad*, Madras, Indien: Vedanta Press, 1971

Über den Autor

Dr. Frank Kinslow ist Chiropraktiker und arbeitet als Dozent an der Everglades-Universität in Sarasota, Florida. Dort betreibt er auch seine private Praxis. Er hält Vorträge und ist häufig zu Gast in Radio- und TV-Sendungen. Seit Erscheinen seines Buches *Quantenheilung* ist er im deutschsprachigen Raum ebenfalls ein gefragter Referent. Er ist weltweit der einzige Lehrer für die von ihm begründete Methode *Quantum Entrainment®* / *Quantenheilung* und unterrichtet sie regelmäßig auch in Deutschland. (Aktuelle Termine unter: www.quantenheilung.info)

Bei VAK sind von Frank Kinslow bereits erschienen:
Quantenheilung. Wirkt sofort – und jeder kann es lernen
Quantenheilung – das Hörbuch (3 Audio-CDs)
Quantenheilung – Meditationen und Übungen (2 Audio-CDs)
Quantenheilung erleben. Wie die Methode konkret funktioniert – in jeder Situation
Quantenheilung im Alltag 1: Übungen für Gesundheit, Freizeit und Finanzen (2 Audio-CDs)
Quantenheilung im Alltag 2: Übungen für Partnerschaft, Familie und Kommunikation (2 Audio-CDs)

Quantenheilung-Taschenkalender 2011 (Erster offizieller Kalender zur QE-Methode, mit einer Einführung und 52 Zitaten von Frank Kinslow sowie mit 12 neuen Übungen und stimmungsvollen Fotos)

Weitere Informationen:

- **Videos von Dr. Frank Kinslow …**
  DVDs sowie weitere Beiträge und Produkte rund um *Quantum Entrainment®* (alles in englischer Sprache) finden Sie auf der Website: www.quantumentrainment.com. Dort können Sie auch Kontakt mit dem Autor aufnehmen.
- **Das offizielle deutschsprachige Forum …**
  für *Quantenheilung / Quantum Entrainment®*, autorisiert von Dr. Frank Kinslow, finden Sie unter der Internetadresse: www.quantenheilung-forum.de. Dort können Sie sich mit anderen Lesern, Hilfesuchenden und Anwendern der Methode austauschen.
- **Unser deutschsprachiges Internetportal …**
  für *Quantenheilung / Quantum Entrainment®* bietet Neuigkeiten und Interviews, Downloads und Veranstaltungstermine im deutschsprachigen Raum mit Dr. Frank Kinslow:
  www.quanten heilung.info.
  Dort können Sie auch den VAK-Newsletter bestellen, der regelmäßig über neue Bücher und Seminare zur Quantenheilung informiert.

Dr. Frank Kinslow:
Quantenheilung erleben
Wie die Methode konkret funktioniert – in jeder Situation

Leseprobe unter: www.vakverlag.de

Quantenheilung erleben bringt neue ausführliche Informationen zur Methode und demonstriert anhand zahlreicher Anwendungsbeispiele, wie man diese Selbsthilfetechnik optimal in den Alltag integrieren und für sich nutzen kann: Ob Arbeit oder Freizeit, Familie oder Finanzen, Gesundheit oder Kreativität – Quantenheilung löst hinderliche Blockaden und hinterlässt zudem ein nachhaltiges Wohlgefühl. Diese sanfte und leicht erlernbare Methode verhilft garantiert zu persönlichen Durchbrüchen!

288 Seiten, 3 Abbildungen, Paperback (13 x 20,5 cm)
ISBN 978-3-86731-058-1

Dr. Frank Kinslow:
Quantenheilung im Alltag 1
Übungen für Gesundheit, Freizeit und Beruf

15 neue Übungen zu den Themen Gesundheit, Freizeit und Beruf, die das Erlernen und Vertiefen von Quantenheilung vereinfachen und beschleunigen. Thematisch passend zum Inhalt des zweiten Buches *Quantenheilung erleben*, holen sie die QE-Interessierten genau dort ab, wo sie stehen: Die in Echtzeit aufgenommenen Übungen mit komfortablen Pausen ermöglichen des den Anwendern, sofort in den Zustand reinen Gewahrseins zu gelangen und QE einfach in den Alltag zu integrieren.

2 Audio-CDs, Laufzeit: ca. 140 Minuten, Sprecher: Michael Schmitter, ca. 15 Übungen
ISBN 978-3-86731-080-2

Dr. Frank Kinslow:
Quantenheilung im Alltag 2
Übungen für Partnerschaft, Familie und Kommunikation

So klappt das tägliche Miteinander: Egal, ob in Partnerschaft, Familie oder im Austausch mit unseren Mitmenschen – mit den neuen Übungsanleitungen gelangen Sie zu mehr Bewusstheit und Harmonie mit sich und Ihrer Umwelt. Alle Übungen in Echtzeit mit Pausen aufgenommen – so lässt sich QE ganz einfach in den Alltag integrieren. Die ideale Ergänzung zum Bestseller Quantenheilung erleben.

2 Audio-CDs, Laufzeit: ca. 140 Minuten, Sprecher: Michael Schmitter, ca. 15 Übungen
ISBN 978-3-86731-081-9

Abonnieren Sie unseren Newsletter (gratis) unter: www.vakverlag.de

Dr. Frank Kinslow:
Quantenheilung
Wirkt sofort – und jeder kann es lernen

Leseprobe unter: www.vakverlag.de

Das *Neue Denken* hat in den letzten Jahren das Bewusstsein vieler Menschen für alternative Behandlungsmethoden geöffnet. Quantenheilung ist die neueste Entwicklung auf diesem Gebiet: Sie arbeitet mit sanfter Berührung und versetzt das vegetative Nervensystem spontan und sofort in den Zustand, in dem tiefe Heilprozesse stattfinden. Das Nervensystem schaltet unmittelbar auf Heilung um – und kann all das reorganisieren, was nicht optimal funktioniert. Sie können diese einfache Selbsthilfemethode sehr schnell und ohne jegliche Vorkenntnisse lernen und anwenden.
144 Seiten, 5 Abbildungen, Paperback (13 x 20,5 cm)
ISBN 978-3-86731-039-0

Dr. Frank Kinslow:
Quantenheilung
Meditationen und Übungen

Die praktischen Übungs-CDs sind die ideale Ergänzung zum Bestseller *Quantenheilung*: Auf ihnen zu hören sind die wichtigsten der im Buch enthaltenen Meditationen sowie sieben weitere, neue Übungsanleitungen, die den Einstieg in die Methode erleichtern und helfen, die eigenen Selbstheilungskräfte zu aktivieren.

Überarbeitete Neuaufnahme
2 Audio-CDs, Laufzeit: 85 Minuten, Sprecher: Michael Schmitter, ISBN 978-3-86731-078-9

Institut für Angewandte Kinesiologie GmbH
Eschbachstraße 5 · D-79199 Kirchzarten
Tel. 0 76 61-98 71-0 · Fax 0 76 61-98 71-49
info@iak-freiburg.de · www.iak-freiburg.de

Das **IAK Institut für Angewandte Kinesiologie GmbH, Freiburg**, veranstaltet laufend **Kurse** in Edu-Kinestetik®, Brain-Gym®, Touch for Health, Three in One Concepts und vielen anderen Bereichen der Angewandten Kinesiologie. Wir haben uns im deutschsprachigen Raum in über 20jähriger Tätigkeit als die Plattform für kinesiologische **Ausbildungen** etabliert. Unsere Kinesiologie-**Kongresse** bieten willkommene Gelegenheit zu Austausch und Begegnung.

Außerdem bieten wir auch ein Forum für neue Methoden wie die *Quantenheilung* von **Dr. Frank Kinslow**, der beim IAK regelmäßig unterrichten wird.

Informationen zu unseren vielfältigen Veranstaltungen können Sie unserer Homepage entnehmen: **www.iak-freiburg.de**. Gerne schicken wir Ihnen auch unser Kursprogramm zu. (Bitte mit 2 € frankierten Rückumschlag beilegen.)

Bestellen Sie unsere kostenlosen Kataloge unter: www.vakverlag.de